JIATING JIAOYU ZAI CHUFA

家庭教育再出发

重新认识我们和我们的孩子

高伟 王翠 编著

南京大学出版社

图书在版编目(CIP)数据

家庭教育再出发：重新认识我们和我们的孩子/
高伟,王翠编著. —南京：南京大学出版社,2021.12
ISBN 978-7-305-24779-8

Ⅰ.①家… Ⅱ.①高… ②王… Ⅲ.①家庭教育
Ⅳ.①G78

中国版本图书馆 CIP 数据核字(2021)第 146271 号

出版发行　南京大学出版社
社　　址　南京市汉口路 22 号　　　　邮编　210093
出 版 人　金鑫荣
书　　名　**家庭教育再出发:重新认识我们和我们的孩子**
编　　著　高　伟　王　翠
责任编辑　钱梦菊
照　　排　南京开卷文化传媒有限公司
印　　刷　南京玉河印刷厂
开　　本　787×1092　1/16　印张 14.5　字数 315 千
版　　次　2021 年 12 月第 1 版　2021 年 12 月第 1 次印刷
ISBN 978-7-305-24779-8
定　　价　39.00 元

网　　址：http://www.njupco.com
官方微博：http://weibo.com/njupco
微信服务号：njuyuexue
销售咨询热线：(025)83594756

序　言

家庭教育对孩子的发展至关重要，只要人们还有健康的常识，就都会老老实实地承认这一点。事实上，中国文化传统中优秀的家风、家训、家教都是这种运用常识的结果。这种对常识的运用也决定了，对家庭教育的主要施行者即家长，无需进行更多的教育，只要这些家长还有健康的常识就好。而现在家庭教育的问题在于，一方面，很多家长已经缺乏这些常识了，他们倾向于把孩子"交给"学校，认为学校应该对孩子的发展负有全部责任，而自己主要是学校教育的辅助者，其结果是家庭教育变成了学校教育的延伸，家长只是作为"副班主任"的身份在家庭环境里复制学校教育，独立的家庭教育因此消失了；另一方面，仅仅有这些常识似乎也不能应对时代所发生的日益深刻的变化，孩子不一样了，环境不一样了，家庭不一样了，整个时代都很不一样了，这就决定了仅仅依赖常识还不足把家庭教育想得明白，做得有效。没有常识不行，离开了常识，我们甚至会失去对家庭教育最基本的判断；仅仅依赖常识不行，仅仅依赖常识，我们就会对整个世界的变化熟视无睹。因此，家庭教育，说到底对家长的教育，有两个基本的出发点，一是要呼吁家长回到健康的常识上来，永远不要忽视、漠视家庭教育的重要性，家庭教育有着比学校教育更无可比拟的优势，对孩子会产生更加深刻的影响；一是要引领家长正确地认识世界的变化，科学地认识家庭、认识孩子，从而把自己视为家庭教育真正有作为的一方。这也是《家庭教育再出发》这本读本的初心所在。

从过去到现在，有数不清的家庭教育成功的案例，也有数不清的家庭教育失败的案例。所有成功的家庭教育，归纳起来都有这么几个显著的特征：

一是正确的家庭教育目标。家庭教育可以有很多目标，也就是把孩子培养成什么样的人，这些目标，有的是正确的，有的是错误的；有的在一段历史时期内是正确的，有的在一段历史时期内是错误的；有的在一定程度上是正确的，超出了这一程度则是错误的。总之，在把孩子培养成什么样的人这一点上，一定要有一个方向和目标，而且要保证这一目标和方向是正确的。这就决定了家长本身必须是一个懂道理的家长。因此做家长其实很难。难就难在他自己能不能分得清正确和错误。如果家长本身就分不清正确和错误，那么家庭教育越是"有效"，对孩子的伤害就会越大，家庭教育就越是失败。所以家庭教育的第一原则就是家长要懂道理。

二是有效的家庭教育组织。家庭教育和学校教育一样，也是通过一系列活动开展的，在一个正确的目标指引之下，家长还要学会如何正确地安排活动，对孩子施加正确的影响。在家庭教育活动的组织方面，有的方法是有效的，有的方法看起来有效实则无效，有的方法则完全无效，这就要求家长不仅要懂道理，还要掌握一套科学的方法，也就是说，不仅要有想法，而且要有办法，这是家庭教育的第二原则。

三是持之以恒的榜样示范。家庭教育是在一个"微环境"里开展的，孩子对环境的体验更真实、更真切，更细微，他们对家长的榜样示范作用感受更强烈，因此家庭教育不仅是教孩子，更重要的是，家长也要自我教育，他要求孩子做的，自己也能做到，能无时无刻地做到表里如一，言行一致，说一套做一套的家庭教育对孩子的伤害更大，它要么教育出一个虚伪的孩子，要么教育出一个一直逆反的孩子，所以在家庭教育中，家长是和孩子一起成长的，这种共同成长的家庭环境才是最好的家庭教育，也是促进孩子健康成长的不二法门。这应该是家庭教育的第三原则。

所有好的家庭教育，都是在家庭教育的这三个原则的指导下存在和实践着的，也就是家长懂道理、有办法、做榜样。那些看起来不成功或许不那么成功的家庭教育一般也具有三个特征，不过这三个特征都和我们说的三个原则恰恰相反，或者在某个方面相反：有的家庭教育不成功是因为家长没想法，不懂道理。我们很难期望一个不懂道理的家长能培养出一个懂道理的孩子。如果家长对孩子的培养没想法，或者他们的想法是错的，这种家庭教育还成功了，那么这种成功恰恰是家庭教育最大的失败。有的家庭教育不成功是因为家长有想法，但没办法，对孩子的培养和教育一筹莫展。这类家长往往无视家庭的具体情况，无视孩子的具体情况，把在别人那里"看"起来有效的办法"拿来"，或生搬硬套，或层层加码，因此更容易走极端。这就造成了家庭教育所谓的"内卷"，造就了数不胜数的鸡娃虎爸。有的家庭教育不成功则是因为那些既有想法又有办法的家长把家庭教育看成是对孩子本身的教育，自己只是在"指挥"孩子，并不参与到教育孩子的过程中来。

成功的家庭教育对孩子的成长充满了欣赏和喜悦，而失败的家庭教育充满了各种抱怨，抱怨孩子"不听话"，抱怨自己忙于生计没时间，抱怨学校不尽责，丈夫埋怨妻子，妻子指责丈夫，在抱怨和指责的家庭环境里长大的孩子会更糟糕，他很难成长为一个敢于自我负责、自我反思的成熟的社会公民。那么我们应该如何追求成功的家庭教育，尽可能避免家庭教育的失败？回答这个问题，绝非一本书、一场讲座、一个报告所能胜任，这是一个巨大的系统工程，那就是如何对家长进行系统教育。但我们的确期待《家庭教育再出发》对这个问题的解决有些许的贡献。如果有哪怕一点贡献，编者当倍感欣慰。

在家庭教育中，家长要有想法、有办法、做榜样，这三个方面哪个最重要？当然哪个都重要，缺一不可。对家长来说，这三个方面哪个最困难？当然哪个都困难，否则家庭教育的问题早迎刃而解了。哪个都重要，哪个都困难，那么家庭教育要从哪个方面入手呢？我想最最重要的仍然还是一个思想观念，也就是认识的问题。这个问题对家长来说可能看起来很"虚"，有的家长可能会说，我已经认识到了，只是没有办法，我最需要的是告诉我一套有效的办法。这种质疑其实很有道理。很多家长现在的确是对教育孩子没有办法，他们求知若渴地希望从专家学者、讲座报告、报纸文章甚至家庭教育的各种App里获取家庭教育的好办法。但如果进一步想一下，为什么会没办法？要知道，办法是学来的自然不错，但最好的办法一定是从自己心里长出来的东西，是最适合自己家庭、最适合自己孩子的东西，一定不是别人的可以拿出就用的东西，即便有些方法是学来的，这些方法也得经过自己的加工、改造，也就是说，方法总是需要自己创造出来的。那么是什么决定着方法的创造呢？当然是思想、观念。有什么样的思想、观念，就会有什么样的方法。没有家长不知道"性格决定命运"这个说法。看到这句话我们也会想当然地认为，一个人有什么样的性格，也就注定了什么样的命运。这个说法大致也不错。然而，什么又决定了性格？培根是这样说的：要注意你的思想，它会变成你的言语；要注意你的言语，它会变成你的行动；要注意你的行动，它会变成你的习惯；要注意你的习惯，它会变成你的性格；性格决定命运。这样看起来，性格归根到底还是由人的思想、观念所决定的。思想、观念是什么？思想观念是格局，格局立乎大；思想观念是起点，起点立乎实；思想观念是价值，价值立乎正。家庭教育的"性格"，也是由家庭教育的思想、观念所决定的。所以，大格局、实起点、正价值，就是家庭教育的真正命脉，是家长迫切需要教育的地方，也是家庭教育是否成功的真正关键之所在，它决定了家庭教育的一切方法是否真实可靠，决定了家庭教育品质的高下。

　　思想、观念是一个认识问题。形成对某一事物的认识，是一个复杂的过程，而形成正确的认识，尤为困难。世界上无论哪种文明，都已经积累了丰富的家庭教育的认识成果，正是这些成果，支撑着家庭教育有序、有效的实践。我们从来不认为这些认识不重要，倒是相反，没有对家庭教育已有的认识，我们就失去了站在巨人的肩膀上向前再行一步的资源。但对于今天的家庭教育来说，这些认识有的已经不足够、不充分甚至不正确了，所以对于家庭教育有着重新认识的必要。重新认识不是抛掉已有的认识，重新认识是在已有认识的基础上，站在新时代、新生活的角度，对家庭教育的知识进行重新的梳理和审视。我们之所以把读本命名为"重新认识"，其用意也正在于此。不是我们想重起炉灶，标新立异，而是孩子变了，时代变了，家庭变了，生活变了，"逼着"我们不得不重塑家庭教育的知识和价值。这也是我们今天进行家庭教育一个不得不直面的大环境。家庭教育必须要实事求是，即便我们不能引领这个时代，至少我们也要跟得上时代的步伐。对大多数家长来说，能不能跟得上，已经太成问题了。如果跟不上，就要学着跟上，要学着跟着，就非得对家庭教育进行重新认识不可。

　　对于为什么要重新认识，其实并没有过多解释的必要。一个"变"字足矣！真正的问题是，重新认识家庭教育的什么，哪些东西需要重新认识？我们的读本没有能力，也没有动机提供一个百科全书式的答案。但读本呈现了当前家庭教育必须要重新认识的几个关键要素，在某种意义上，这几个构成家庭教育的关键要素具有决定性的价值。首先必须要认识到，家庭教育在孩子整个教育体系中的位置发生了戏剧性的微妙变化。以前，人们不敢想象离开了学校教育，孩子会变成什么样子，现在，哪怕是学校教育最坚定的支持者也不得不承认，孩子身上那些不可教的素质、潜能甚至包括性格，都是家庭教育的结果，因此这一部分的教育任务不得不重新交给家庭来完成。如果我们真正地将孩子视为教育的出发点和归宿，而孩子恰恰是父母遗传和言传身教的结果，那么教育将出现一种新的局面，那就是学校教育是围绕家庭教育进行的，而不是相反。这一判断基于两种根本性的理由：一是家庭在社会中的地位越来越重要。社会说到底是由每个家庭构成的，每个家庭都好了，社会也就好了。家庭的风气、风尚也是整个社会风尚的基石、基础。社会治理仅仅靠社会制度是不够的，还要依赖每个家庭的自觉。另外一个原因在于，越来越多的证据表明，某些习惯、性格或者价值观的培养仅仅依赖学校是很难塑造或者根本不能塑造的，它们最原生的动力在于家庭，父母作为孩子的第一任老师，他们对孩子的早期教育负有更多的责任和更大的影响力。

其次，必须要认识到，婚姻关系和亲子关系对孩子的影响是巨大且深刻的。不能把婚姻关系视为一种个体自由，而是一种社会责任和家庭责任，特别是对已经结婚生子的家庭关系来说，尤其如此。破损的婚姻关系更容易形成对孩子成长的消极影响。当然亲子关系对孩子的影响会更为直接。有的亲子关系可能是专制型的，有的亲子关系可能是民主型的，当然也可能是放任型的，无论对哪种亲子关系而言，爱和理智都同等重要。没有父母不爱孩子，但也要懂得爱，愿意爱，会爱，要理智地去爱孩子。有时候我们不是在爱孩子，而是在恨孩子，比如人们经常所说的"恨铁不成钢"，这就是因爱而生恨了。我们真的爱孩子吗？这个问题其实非常值得一问再问。

再次，必须要认识到，孩子需要重新被认识。如果有人说，我们还不真正认识我们的孩子，这可能被很多家长认为是个冷笑话。我自己的孩子，我哪有不认识的道理？其实我们还有可能真不认识我们的孩子，我们对他们的存在熟视无睹。比如他喜欢什么，他讨厌什么，他最好的朋友是谁，他最近在和谁闹别扭，他最怕什么，孩子的性格是什么样子，他一般用哪种方式思考问题，如此等等。家长更多地关心孩子的吃穿住行，很难走近孩子的世界。有的家长愿意走近孩子的世界，但没有能力探索孩子发生、发展、成长的规律；有的家长则自以为了解孩子、理解孩子，实则对孩子知之甚少。如果我们还不能够走近孩子的世界，那么所谓的家庭教育就会变成一种外在的强制，要么这种家庭教育毫无效果，要么会产生很恶劣的效果。有的家长可能会想当然地认为，孩子和我们小时候一样，我们小时候就是这样被教育过来的，所以现在对孩子进行如此这般的教育也未尝不可。这是大错特错的。孩子不一样了。今天的孩子成熟得更早，他们既敏感又脆弱，既开放又封闭，既独立又依赖，既自我反思又随波逐流，既自觉又懒散，既热情又冷漠，如果说以前的孩子也有这样的特征，现在这些特征在孩子身上更突出或者更极端了。孩子不一样了，对孩子的教养方式当然也得随之改变。用老眼光看待新问题，是刻舟求剑，家长必须要学着用发展的眼光审视孩子。如果做不到这一点，我们就不能说是真的爱孩子。

最后，必须要认识到，时代真的不一样了。人们把今天的时代称为信息时代，在信息时代，孩子获得信息的途径、处理信息的方式，广而言之，孩子的生活方式，已经发生了翻天覆地的变化。哪怕在十年前，人们也很难想象孩子抱着手机沉迷游戏的样子。现在，孩子从小玩手机已经成为一种常态。孩子是这样，家长同样如此。离开了手机，人们甚至根本无法生存，一天不用手机，不仅寸步难行，而且就像从人间蒸发了一样。简单地说，人们都前所未有地生活在网络世界里了。网络是把双刃剑。孩子的信息素养对于未来生存必不可少。但同时,没有家长不担心孩子使用网络的健康与安全。一方面,不是所有的网络信息都是经过筛查的,具有教育意义的;另一方面,它也有可能给孩子带来网络成瘾。对于这些新问题,已有的家庭教育知识未必就能应付得了,因此也就有了重新认识的必要。最后必须要认识到,影响孩子成长的因素是多方面的,这些因素之间既相互联系,又彼此独立,甚至有时候还相互冲突,这就要求家庭、社会、学校形成教育合力,打造家校社共育的家庭教育新样态。就当下而言,家庭与学校之间的矛盾与紧张可谓前所未有。有的时候是责任的冲突。家长认为我是把孩子"交给"学校的,学校认为它没有能力包办一切,有的问题出自家庭自身。有的时候是价值观上的冲突。家长觉得孩子考上大学最重要,学校则要在国家教育方针的指导之下让孩子全面发展。有的时候则是方式方法的冲突,学校想把家长变成教师,而家长希望把教师变成家长。因此,家校社共育的关键在于,一致且正确的教育价值观,一致且正确的教育方式。而为了达成这种状态,就必须重建信任,即家长要学着信任学校,信任教师,而学校也要信任家庭,信任家长。没有比信任更重要的了。相互猜疑、相互拆台的结果,只能是孩子选择上的左右为难,方向上的无所适从。

重新认识家庭教育无疑很重要,也很必要。但认识本身不是目的,重新认识的目的是再出发,其最根本的目的则是一切为了孩子,为了孩子的福祉。我们呼吁对家庭教育的重新认识。但这种重新认识绝对不是认识一番了事。我们还呼吁在重新认识的基础上,形成正确的家庭教育观念,然后将正确的观念,落实为正确的行动。从我开始,从现在开始,从走近孩子开始,总之要行动起来。家庭教育说难很难,孩子的发展充满了各种各样的可能性;家庭教育说易也易,只要我们对孩子的发展真的有心、上心、用心、走心。无论从哪个意义上讲,家长都是某种形态的家庭教育的缔造者和实践者,因此家庭教育的成败归根结底还在于家长的素质。

在家庭教育里,最该接受教育的是家长,其次才是孩子。做一个好家长真的很难,但这也是做家长义不容辞的责任和义务,往小了讲,是对孩子的责任,往大了讲,是对国家、对社会、对文明的责任。我们很难给好家长列出一个清单。如果真有这么一个清单,相信也会很长。但有一点是明确的,即一个好的家长应该是孩子成长的支持者、引领者和陪伴者。支持孩子就是要相信孩子。相信是一种智慧,也是勇气。相信孩子就不会有过多的干涉,更不会有更多的指责。日本有句谚语说,如果布谷鸟不叫,就等它叫。时刻、季节不到,布谷鸟是不会叫的。相信孩子成长就要学会耐心地等待,等待孩子成长像等待花开一样。但相信和等待永远不意味着放任和置之不理,相信孩子会成长,就像相信布谷鸟一定会鸣叫一样,给予孩子支持是非常必要的,这种支持既是物质的,也是心理的,更重要的是精神的和价值的。要给孩子创造成长的安全环境,让孩子有成长的安全感。仅仅在背后支持还不够,孩子的成长还需要引领。我曾经同孩子说,孩子,相信你自己,往前走自己的路,等你走到最艰难的时候,你一回头,老爸就站在你的背后。我一个同事和我说,你这样做是对的,但还不够。在必要的时候,要领着孩子走,特别是在孩子还不能做出判断负起责任的时候。同事说的没错。

　　家长是孩子的监护人，小手离不开大手，大手要牵着小手走。但这种引领不意味着专制，而是在孩子还不能理性决断的时候，帮着孩子学会生存，学会交往，学会选择，学会求知。所有的引领都是为了最终的放手，让孩子自己去打拼属于自己的天空，让孩子成长为最好的自己。家长并不永远掌握真理，不能以真理拥有者的身份去监督和指责，他自己也要成长，也在发展，也要进步，这就要求家长要陪着孩子一起走，陪伴着孩子一起长大。家长要学的东西很多，要承担的东西也很多。所谓日子，也就是在相互的陪伴中慢慢老去。这是最痛苦的过程，也是最美的人生。我们能够收获的，不仅是孩子成长的喜悦，也是彼此相互陪伴中的一切美好。或者把家庭教育看成个过程，要比把它看成个结果，更重要。

　　《家庭教育再出发》读本是徐州市家庭教育研究会的心血之作。徐州市家庭教育研究会所有的行动都一直秉承"协同育人，筑梦未来"的宗旨，而《家庭教育再出发》也是这一行动的重要组成部分。为了更好地服务于更多的家长，本书的写作尽可能地做到深入浅出和图文并茂。本书的作者既有家庭教育专业研究者，有耕耘在家庭教育第一线的志愿者，也有对家庭教育热情的倡导者和实践者，他们同时还有一个更重要的身份，那就是家长。他们与一切普通家庭的家长一样，对家庭教育问题感同身受。编者和读者一样，也有对家庭教育的忧心忡忡，也一样有面对孩子时的无可奈何，当然更重要的是，他们有着对家庭教育的专注与痴情。因此这里向家长们呈现的，既是知识性的，同时也是经验性的。我们很渴望这个读本能为家庭带来一些新的感受、新的认识和新的体验。若果真如此，本书的编者将倍加荣幸。在这里，我要表达对本书各章作者的感激之情，感谢他们的分享！同时，感谢出版社编辑同志的辛勤付出！当然更需要感谢的，是这本书的读者，是他们成长的迫切性，催逼了读本的写作。总之，无论编者还是读者，所有的努力，都为了一个共同的目标，一切为了孩子！

2021 年 8 月 8 日于玉泉五未居

目　录

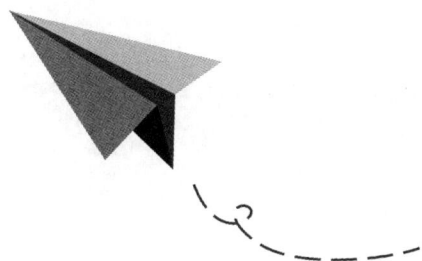

第一章

重新认识我们的时代和这个时代的教育

中国人的新时代已经来临！

——佚名

历史的车轮滚滚向前，我们正在或者即将进入一个神奇的时代，这个时代被称作人工智能时代。无论我们是否承认，在这个时代我们的生活已经发生了巨大的变化：出门不用带钱包；取钱不用去银行；健康管理有智能手环；各种视频 App 正在取代电视的功能；上课也可以不用去学校，类型多样的 App 课程喷薄而出；只要你想，学习可以随时随地进行。千百年来，教育领域的智者们呼唤的"有教无类""因材施教"似乎正在变得可能。

实践证明，每一个时代的变化都会引发相应的问题。当下的时代，教育已然成为存在性焦虑，几乎每个人都深陷其中。时代变了，教育自然会跟着改变，传统的人才观、知识观、教育方法还能适应这个时代的发展吗？习近平总书记反复强调："新时代属于每一个人，每一个人都是新时代的见证者、开创者、建设者。"我们每个人都是时代的主人，都有责任重新审视我们在这个时代的使命，作为教育的主要负责人之一——家长，审视这个时代从审视这个时代的教育开始。

第一节　重新认识我们的时代

18 世纪下半叶至 19 世纪人类进入现代工业文明社会以来，历经 20 世纪的计算机科技革命，发展到如今的 21 世纪，摆在我们眼前的这个时代，是一个高度科技化的时代，是一个全球既一体化又多样化的时代，也有人将其称为"超级多样性"的时代，一体化与高科技化是它的一面，与其丰富多样化形成一个矛盾统一体。一方面，如果不是人类科学技术的迅猛发展，通过信息互联网取得的即时性联系，全球各地区的人不可能具有"准一体化"或"共同体"的感受；另一方面，人们又通过信息互联网带来的高效便捷，亲身体验到了人类有史以来最为丰富多元化的时代特征。它让我们看到各地区、各民族，人与人之间的巨大而又细微的无数差异。

小贴士

目前人类已经进入"超级多样性"（superdiversity）的时代，主要表现在全球流动人口的超级多样性特征上。但是，全球跨境流动不仅是地理意义上的流动，而且是跨语言的流动、跨经济生产、商业的流动、跨大地理位置的大区域生活的流动等。

"超级多样性"这一概念自提出之后，逐步成为后现代和全球化背景下社会语言学的统摄性概念。它不仅对语言交流的新特点做出了探索性说明，而且为透视全球化条件下后现代社会的转型提供了一面学术棱镜。

超级多样性时代至少具有三个要点：

其一，超级多样性作为当代重要社会特征之一，与现代性、后现代性的交叉期仍然存在深层次的重叠（Silverstein，Arnaut）。

其二，超级多样性作为全球化推动下的后现代特征，是对现代性条件下的宏观叙事、主体精神、主流态度，以及作为其符号表征的标准语的范式性颠覆（Blommaert）。

其三，在当代互联网通信技术高度发达的条件下，语言交流依然呈现出对现代性背景下的言语共同体、普遍语言规范的映射。"跨境流畅（transidiomaticity）"（Jacquemet）、"超级语言（supervernacular）"（Varis & Wang）等新的语言交流现象，就反映了后现代全球化背景下的语言交流仍然不可能摆脱语言交流的基础规律，而这些规律很多是在现代性条件下形成和稳定的。

要说给这个时代把脉，我们认为它是相同与差异两方面都较之以往任何一个时代更为突显的时代。相同，即"同一性"，表现在科学信息技术文明上，对于高科技的追求是全球各国的未来主要竞争力所在；相异，即"差异性"，则体现在人的欲望诉求之丰富多样上。鉴于此，我们更愿意将当前时代描述为一个欲望机器的时代，它区别于工业文明的理性效率主义时代，当然也不同于农业文明的神性古典主义时代。欲望机器的时代表明人既具有万象多变的丰富性与差异性，同时又具有高度相同的同一性，或称机械性，如按部就班的出生成长规律：3 岁进入幼儿园、6 岁进入小学、12～13 岁进入初中、15～18 岁就读于高中或接受同等学力的职业学校教育、18 岁以后进入大学阶段的学习，继而拥有一份工作、成家立业、生养子女，步入中年、老年。在这个机械化、一成不变的里程中却又有着奇异的欲望发挥空间。它们具体表现在以下几个方面。

小·贴士

欲望机器：科技文明的时代，人是技术的人，技术反映出社会和政治的机械性，这种结构与人产生欲望的方式以及欲望的建构性有关。人不仅是有欲望的动物，而且还是有欲望的机械的人，他被迫产生各种欲望。他用双手对他所创造的在世界经济中的社会政治地位的发展走向进行调配，人把现在之所是转变成将来之所为，并且创造了他在经济世界中的社会和政治地位。

一、学习欲望动力弱化的时代

　　女儿高一的时候,我去给她开家长会,会后和班主任单独沟通孩子的学习情况时,我说:"我们家这个孩子学习不主动、不积极,更不努力,请老师多加督促,多引导。"

　　老师笑着说:"不是只有你家的孩子这样,我们班95%的孩子都这样,都不愿意学。"

　　"有这么严重? 这可是全市最好的重点高中啊!"我问。

　　老师反问我:"学习是一件辛苦的事情,您告诉我,孩子为什么要学习? 他们什么都不缺啊,不缺爱、不缺吃穿、不缺娱乐,几乎要什么有什么,您说他们为什么要学习?"

　　我一时语塞,是啊,在一个物质和精神生活都很丰富的年代,孩子们为什么要学习?

　　欲望时代的生产动力机制,毫无疑问是为了满足人的种种欲望。以往,我们常听到"欲壑难填"的说法,认为人的欲望是个无底洞,若要一味地无限制地满足人类的种种欲望的话,那将走向无底深渊。然而,现在关于学习的欲望却被视为一种稀有资本,试想一下,我们现在的学生,他们的学习驱动力是什么呢? 如果他们自己没有学习欲望或学习主动性,那么学校、教师和家长如何能够促使他爱学习呢? 也就是说,学生首先是个欲望主体,他具有各种各样的欲望需求。而学习这项在教师和家长看来是学生最为主要的欲望所需,在学生看来却往往不是他们的种种欲望指向所在。可以说,对学习的欲望(即学习欲)随着学生年龄的增长、随着其就学年级的升高、随着他们在学校教育系统里待的时间变长、随着他们在课外补习或学习的时间的增长,他们原本自带的学习欲望却呈现与之相反的下降趋势。

　　在心理学的研究中,从弗洛伊德开始,学习欲望一直被认为是人的原始动力(原驱力)。古代哲人也普遍认为学习是人的一种本能欲望。然而,为什么当前我们在这个科学信息技术如此发达,各类学习机、学习软件、教学程序、智能化学习、掌上学习已经成为学生日常"学习神器"的时代,家长及学校和教师们反而愈来愈感到"现在的学生很难教"呢?"难教"指的正是他们缺乏内在本能的学习欲望。那么,这不是与人类智慧发展史上,哲学家和心理学家对人具有学习本能的欲望的这一观点相悖了吗? 这样一种矛盾究竟是如何导致的呢? 人有本能上的学习欲望,而当前时代的中国学生普遍缺乏主动学习的欲望,甚至是被动学习的欲望(诸如考试竞争压力、生存压力所带来的学习欲)也让父母和教师们"怒其不争"。

　　当前时代,我们被新技术和媒介包围着,我们的生活和教育真的变好了吗? 网络给未成年儿童真的带来了益处吗? 截至2020年,根据中国社会科学院新闻与传播研究所、中国社会科学院大学新闻传播学院与社会科学文献出版社共同在京发布的《青少年蓝皮书：中国未成年人互联网运用报告（2020）》中的数据显示，未成年人的互联网普及率达到了99.2％，且未成年人使用互联网网龄逐年递减，青少年接触互联网的主要形式为手机。多元文化的冲击之下，未成年人的学习兴趣和欲望受到一定程度的冲击，使得未成年人网络文化信息和产品的选择呈现出个性化、趣味性和小众化的特征。报告提道："为了追求兴趣、寻找'同好'、获得认同（环境和自我），未成年人以兴趣为纽带在社交平台上聚集成松散的兴趣团体，形成了兴趣朋友圈，共同的兴趣爱好催生出多彩多元的亚文化景观，塑造着'萌文化''潮文化''丧文化'等多样并行的网络文化。而商业机构得以通过商业营销将未成年人的文化接受和使用进一步放大，在为未成年人创造更多他们各自钟爱的网络文化产品的同时，也让网络文化消费染上了商业色彩。"

网络信息内容丰富，目前短视频和网络文学的碎片化传播，使得很多信息转瞬即逝，不能给未成年留下深刻印象。最终，网络文化热点虽然被大量未成年人关注、接触，但真正留下长久影响和印迹的并不多，这也使成年人追踪、理解未成年人的网络文化偏好变得更加困难，要求成年人在对未成年人的网络文化逐潮现象进行监管引导时应持更加开放包容的态度。

欲望动力机制在这里指的是原驱力。它被认为是人得以开展其一切活动的最内在和根本的原动力。以往我们常常否定欲望，认为人只要控制欲望，就会少些悲剧性事件的发生。但事实上，我们要摒弃或否定的不应该是人的欲望本身，而是人欲望的方式和欲望的对象，后两项若不恰当的话，才应该是要被摒弃的。欲望虽然产生自主体内部，但欲望机制本身却是摹仿的。也就是说，我们这个时代的学生都不太爱学习，"不爱学习""爱玩乐"就是这个时代的欲望动力机制，青少年儿童之间的相互摹仿是一种自然而然的状态。成年人也一样，只要人生活在人类社会中，他们就自觉或不自觉地处在相互摹仿中。

我们仅以如何看待学生或孩子的学习成绩这一事为例来进行说明。在2020年热播的电视剧《小舍得》中，展示了三个家庭的三种教育模式。其中子悠小朋友，由于他妈妈过分追求分数，和其他孩子进行攀比，不允许子悠有任何学习以外的兴趣，最终导致他在考试的过程中出现幻觉，小小年纪便患上了抑郁症。而这背后的原因是家长、学校和教师（包括学生自己在内）受到了一种扭曲的欲望摹仿机制的驱使。这种状况，笔者曾在《"唯分数"评价背后的欲望机制探析：基于摹仿欲望论的视角》中有过一些分析："我国当前人口众多、教育资源不均衡，考试一直是教育评价的重要手段，但随着社会的发展，考试已经异化为'唯分数'评价，严重影响学生成长和教育的良性发展。究竟是什么样的内在因素造成了如此的现象，已有的研究并未充分探明。事实上，师生、家长乃至成为一种社会潮流的'唯分数'评价里存在着内在欲望的摹仿机制，即欲望、摹仿与替罪羊的三角结构，以此结构观审'唯分数'评价中的比较及其竞争机制，能够看出种种矛盾的根源所在。从基拉尔的摹仿欲望理论视角出发，从考试评价的标准、内容、形式等方面提出改善策略，以期在一定程度上缓解'唯分数'评价带来的负面效应。"要获得一种健康合理的欲望动力机制，靠什么呢？正向摹仿，而非负面摹仿。也就是说，既然我们当前生活在一种无可避免的欲望摹仿结构里，那么作为成年人的家长和教师，就首先得意识到这种病态的欲望摹仿机制应该要得到遏制。遏制的措施有如下方面："重新定义评价标准的内涵；充分发掘学生优势领域，以其强项替代弱项；鼓励教师开设自己真正想开设的校本课程；结合学生优势领域、学生特色、学校特色进行考试测评。"

除此之外，一个时代健康的欲望动力机制还是群体或社会的动力机制。这个时候，家长、教师总是会说自己是一个社会人，必然要受到社会的影响。但事实上，社会的影响是双向的，并非单向的只有个人会被社会所影响。就我们目前的自媒体（即新媒体）的欲望生产机制来看，那些天天刷抖音的父母不正是在通过他/她的个人力量传达出他们的社会影响吗？当一个自媒体主播的点击率和关注率在不断增长时，他/她就已经在改变着社会或影响着社会了，而不是仅仅被动地受到外在社会影响或被牵着鼻子走。教师和学校也一样，应该主动使用目前便捷的自媒体工具，传播正能量。少些不恰当的攀比，它实是扭曲的欲望摹仿机制的开始。

总而言之，在当今这个以欲望牵头作为人与社会动力发展机制的时代，不是靠理性效率来说话，也不是靠神性力量来主宰一切的时代，我们应该正视人的欲望本质，接受人作为欲望主体的这一现实。欲望并不可怕，可怕的是，我们否定它的正当性、不给欲望正当合理的表达空间、缺乏正确的引导机制。

二、知识信息大爆炸的时代

现在我们所处的这个时代，除了是欲望得以正名的时代以外，它还是一个纷繁复杂而又多变的时代，科学技术飞速发展，人工智能扑面而来。信息爆炸，多元文化并行，多重价值观混杂，让我们眼花缭乱。未来世界是什么样的？未来时代需要什么样的人才？应对未来人才的需求，需要什么样的教育？这都是我们教育者、家长需要思考的问题。

现在的时代，信息和知识的飞速增长超过了人类历史上任何一个时期。每天出版5 000本以上的新书，《纽约时报》一周的信息量比18世纪一个人一生所遇到的还要多，一年产生的信息超过历史上5 000年产生的总和。在2010年72个小时，信息量就要翻一番，四年制的理工大学生，第一年所学的知识，在他们进入三年级时，已经有一半过时了。诺贝尔奖获得者赫伯特·西蒙说，求知的意义已经从能够记忆和复述信息转向能够发现和使用信息。有一年的"六一"儿童节，中央电视台播放了一个节目，在北京图书馆有一个少先队员采访时任北京大学校长的陈佳洱先生。少先队员问："陈爷爷，我想请问一个问题，从地球到月球有多远的距离？"陈佳洱先生说："小朋友，这个数字我还真的记不住。"说到这里我心里咯噔一声，一位物理学家连这样简单的知识都不知道，真是太丢人了！可是紧接着陈校长说的话令笔者由衷佩服。陈校长说：但是这个数据我只要一打开科学词典就可以立刻找到答案。这叫知识的外储蓄。人们的头脑不是用来记这些死的东西的，是让人思考问题、解决问题的。人类的知识急剧增长，使教育无法面面俱到。

三、科学技术飞速发展的时代

求知欲的满足、不断探索未知世界的欲望，进一步地体现在科学技术的飞速发展上。ECT技术的发展带来了脑科学和认知科学的飞速发展，过去科学家在研究人脑是如何认知时，无法还原人在思考的时候人的脑是个什么样的动态。ECT技术的发展使脑科学专家在人活着的时候就可以准确地看到脑细胞的变化。

时代是飞速发展的，互联网、大数据、数字云等这样的新的科学名词不断大量涌现，让人眼花缭乱。在这个社会，好像只要一天不去努力学习就已经严重地落后于时代。谁都无法预料五年、十年后时代将会发生什么样的变化。十年前谁能知道有微信？十年前如果有人告诉我们，不久以后上街消费不需要带现金，我们大多数人都不会相信。所以我们必须用未来视角，用发展的眼光去教育现在的孩子、未来的社会建设者。五十年前的理念是"学好数理化，走遍天下都不怕"，现在如果还用这种理念教育孩子，二十年后当孩子们大学毕业时，很可能就已经被时代淘汰了。所以我们必须顺应时代的飞速发展，用未来二十年甚至是四十年后的理念来教育现在的孩子，将来他们才可能适应时代的发展，成为更好的自己。

四、人工智能的时代已经到来

计算机科技，原本是通过对人脑功能的模拟机制而得以发明。人类不断被迅速推进的科技文明具体聚焦于电脑的飞速发展上，而电脑即IT业，目前的发展趋势已经迎来了一个AI（即人工智能）的时代。不管我们接受不接受，不管我们理解不理解，它都要来到。无人驾驶的汽车、无人驾驶的公交车已经开始运营。一个智能机器人医生比一位几十年医龄的医生看病的速度还快，而且准确度很高。之前，我们还觉得将来的外科医生应该不会被淘汰，可是今天我们就在中国新闻节目中听到了人工智能机器人已经能够做人体的髋关节置换手术。有科学家预测，二十年后世界上百分之八十的工作岗位将不复存在。银行柜面工作人员没有了，因为人们都使用手机银行了。秘书这个岗位没有了，因为一位机器人秘书比人要快得多。驾驶员这个职业没有了，出租车司机没有了，因为无人驾驶的汽车已经非常成熟。快递小哥不存在了，因为无人机可以准确送达。建筑工人没有了，因为垒墙机器人已经出现……有一本英国的杂志封面上登载了一幅宣传画，未来的大街小巷川流不息的都是机器

图1-1　AI主播

人,而人类会沦落为街上的乞丐。这些说法并非夸张之辞,它形容和刻画了未来时代的特点。

从一开始人工智能技术到来时我们感到惶恐,到现在我们越来越习惯技术给我们带来的便利。在 2019 年网络春晚中,出现了 AI 主播,之后人民日报、新华社也都推出了技术合成的主播,他们表情丰富,词语表达流利。利用新技术弥补传统教育或者其他行业中的不足,这是人工智能时代带给我们的便利之一。

五、未来需要什么样的人才

那么将来什么样的人不会失业呢? 所有机器能够替代的行业都可能会失业。具有极强的创造性思维的人不失业;具有极强的沟通能力的人不失业;具有设计能力的人不失业;自驱型成长的人不失业;终身学习的人不失业。

1. 具有创造性思维的人

在江苏省淮安市城北有一所小学,叫板闸小学,这所学校有一个小朋友在地里干农活的时候发现有一颗大头菜长得特别茂盛、特别大,他就蹲在这颗菜的旁边仔细观察,发现这颗菜只有一点与其他菜不一样,就是大头菜的牙芯被虫子吃掉了。他就想啊想:如果我把我家菜地里的所有大头菜的牙芯都用刀子挖掉,那所有的大头菜不就都长大了吗? 于是他就实验了一小块地,效果很好。最后他就把家里所有大头菜的牙芯都给挖掉,当年大头菜就获得了大丰收。这孩子写了一篇文章《大头菜挖心实验》,当年获得了江苏省青少年小发明比赛一等奖。复旦大学生物工程系得知这个消息后,与孩子的爸爸妈妈签订一个协议,等这孩子高中毕业之后免试免费进入复旦大学生物工程系读书。

江苏省常熟市有一个小朋友叫陆宏达,他经常跟爸爸妈妈到家里的棉花地里干农活,他发现棉花被虫子吃得很多,就问爸爸这是什么虫子吃的? 爸爸说是蜗牛。这孩子就记在了心里,心想要是能把棉花地里的蜗牛都扫除干净,棉花不就丰收了吗? 突然有一天,他发现一个小黑虫正在贪婪地吃着蜗牛的肉,心想有了。他想如果在我们家的棉花地里放上好多这样的小黑虫,不就把棉花地里的蜗牛吃光了吗? 于是他就逮了几个小黑虫,向他的科学老师报告了这件事情以及自己的想法。科学老师与他交流说:如果这个黑虫不仅仅吃蜗牛,还吃别的农作物呢? 于是在老师的辅导下他们组成了一个实验小组,做了一个对比实验。找了十几个盒子,里面全都放上小黑虫,再在每个盒子里分别放上不同的农作物和不同的虫子。最后发现小黑虫只吃蜗牛。试验成功说明小黑虫是蜗牛的天敌。后来老师和同学们开始上网查找这个小黑虫究竟是什么虫,互联网上没有查到。这个叫陆宏达的小朋友就成了发现蜗牛天敌的第一人。这就叫创新型人才。

2. 具有极强的沟通能力的人

2017年笔者通过中介买了一套房子，看房子只用了一周的时间，就与原来的房主签订了协议。我要付给中介的中介费是三万多，也就是说中介只用了一周的时间就赚了三万多元。中介的这位小伙子也没有什么学历，为何赚钱赚得如此容易呢。其实仔细一分析，这个小伙子有极强的沟通能力，通过看房子过程中的聊天，他知道我想要什么样的房子。又通过与原来的房主沟通，他知道了原房主想快速把房子变现。这样就很快地促成了这一单买卖。另外，房屋中介手中占据了大量的房源，他可以很快地调配每一位房屋需求者的需求。房屋中介的这个小伙子，就是具有极强沟通能力的人。

沟通能力的培养能够有效减少"社恐"人群。当前网络流行"社恐"这一说法，是指社交恐惧的这一类人，也可以说是不善表达的一类人。许多人在网络中能够侃侃而谈，一旦在现实中就会状况百出。但是沟通能力是对各种人才的最基本要求。未来，良好的沟通能力是我们做好各项学习任务或者工作的基础，也是能够顺利完成工作的关键能力。

3. 自驱型成长的人

所谓自驱性成长的人就是具有强大的自我驱动能力的人，学习的内驱力能够始终保持在非常旺盛的程度。这要从孩子很小的时候开始养成。孩子几个月的时候就要自己拿勺子吃饭，再大一点脱衣服要自己脱，洗手也要自己洗。到了三岁是人们所说的第一个叛逆期。再大一点十岁了，家长会发现孩子更不听话了，这是所谓的第二个叛逆期，到了初中则有可能迎来第三个叛逆期。有些孩子极有可能成为自驱型成长的人才，可是往往却在成长的过程中被家长亲手扼杀了。

未来需要什么样的人才？未来社会将是信息爆炸的时代，人们获得和分享信息的渠道将越来越通畅，人们面临的问题将是如何从海量的信息中找到需要的有价值的信息。科学的思维方式，是学习解决问题的方式；如何与人合作，找到最有效的合作方法和途径，这也是社会情绪能力。美国科学理事会研究报告中提出，对未来人力资源的要求是：具有创造性地解决问题的能力、具有综合的沟通能力、具有良好的适应性、具有自我管理的能力、具有个人发展的能力、具有系统思维的能力等。

教育家们认为，未来最重要的心智至少包括以下四个方面：专业的心智，至少学一种专业；综合的心智，当大量的知识流过视野时，能够关联、理解和评估这些来自不同领域和地方的信息；创新的心智，能建立新的工作领域，尊重别人的兴趣；伦理的心智，也许你的工作不仅要出自自己的兴趣，也要为了改善所有人的生活质量。创新型人才的培养是一个长期积累的过程。其成功的因素可以追溯到胚胎期和儿童期所受到的基础教育和专业教育，直至成人后的经历，我们认为良好的情感、社会能力和认知能力共同组成人类发展的基础。

　　而以下六个方面的能力,对创新型人才则是最重要的。一是好奇心和对探究的热情,也就是主动性;二是责任心,自信和自强的性格,以及正确的伦理道德和价值取向;三是基础知识和良好的认知模型;四是有效的终身学习能力;五是综合运用知识解决问题的能力;六是合作、交流和表达的能力。人们更多地认识到,教育的目的是帮助学生发展必要的认知工具和学习策略,使他们能够创造性地思考所需的知识,掌握学科基础,包括如何设计和提出有关各学科领域的有意义的问题,加深个体对学习规律的基本理解,成为自我维持的终身学习者。

第二节　重新认识我们的教育

一、数字化时代的"痴呆化"

　　最近几年,在旅途中我们会发现这样两种现象:其一,在好多火车站的候车室很少见书店,即使有书店也是小型书店。有好多书店可能是由于生意不景气,不得不开辟出一大半的空间来售卖其他商品。其二,在高铁的车厢内几乎看不到有人看书,而多年前在火车上阅读是常见的现象。谁偷走了阅读?毫无疑问,手机,尤其是手机游戏。笔者最近一次在高铁站的候车室,看到五十多位参加夏令营的小学生,在候车室候车期间大部分的学生都在看手机。仔细浏览了孩子手中的手机屏幕,发现无一例外都在打游戏。类似的场景相信很多人都见到过。在笔者受邀到学校里给家长讲家庭教育的过程中,几乎每一场讲座,家长提问的环节都会提到关于孩子玩手机游戏上瘾这一困惑的问题。在与家长交流、与教师交流的过程中,发现多数学生或多或少的有专注力缺失的现象。这些孩子对大自然,对花鸟鱼虫没有任何兴趣。家长和老师不知其原因,对这样的孩子也束手无策,只觉得现在的孩子太难教育。

　　根据中国最新的调查统计,网瘾人数占人口总数的比例为14.8%,其中绝大多数是青少年。曼弗雷德·施皮茨尔所著的《数字痴呆化》一书中叙述,德国82 293 457人口中,14到24岁的青年人中约有25万依赖网络,140万被视为有问题的网络使用者。五年前,韩国这样一个发达的、拥有世界领先信息技术的工业国家,医生在年轻人当中记录下越来越频繁的记忆障碍、注意力障碍、专注障碍以及情感淡漠和普遍迟钝化的问题。

小·贴士

《数字痴呆化》为德国著名脑科学家、哈佛大学客座教授曼弗雷德·施皮茨尔(Manfred Spitzer)揭秘数字化社会生存隐忧的经典著作,获德国《明镜周刊》排行榜第一名、德国亚马逊排行榜总榜榜首。奥地利作家彼得·艾腾贝格(Peter Altenberg)曾说:"我不是在咖啡馆,就是在前往咖啡馆的路上。"这份浪漫优雅的闲情逸致,在今日数位化的世界中早已被滴滴答答的键盘敲打声所取代,数以万计的"数字原住民(digital natives)"齐声高喊:"我不是已经在线上,就是正在连线上网!"然而曼弗雷德·施皮茨尔教授告诫我们:比老年痴呆更可怕的是数字痴呆症!电子产品和网络让我们停止思考,谷歌在使我们变傻?复制粘贴已代替了阅读与写作?多任务处理使效率变低?网络成瘾让我们失眠、忧郁、焦虑?伦敦的出租车司机需要记忆大量街道,而使海马体大于常人?儿童视频会影响孩子发育?《数字痴呆化》是一本专业权威的书,同时也是一本有趣的书。大量鲜活的实例,幽默风趣的语言,让你掌握大量前沿科学知识,远离现代科技的危害。《数字痴呆化》同样是一本适宜家长阅读的科普读物,通过书中案例,学习如何避免孩子的发育受到电子科技和网络的影响。

数字化是时代发展的趋势,任何人都无法抵挡。但是青少年如果养成了依赖数字化的生活方式,依赖网络,依赖 App 就极有可能会成为数字化痴呆。这是我们教育者应该引起警觉的。数字化时代为何会如此扼杀现代人的脑力呢?人类脑的发育是依赖于感觉器官对大自然的感知的,感觉器官对大自然的感知越丰富多样,人们的大脑就会发育得越好。人类所有对大自然的感知都必须经过感觉器官的感知,所有没有经过感觉器官感知的事物都不叫知识。教育家奥苏泊尔说过:如果把全部的教育学浓缩为一句话,那就是原有经验与新经验的链接。中国古人说的"行万里路,破万卷书",这个"行万里路"永远是放在前面的。

如果孩子过早地依赖于网络,就会切断孩子的感觉器官与大自然的直接接触,来自屏幕的信息就会像一个过滤镜,它呈现给孩子的并不是真实的世界,孩子接收的信息就是变形的信息,缺少足够的真实性。所以认知科学家们都特别强调要让孩子的感觉器官,让孩子的肉体直接与大自然建立联系,这样孩子们认识的大自然才是实实在在的大自然,孩子们得到的信息才是真实的信息。华德福的教育就特别强调在孩子幼小的时候不要给孩子灌输成人世界的所谓知识。这些来自成人世界的所谓知识,是孩子这个年龄所无法理解的。如果过早地给孩子灌输所谓成人世界的知识,孩子就会以为成人的理解就是真理。这样就剥夺了孩子自己认识世界的能力,孩子就会依赖于这些成人世界的所谓知识。

一天,一位妈妈接孩子从幼儿园回家,妈妈说:"孩子,幼儿园今天开始放假了，我们回家吧！"孩子说："妈妈，我要和大家再见，可以吗？"妈妈："当然可以呀！"孩子说："老师再见，小朋友再见，花儿再见，玩具再见，桌子再见，椅子再见……"

　　又一天，妈妈骑电动车接放学后的孩子回家。孩子说："妈妈你看，风让小树叶给我打招呼呢，还说谢谢我！"妈妈问："风为什么要谢谢你呀？"孩子说："因为风感谢我带它回家，我们回家的时候，它一直跟着我们呢。"

孩子这些语言都是孩子与生俱来的与大自然接触产生的，这是孩子天赋的潜能。如果这种潜能得不到释放，过早地就教给他别人的思想，他的头脑中从小就都是别人的思想，那是把自己的头脑变成别人的跑马场。那么，教育的意义何在呢？儿童只有和他身边的人、物、景建立深度链接，他才会热爱这个世界，热爱生活，热爱生命。这种建立链接的能力是与生俱来的，我们大人的责任就是支持、协助。如果过早地进行灌输式的知识教学，过早地输入别人的或者说是成人的经验，那就挤占了孩子大脑的空间，孩子就失去了自我与大自然的感知和交流。就比如有的人看到美景就立刻会吟诵古人的诗歌，那只是借孩子的嘴说古人的心声，不是自己的独立思考！纵观世界上发达国家的教育，尤其是早期教育，都是把孩子带到大自然中，让孩子的眼、耳、鼻、舌、手直接与大自然接触，让孩子的感觉器官更多地与大自然进行链接。比如"大自然幼儿园""森林幼儿园"。

约瑟夫·克奈尔的《与孩子共享自然》一书以科学的精神、无限的爱，将他对自然的那份崇敬、忠诚以及执着的热情，传播到世界各地，将自己对自然教育的独特理解，以及他所营造的创造性的学习气氛带给远离自然的人们，重新唤起人们对美好自然的亲近和向往。约瑟夫·克奈尔多年来在辅导孩子"体验自然"的过程中收集和创作了50个游戏。这些游戏有助于帮助各种性格的孩子以及大人开启心扉，接近自然，是提高自然意识的户外活动指南。这些游戏除了用充满创造力的方式讲述生态学知识外，还能让人们充分体会在自然中的喜悦、宁静，培养人们对周围世界的爱和尊重。

美国学者霍华德·加德纳和凯蒂·戴维斯合著的《App一代》中这样描述道：成长在我们这个时代的年轻人不仅仅只沉迷于App，他们认为世界就是由App构成的，生活本身也是一系列App的有序集合，或许，在许多情况下，它就是个从摇篮到坟墓贯穿一生的App。（我们将这种无所不能的App称之为"超级App"。）App可以满足人类的任何需求；若有人需要一种App，这个App马上就会被一些人（也许就是那些有需求的人）设计出来；如果人们无法想象或设计出一个App，那么对App的需求（或是担忧，亦或是困扰）就不（至少不应该）那么重要了。

谈到充满了傻瓜式导航设备的生活，有一次，霍华德给一群大学生做了关于教育的演讲后，一个看着挺聪明还有点好强的学生挥着他的智能手机走向霍华德。他咧着嘴笑道："为什么我们将来还需要学校呢？毕竟在这部智能手机里就可以——或者在不久的将来能找到所有问题的答案啊。"霍华德沉思了一会儿，然后答道："是的，除了那些重要的问题……其他所有问题的答案。"从许多方面看，一个充满了App的世界可能将是个奇妙的世界；然而，我们必须要问：生活的全部是或应该是一些 App 的集合？还是一个庞大的、无所不能的超级 App 呢？

如果使用 App 能够让人们的生活更加方便和快捷，能让人们快速地探究未知的世界，建立更加和谐和深入的人际交往关系，使人们能够思考更深邃的生命中的奥秘，那么这些 App 就是有意义的。如果 App 只能让我们变成沙发人，每天只是躺在沙发上玩 App 取乐、游戏，让我们养成一种极其不健康的生活方式，使我们失去了自我思考的能力，失去了人际交往的能力，失去了亲情，那我们就会变成 App 的依赖者。依赖网络、依赖游戏、依赖 App 会导致孩子没有独立的思考，会使得孩子变得愚笨，还会导致成人后继续玩物丧志。

笔者的一个朋友最近离婚了，离婚的原因是男方没日没夜地沉迷于网络赌博，一年就输掉了 600 万元，家里的几处房产都卖掉了。妻子联合全家人进行了长时间的苦口婆心的劝说，没起到任何作用。回顾这个丈夫的成长史，在其童年期，父母繁忙，无暇照顾孩子，孩子沉溺于网络游戏，即便后来历经艰难考上了大学、结婚生子，依然还是戒不掉网瘾。

这个案例显示数字化导致目前一些年轻人的痴呆现象。以现在的家庭教育状况，这种现象有极快的上升趋势。孩子们如何不知不觉中过上了数字化的生活，家长们鲜有觉察，甚至有些家长自己就是始作俑者，因为不会对孩子进行有效的陪伴或者在和子女的相处中怕子女吵闹，直接给孩子一部手机换取所谓的"乖孩子"，家长经由自己的手将手机变成了孩子的"奶嘴"。

二、激烈竞争中的"内卷化"

2020 年有一个热词横空出世，迅速传遍了大江南北，就是"内卷"，首先是指教育的"内卷化"。它来自一个英文词，叫 involution，有一个意思就是"向内"，简单的词义包括"缠绕""纠缠"；在生物学领域，也指系统的退化。

如果把这个词和另外两个相近的词做比较，就更容易理解了。我们最熟悉的一个词叫 revolution（革命），前面的字母是 re。还有一个使用非常普遍的词叫 evolution（进化、演化）。我们用"剧场效应"来解释内卷的原因，也就是说人们在剧场里都在看电影，这时候有一个人觉得站起来可能看得更加清楚，于是就站了起来。但是这一个人站起来了，就会影响别的人看电影，于是又有一些人站了起来。这些人站起来观看后，就又影响了更多的人观看，更多更多的人站了起来，最后全剧场的人就都站了起来。

这种剧场效应就是目前中国教育的一个缩影，带来的结果就是"焦虑"，所有焦虑来自对有限的优质资源的竞争。这种焦虑是一种全社会的焦虑，不仅仅是底层老百姓的焦虑，高收入者也焦虑，而且这种焦虑越来越胶着化，越来越低龄化，低龄到"小升初""幼升小"，甚至有的地方都办起了奥数的"幼托班"。

这种全员的、全社会的"焦虑"被北京大学社会学学者郑也夫称为"学历军备竞赛"。用这个词来表达中国教育当前的现实，比一般的"择校""焦虑""鸡娃"等更准确地说明了事情的实质,确实是学历军备竞赛。

到了每年的升学季前期,全社会所有需要上幼儿园、小学、初中、高中的家长们就开始躁动。甚至现在发展到根本就没有升学季,不管在什么年龄段的家长,早早的就开始躁动,躁动的主题几乎都和"我的孩子要上一个名牌的学校"有关。甚至从孩子一出生,就开始考虑买一个什么样的学区房,家长们不惜动用所有的社会资源,十八般武艺全部用上,甚至在社会上还流行所谓的上名校的"黄牛"。

这些年,一种被称为"鸡娃"的教育方式被大众熟知。望子成龙、望女成凤的"虎妈""狼爸"们为了能提高孩子的分数,从早到晚给孩子报满了各种辅导班,像打鸡血般催促孩子学习学习再学习,这种行为被大家戏称为"鸡娃"。与"鸡娃"相关的还有其他各种"娃",这些代名词背后代表的不仅是孩子们的学习状态,更是各位家长们的普遍焦虑。

家长也不管孩子是否愿意,是否需要,看到别的家长报补习班,就拼着命给自己的孩子补习,"顺大流"是家长给孩子们报补习班的主流心态。

一所名校搞过这样一个活动:爸爸妈妈我想对你说。活动的前一天,老师们通知家长第二天到学校里来,并特别告知家长,不要让学生知道家长要到学校搞活动。活动在学校的录播室举行,孩子在录播室里上课。活动开始了,老师们鼓励孩子们大胆说出最想对爸爸妈妈说的话,令人意想不到的是,几乎所有的孩子都把对爸爸妈妈最想说的话指向了辅导班,"我不想上辅导班"成了孩子的强烈呼声。坐在录播室后面的爸爸妈妈哭成了泪人,既心疼孩子又困惑不解:我辛辛苦苦挣钱供你学习,为啥却成了你眼中的罪人?

这种"内卷化"导致的整个社会全员化焦虑的症结到底出在什么地方? 很多人将矛头指向了高考,但是其实不然。杨东平教授在《教培行业黄金二十年落幕,内卷结束了吗?》一文中说:大家看到,在上世纪九十年代初,当时高校录取率非常之低,但是经历过那个年代的 70 后、80 后的朋友都很清楚,那个时候小学还是正常的,小学没有那么多补课,没有那么大压力,寒暑假、节假日,儿童都是可以游戏和休息的。而现在应届生高考录取率,大多数省份已经超过了 90%,为什么教育机会增加了,这个竞争反而更激烈了呢? 高考引发说这个说法不是很说得通的。

另一种说法是优质教育资源的短缺:因为优质教育资源短缺,所以大家都要竞争,要享受最好的资源。杨东平教授说:这个说法也似是而非。我们想想,近二三十年以来,哪怕近十年以来,优质教育资源究竟是增加了还是减少了? 毫无疑问是增加了。随着义务教育的普及和发展,以及高等教育的发展,优质教育资源在不断增加,但是入学竞争更为激烈。

有人说是传统文化,说中国自古以来就有读书做官的说法,说只不过中国现在把这种传统的文化合理化了。杨东平教授说:其实,历史上并不是如此。"五四"之后,出人头地、做人上人的价值观就得到了很严厉的校正,像陶行知的生活教育、平民教育,都在校正这种精英主义的教育价值。每个人都应该成为一个合格的公民,一个能够自食其力、健康、快乐的平民,这种观念在上世纪五六十年代还是比较普及的。当时我们经常说"三百六十行,行行出状元",没有把所有身家性命都集中在一件事情上,没有说就是要上大学。所以,归因于传统文化,也不是非常说得过去。

　　一个很受认同的解释，就是独生子女政策：因为有了独生子女政策，所以每个家长，都把自己的宝贝孩子当作天才来培养，必须要上大学，而且要上名牌大学。这个因素是否存在呢？无疑是存在的，而且可以说对家长的教育选择行为，的确影响很大。

　　大家都知道，过去在多子女的时代，比如笔者，兄弟姐妹四个，我们周围很多家都是四五个孩子，六个孩子的也不少见；在农村，子女更多一些。那时候先经过了一轮自然选择，也就是说，每个家长对自己的几个子女适合做什么，心里很有数——调皮捣蛋的、喜欢打架的，送他去当兵；忠厚老实的，留在家里种地养老；脑子灵光、有想法的，去做生意——家庭里面已经进行了第一层的"因材引导"。

　　一个家庭四五个孩子里面，可能有一两个，用民间的话讲是"读书的料"，就是喜欢看书、喜欢学习，家长就让这样的孩子去上学。在独生子女的情况下，这种选择就消失了，所有人都是千方百计要让孩子接受所谓最好的教育，都要让孩子上大学。但是，独生子女这个因素，杨教授认为也不应夸大。

　　我们认为这种乱象的产生主要有以下四点原因：

　　其一，重点学校的产生是不均衡的开始。20世纪五六十年代，由于国家急需人才所建立的重点学校制度，使得重点学校承担着为国家培养人才、缓解人才短缺的重任，因此国家对重点学校的资金投入、师资配备、环境塑造等方面都会有更多更好的政策导向。重点学校制度在当时的人才培养中确实发挥了重要作用，但也为今天教育质量不均衡的发展埋下了隐患，一直到现在还有大批的名校、实验学校存在。"上重点学校"意味着拥有更好的资源，这已经成为大众的"真理"。

　　事实上研究表明，孩子的成才与学校教育的相关性较之于与家庭教育的相关性并不是很大。也就是说一个孩子成才与否很大程度上是与家庭教育密切相关的。很多案例都证明家庭教育好的孩子不管上什么样的学校，孩子都可能成才。而家庭教育不好的孩子不管上什么样的学校依然难以成才。但是家长却认识不到这一点。

　　其二，师资的均衡发展成为教改的一大难点。师资被认为是影响教育质量的关键性因素，教育部等部门2014年发布的《关于推进县（区）域内义务教育学校校长教师交流轮岗的意见》，要求义务教育学校启动教师流动。最早的时候是20世纪90年代，当时就推进过这件事情。但是各地方没有很好地执行这一政策，就导致了教育师资的不均衡。

　　其三，民办教育的崛起，掐尖招生加剧了生源竞争。为实施科教兴国战略，促进民办教育事业的健康发展，维护民办学校和受教育者的合法权益，自2003年9月1日实施《中华人民共和国民办教育促进法》。自实施以来，民办教育得到了快速发展，但是同时在利益的驱动下，民办学校利用《民办教育促进法》规定的自主权，可以考试招生、提前招生、跨区域招生，非常有利于招到高质量的生源，结果必然是考试成绩和升学率大大优于公办学校。这种掐尖的教育搞乱了教育的生态，某种程度上，名校的崛起是建立在优质生源的基础上的。民办学校的掐尖招生带来的负面影响非常大，为了能够掐尖到最优秀的学生，招生考试题目越来越难，越来越偏，为了能让自己的孩子能够到名校上学，家长拼命地给孩子加码补课，校外补习机构就顺势而生，像雨后春笋般增长。很长一段时间小学的学生几乎全员到校外机构培训补课,甚至幼儿园就开始补课,五六年级的学生家长更是疯狂,"刷题"成为大多数家长给孩子做出的选择。另一个影响就是,辅导机构的老师收入的猛增加剧了学校老师的不平衡心理,于是就有了校内老师有偿补课的现象,甚至一些教学非常好的名师辞了公职,自己办教育培训。多种因素影响下,公办学校的社会声誉日益不及很多民办学校。

其四,家长的虚荣心也起到了推波助澜的作用。比如一所地方名校,有好几所分校,当地的区政府为了能更多地招一些有编制的教师,就准备把其中一所分校申请成一所独立法人的新学校。可是家长不愿意了,部分机关工作人员的家长打听到这一消息后,立刻在家长群里传播开来,最后导致全体家长上访,要求这所学校不能更换校名,必须叫"某某学校的分校",最后教育局不得不停止申请。可见,对于一些不懂教育的家长而言,校名比师资的质量重要,教育甚至被家长绑架的事情时有发生。好多家长之所以想把自己的孩子送到所谓的名校,更多的是为了显摆自己有面子。

针对这样的全民焦虑,中共中央办公厅、国务院办公厅于2021年7月出台了《关于进一步减轻义务教育阶段学生作业负担和校外培训负担的意见》。仅仅依靠国家层面加以规范和控制是不够的,更重要的还是需要家长认真思考补习班到底能不能提高孩子面对未来的能力。大数据表明,补习班虽然能够对学习成绩有所帮助,但是以牺牲孩子全面发展和身心健康成长为代价的。与其将孩子交给辅导班,不如努力和孩子一起去寻找一条即使不上补习班也能让孩子既学得开心,又促进身心健康成长的有效路径。家长要树立终身学习的理念,自己成长才能真正培养出未来幸福的孩子。

三、基于脑科学重新认识孩子的成长

脑科学的快速发展帮我们拓宽了大量认知科学的新领域,让我们重新认识学习。例如,我国目前大约有35%有如下行为:上课开小差,好做小动作;写作业特别慢;做数学计算题,一做就错;丢三落四,今天丢橡皮,明天丢铅笔,后天丢红领巾,再后来就是丢衣服、丢书包。很多家长和老师会认为这些行为是孩子调皮,学习不认真,学习态度不好,是粗心,对孩子进行严厉的批评、惩罚就可以解决。其实,用现在的脑科学知识来看待,所有这些表现都不是孩子主观能够控制的,不一定是学习态度不好、粗心这些想当然的原因,而是注意力缺失综合症的表现。

小贴士

注意力缺失综合症,又叫注意力缺失症,主要症状是非常容易分心、冲动、静不下来。一般来说,心理疾病是集遗传、生理、教养及其他环境因素而形成的。患者很难坚持完成一件事情,常常没有任何道理地改变计划、改变方向,无法从错误中学习,解读社交讯息有困难,不容易交朋友。

注意力缺失综合症是怎么造成的呢? 研究发现注意力缺失综合症的孩子在出生七八个月的时候几乎都没有爬过。为什么注意力缺失综合症会与爬没爬过有关系呢? 做过父母的都知道六七个月大的孩子,只要吃饱了喝足了睡醒了,就一刻都不会闲着,他会到处乱爬,会用手去抓拿一切他能拿到的东西,这其实就是孩子在用他的各种感觉器官去感知这个神奇的世界。如果这个时候我们去观察孩子的一举一动,就会发现孩子的眼睛是光亮的,孩子的情绪是亢奋的。可是现在的父母认为孩子爬太脏,不卫生。再比如,孩子七八个月的时候就会抢大人的勺子自己用勺子吃饭,可是我们成人大多是不允许的,认为孩子还小,大一点再学吃饭也不迟。其实孩子的每一项技能都不要等到他发育完备后再去学习,都要在发育的过程中去学习。我们也绝对不要小看孩子自己用勺子吃饭,孩子用勺子挖了一勺子米饭晃晃悠悠送到嘴里可能只剩一粒了,但是这一粒米给孩子带来了幸福感。因为这个时候孩子的头脑中会产生大量的多巴胺,一种让人产生美好感觉的激素。这种激素的分泌会更加激发孩子拿起勺子来第二勺、第三勺……但是孩子的这些行为一旦被成人制止,就会阻碍小脑的发展,抑制孩子的天性。错过了孩子小脑发育的最佳时期,其直接后果就是导致孩子视知觉失调,专注力不好。这就需要家长学习科学的养育知识,才能养育好自己的孩子。

一个二年级的小朋友,感统严重失调,跑步动作不协调,没法跑快,写作业抄错行,做数学题时,竖式子得69,横式子就写成96。视知觉也是严重失调,不会拍球,不会跳绳,拿东西时经常会掉。考试成绩在班级里总是中等偏下。研究表明,运动可以有效改善感统失调带来的困境。这个小朋友从二年级起每天坚持做三件事:一是每天跑步两千米;二是每天跳绳两千个;三是每天从一楼跳楼梯回家,一直跳到五楼。这三项活动一坚持就是五年。上述的感统失调现象有了很大的改观,考试成绩也直线上升。

小·贴士

感统失调是大脑功能失调引起的,感统是由于身体各个器官的信息传入大脑,经大脑分析后统一协调全身的语言、运动等功能。感统失调是大脑不能很好地支配全身器官功能而出现的一系列临床症状。它是一种临床症状,不是一种疾病,儿童患者较多见,引起的原因有先天性原因和后天性原因。

先天性原因有孕期服用某些药物、不良的饮食习惯、分娩时压迫等,后天的原因主要有不良的生活习惯、家长过分限制宝宝的活动等,常见的临床症状有多动、步态不稳、脾气暴躁、身体协调性差等。感统失调早期治疗效果较好,最好尽早确诊,尽早治疗。

家长和老师希望孩子们时时刻刻都趴在书桌上学啊学,不知道被动的学和主动的学之间存在着多大的差异,满大街这么多补习班,有几个是孩子愿意主动去学的。成人容易认为孩子小,等他成熟了,再让他自己决定自己能做什么,该做什么。可是大脑不这么想,脑科学专家告诉我们,脑的发育依托于对它的使用方法,也就是说我们怎么用它,它就怎么发展。如果习惯于让它自己做决定,那么它的决策能力就强;如果总是被动决定,那么它就有可能永远失去了做决定的能力。因此,让孩子在成长的过程中学着自己去做决定,孩子才会有独立的人格,因为未来的生活毕竟是孩子自己的生活,成人的职责是帮助孩子学会怎样掌控自己的人生。

我们曾到一所星级高中去督导,教室里的标语让人震惊:"只要学不死,就往死里学""这一刻只为自己,不为别人""提高一分压倒千人""考倒官二代,考倒富二代"。孩子在这样的压力下头脑中所形成的负面影响是无法计量的。大多数焦虑症和抑郁症在14 岁之前就形成了。目前中国有 9 500 万人有着与抑郁有关的问题,这一数字从 2005 年到 2015 年增加了 18%。人的大脑中有一个主管情绪的部位叫作杏仁核,这个杏仁核很奇怪,只要是人受到过大的压力后,它就会说:你威胁我,我就让大脑无法思考问题,我就会关闭思考的大门。一个人在"我能做什么上"没有主动权,他们会在"不该做什么"上有极强的创造力。新冠疫情期间,长期居家隔离返校后为何会有孩子自杀,一个人过不了自己想要的生活,他就会以自己决定的方式来毁掉自己的生活。因为这样最起码能证明"我的生活还在我的掌控之中"。

四、基于认知科学重新理解学习

认知科学是 20 世纪世界科学标志性的新兴研究门类,它作为探究人脑或心智工作机制的前沿性尖端学科,已经引起了全世界科学家们的广泛关注。认知科学的基本观点最初散见 40 年代到 50 年代中的一些各自分离的特殊学科之中,60 年代以后得到了较大的发展。认知科学是一门相当年轻的学科,然而却为揭示人脑的工作机制这一最大的宇宙之谜做出了不可磨灭的贡献。

如何有效学习? 有效学习是对学生学习的客观评价,指学生充分学习,使学习效率提高。有效学习的核心是学生的进步和发展,有效学习的关键是看学习的效果,是否引发了学生继续学习的愿望,及在单位时间内是否完成了学习任务或超计划完成。以学生为中心的探究式学习应该是主要的和有效的学习方式,是在教师指导下学生主动的探究过程和在学习共同体中互动的过程,是学生的自我探究和自我发现。有效学习需要将有关事实的支持和概念的框架相结合,不仅要注意学习者,还要注意学习的内容和过程。有效的学习需要儿童主动的参与,这是学习者真正能改变他们的原有概念和学习新知识的前提和关键。有效的学习应符合儿童的认知和情感发展规律,特别是学生情绪能力和表达能力的提高,需要互动的环境。认知科学的理念告诉我们教育不只是分数,更重要的是综合能力,尤其是未来的公民,面对真实情景解决复杂问题才是孩子将来要面对的。认知科学的发展告诉我们,在纷繁复杂的真实情境中的学习才能真正地培养解决复杂问题的能力。

其实，学科教学的诞生某种程度上来说是对人们认知通道的一种扭曲。因为现实生活中是没有学科的，都是纷繁复杂的。在人们最早认识世界的时候是没有学科概念的。古代的先哲们不是先学的物理学科才成为物理学家的。他们都是在纷繁复杂的事务中发现了大自然的科学规律。古代的大家们都是杂家，比如达·芬奇，大家知道他是画家，其实在很多学科的论著中都可以找到达·芬奇的著名论述，他还是化学家、物理学家、天文学家、雕塑家、哲学家。比如中国的孔子，大家都知道孔子是教育家，其实孔子还是社会活动家、政治家、文学家、哲学家。过去人们就是这样从整体上去认识世界的。但是，随着人们对大自然了解得越来越多，知识越来越丰富、越来越精细、越来越专业，才慢慢产生了学科的类别，所以说学科是人为的概念。但是真实的世界是一个复杂的系统，是不分学科的，要想培养学生的综合能力必须要让学生走进纷繁复杂的生活。中小学有一门新的课程"综合实践活动课程"，综合实践活动课程看起来是一门新兴的课程，其实它是认知科学的回归。让学生投入纷繁复杂的生活中，在生活中发现问题，分析问题，最后解决问题，这才是学习的最佳途径。有过这样经历的孩子，将来走上社会才可能去面对一系列复杂的问题。

有一天，一个班级的学生突然发现学校围墙的边上有好多死鸟。孩子们不知其原因，于是就把死去的鸟捡回来，放到教室里希望老师带领他们研究鸟的死因。老师说："孩子们，我们首先要探知这些鸟是哪里来的。"于是孩子们开始到每个班级去调查，结果没有一个班级学生知道鸟从哪里来。于是孩子们又开始扩大搜索范围，到学校围墙外去搜索。经过一节课的搜索，孩子们终于找到了鸟的来源，原来学校旁边有一所幼儿园，幼儿园在爱鸟日这一天组织了一场活动——鸟的放生活动。

找到了鸟是从哪里来的，接着更进一步的问题就来了，这些鸟被孩子们放生之后，为什么没有回归大自然，反而死了呢？于是孩子们决定深入幼儿园，到幼儿园小朋友当中去调查。去调查之前学生们还做了认真的讨论，为了得到幼儿园小朋友的配合，考虑到幼儿园小朋友的特点，孩子们还带了一些糖果和小玩具。在得到幼儿园园长的支持和老师们的配合后，孩子们来到了教室。

经过调查，学生们找到了鸟儿们死亡的初步原因。原来孩子们用来放生的鸟绝大多数是从花鸟市场上买来的，而且很多孩子的奶奶并不知道孩子们为何要把鸟带到幼儿园，有的奶奶怕鸟飞走，还把鸟的翅膀剪掉了一部分；有的孩子觉得鸟很好玩，就一直用手摆弄鸟，到放飞的时候，鸟已经半死不活了。

于是孩子们又准备到花鸟市场上去调查。结果到花鸟市场上一看，绝大部分的鸟是人工养殖之后供人们观赏的。这些鸟已经很不适应自然环境，放到大自然当中很容易死亡。

找到了鸟的死因，老师以为研究可以结束了，但是孩子们坚决不同意，他们认为：既然是幼儿园放生活动造成鸟儿死亡的，我们要让幼儿园的孩子们知道,放生也要讲究科学。于是孩子们决定到幼儿园给幼儿园的孩子们上一节科普课。接下来的活动内容就是开始备课、制作课件、制作教具、试讲,孩子们又忙活了两天。之后来到幼儿园,全班同学分组到不同的班级去上课。

在这些研究之前,孩子们还给这些死去的鸟举行了一次隆重的追悼会。在准备追悼会的过程中,孩子们又分头工作,协作完成,有专门布置会场的,有写悼词的,有奏哀乐的。非常的隆重!

这个活动结束后,孩子们都写出了上万字的活动报告,报告写得生动、翔实,有调查数据,有论证。平时写 300 字的作文,孩子们都要挖空心思,搜肠刮肚,还写得不生动不具体。这难道不是语文课吗?这难道不是数学课吗?这难道不是科学课吗?这难道不是社会课吗?这其实是真学习!然而,在现实生活中没有太多的人重视综合实践活动这样一门课程,都把它当作可有可无,甚至好多学校都上成了语文课、数学课。家长也不太关注这门课程,认为这是副科,其实知识在现代教育里面已经不是一个问题了,更重要的是如何理解知识,如何运用知识进行创造。

再比如现在风靡全球的 STEM 教育,和综合实践活动课程一样,是认知方式的一种回归。STEM 最早起源于美国的大学,老师发现孩子每门功课学得都很好,但是一到实践当中就束手无策了。于是他们创设了这样一种教学的模式,S 代表着科学,T 代表着技术,E 代表着工程,M 代表着数学。就是创造一种学习方式让学生在实践中运用科学的知识、技术的知识、工程的知识以及数学的知识解决实践问题。后来全世界的基础教育发现这是一个好的教学模式,引发教育家考虑什么是有效的教育和有效的学习。当然,这并不是否定学科教学,学科教学可以很系统地学习某一学科的知识,系统的知识需要在实践中才能获得更好的发展。

小·贴士

STEM 教育:即跨学科的项目学习,旨在把科学、技术、工程、数学结合起来,使学生在学习过程中综合运用学到的科学知识、工程技术知识和数学知识,培养学生创新思维和应用技术的能力。由于 STEM 强调学科之间的整合,因此 STEM 的兴起也被称为学科之间的"拆墙"运动。

有一位教师设计了一个 STEM 的教学案例。这所学校要创建节水型学校,老师希望能够指导学生设计学校的雨水收集装置。设计雨水收集装置是一个复杂的、系统的、全方位的综合活动,要思考的内容是相当复杂的。孩子们根据这一主题展开了深入的讨论:首先要考虑当地的天气情况,了解当地的气象情况,考虑当地的年降水量,包括当地的年最高降水量。其次要思考和丈量学校的面积、学校的地势,因为雨水收集池建在学校的什么位置也是很重要的事情。最后要思考收集到的雨水里都有什么化学成分,因为收集到雨水就要思考如何使用这些水。

讨论完这些问题开始分组行动。他们总共分了七八个组，有到气象台做调查的，有在学校里实际测量的，有对雨水进行化验的。到气象台调查就要访问气象专家，做数据记录，做访问笔录。实际测量组就要学习好多测量的知识，还要做详细的记录和运算。雨水化验组就要采集雨水标本，请教中学化学老师，做化学实验，做好记录，做好数据统计。他们做了大量的调查研究。

接下来要设计雨水池，设计雨水池又要考虑到一系列的复杂问题：用什么样的材料，什么样的材料最省钱，什么样的材料最结实，什么样的设计最美观。光设计图纸，他们就设计了十几稿。

设计完成后就要思考工程预算，工程预算是孩子们更加陌生的问题，他们又到了建筑设计院，请教了若干个设计师。

这些都完成之后，问题又来了，资金哪里来？于是他们又去请教教育局基建科，最后写成了一个可行性报告。他们还到局长办公室向教育局局长汇报。

这项活动开展之后，教师发现孩子的整个生命状态都改变了，孩子们打架的少了，骂人的少了，下课之后野皮的少了。因为孩子们都有了使命感，都是在积极主动的状态下学习、调查、计算。在这个过程中孩子们所学到的东西是丰富的，是深刻的，是在真实情境中学到的，是在解决复杂问题的过程中学到的。显而易见，这些东西是在学科教学中很难学到的。

五、面向未来重新认识教育

2018 年 1 月 28 日的《人民日报》曾经登载《教育改革要从家庭教育开始》的文章。文章中介绍了家长的五个层次：你愿不愿意在教育孩子的问题上花钱？你愿不愿意在教育孩子的问题上花时间？你是给孩子选择最好的教育还是选择最适合的教育？你对孩子有教育规划吗？你愿意让孩子活出他自己来吗？毫无疑问，这五个层次中，最高层次的教育就是要让孩子活出他自己来。教育其实说到底就是顺应。走进高中会发现学生白头发的现象特别突出，学生们缺少青春的活力，就像一个个"老小孩"一样坐在书堆里。其实脑科学家早就告诉我们，如果长期接受较大的压力，生物体就促使自己快速成熟以便繁衍后代。

叛逆期也是一个热点话题，其实叛逆期在很多教育专家那里是一个伪命题，因为孩子有了自己的主见，不听家长的话，家长们就认为孩子叛逆了。叛逆是对控制的反抗，控制越多，反抗越强烈。对于孩子的正常发展来说，他有权利表达对这个世界的认识。我们这个时代更多的家庭都是从孕期开始，每一步都是规划好的，孩子自身的内驱力始终没有被激发出来。如果一个孩子每当遇到选择的时候都由父母来决定，那他什么时候才能自信的自己决定一件事情呢？只有给孩子充分的空间和时间，让孩子得到充分的操控权,孩子才会成为自驱型成长的人。孩子积极独立地思考,自主地思考,才能做到"我的学习我做主"。

　　有一位教师,上课的时候把一辆自行车推进了教室,请同学们针对自行车提出自己想解决的问题。孩子们针对面前的自行车,展开了激烈的讨论。经过半节课的讨论,孩子们关于自行车提出了 148 个自己想弄明白的问题。老师又根据孩子们的兴奋点分成了八个研究小组。每一个组从 148 个问题中筛选出本小组最想研究的一两个问题,展开了长达一个多月的研究活动。有的小组研究自行车的发展历史;有的小组研究自行车的轮子为什么是圆的而不是方的;有的小组研究未来的自行车的发展方向;有的小组研究自行车上的齿轮为什么前面的大而后面的小。孩子们分工合作,有的查找资料,有的做实验,有的到自行车修理铺去做调查,有的到工厂采访机械工程师,还有的去找科学老师进行研究。

　　经过一个多月的研究活动,每一个孩子都写出了长长的研究报告。这位老师把孩子们写的厚厚的一大摞研究报告拿给我,我估算了一下足足有 70 厘米厚。带回到家里我几乎浏览了一整夜。数了一下写得最少的同学的研究报告,竟然多达 36 页稿纸。

孩子不会写作吗? 孩子不会研究吗? 其实孩子是天生能够独立的学习者。一位教育家说过:孩子来到这个世界上是自带操作系统的。未来的社会需要独立思考的人才,未来社会需要合作型人才,未来社会需要创新性的人才。现在的家庭教育多是家长完全包办代替,从幼儿园开始孩子就没有了独立自主权。报什么样的补习班、学什么样的特长都是家长说了算,完全不顾孩子的兴趣爱好,完全不管孩子是否喜欢。孩子从小就失去了自主权,一直到高考之后选择专业也不知道自己未来到底要做什么。

孩子将来的发展方向应该由孩子自己来决定,要想达到这一点,家长的任务是从小就观察孩子喜欢什么,我们的家庭教育应顺应孩子的发展,而不是为孩子设计好他自己要走的路。家长要想让孩子活出他自己来,就要在孩子小的时候顺应每一个孩子的天生禀赋,顺应孩子自由发展的道路。我们还要同孩子一起分析未来的社会是什么样子的,在这样一个未来的世界,你最希望成为什么样的人,你就要沿着这个方向努力学习。

第三节　"家"作为方法:中国家庭教育的新时代

　　改革开放四十多年来,我国在经济、科技、人民生活水平等各方面全方位取得了令世界瞩目的进步。于是国际上开始把中国作为方法,认为中国的"家"观念与"家"文化是一种促进人类社会进步的方法。20世纪末与21世纪以来，作为古老东方文明的中国"家文化"意外地在世界上凸显出了它的"C位"。也是在20世纪80年代，一个普通的中国青年随着留学热潮到了美国去念研究生，后来留在了美国的大学里教书。在这个过程中，他发现西方人基本没有家的概念而只是从个体的概念来理解"家"，因而他们的家庭教育并不以"家庭"为其根基。那么，"以家庭为根基"的家庭教育是什么样的呢？就目前国际上对中国"家"哲学、"家"文化与"家"作为方法的研究，可以理解为人的成长离不开家，因而必然也离不开家庭教育，而且这样一种家庭教育是不能由育婴院、孤儿院等慈善机构来代替的。杨效斯在《家哲学：西方哲学"个人—社会"模式的盲点》中指出：西方哲学基本不含家哲学。一种可疑的"个人—社会"两极模式，是导致这一盲点的直接原因。压制西方家文化发展的因素很多。迄今为止，西方哲学没有赋予"家"概念以重要理论地位。在这个哲学体系中，缺乏系统而持久的家研究，缺乏由家研究产生的家哲学家和家哲学思想。最近几十年，主要由于家庭危机恶化，一些应用性哲学分支开始关注家研究——如在应用伦理学、女权哲学、性与爱哲学或者在政治哲学中的细节部分。或许，今天已经到了一个西方人重新学习中国的家文化与家庭教育方法的时代。

一、为什么当前时代"家"成了方法

肖瑛在《"家"作为方法：中国社会理论的一种尝试》的新近研究中指出：现代化是一个"离家出走"的过程，故现代社会科学也表现出远离"家"而拥抱个人主义的倾向。推进"文化自觉"和社会学中国化，"家"是一个关键的切入点。从"家"出发构建中国社会理论，不仅要将"家"当作实体，更要将其作为"方法"：一方面揭示"家庭隐喻"的多重面向，即基于血缘纽带引申出的自然情感、支配和家政，厘定它们在伦理层面的纠缠及其结果；另一方面运用中外比较、理论与实践结合、古今互鉴的方法，在经验研究和历史研究中，透过"家"来探索中国文明的总体性格、变迁及具体实践形态。"家"是中国文明构成的总体性范畴。相比于犹太—基督教文明和古希腊文明从其起点上就不屈不挠地摒斥"家"，儒家文明对社会伦理、政治以及经济关系的建构，始终是从"家"出发，形塑家国一体的秩序体系。当前我国家庭的社会科学研究，一方面如前所述普遍以个人主义为预设；另一方面过分追求专业化和实证化，急于建立以实体性家庭及其结构为对象、拥有独特中层理论、边界分明的分支学科，放弃了从"家"出发理解整个中国的社会和民情构成及变迁的可能性。

在电视剧《重生》中，其中一个案例，就是由于母亲与儿子之间疏于交流，缺乏温情，而酿成大祸。母亲事业有成，没有关心过儿子，试图用物质来补偿心理的缺失，但其实已经来不及了，他的儿子杀人贩毒什么都干，最终这个母亲也死于她儿子的刀下。

亲子关系是家庭关系中的重要因素。以"家"作为方法不单单是一种研究方法，更多的是对父母与孩子之间温情关系的研究。基于"血缘"的各种家庭隐喻可以归结为三个基本维度,即自然情感、支配和家政。从父亲隐喻到母亲隐喻再到家庭的情感纽带,家政学是每一个家长都应掌握的实用学问。

二、中国"家"观念下的新时代家庭教育

生生不息是每一个家庭得以延续的特征。而父母在家庭里进行自然而然的家庭教育是"直在其中",是天职。那么,我们当前时代的家庭教育与以往的有何不同呢? 家的作用较之以往任何一个时代都更为重要。首先,它在一定程度上能够弥补西方文化的个体主义给青少年带来的负面影响。其次,它还能在一定程度上消解高科技的信息化社会给成人和子女带来的负面作用。家庭生活的加强能够减少人们在电子信息网络上消耗的时间与精力。为了在新的时代"家"观念背景下实现更好的家庭教育,本书后面的章节将详细阐明家庭教育开展的良策。正如彭卫民在《"家"哲学:价值观生产的重要范本》中指出的:优秀的传统文化不仅能够创造知识与文明,更能够像一台孵化器一样,通过一个先设的理想准则,源源不断地输出可以巩固这个准则的系列价值观。作为一种"天理之节文"式的"存在",儒家所建构的"家"被先验为辐射社会德性的重要领域:对父母养育的责任、兄长的爱敬以及祖先崇拜的延续,并不需要借助体力或外力强制,而是借助家哲学中的情感、道德、精神、仪式的凝聚力。这种气质倾向与行为规则,出自"精神—道德"层面的认同或信仰,子女接受父母的权威,正是公共德性的根源。理想化的"家"为权威和等级制的社会关系注入了"人情"的要素,并为传统的政治秩序提供一个稳定的精神基础,这是中国古代价值观的重要源泉。

三、每位家长都应具备治理家庭教育的智慧

从择校热到社会上大量的补习班就可以看出绝大部分的家长没有真正看懂这个时代,他们仍然还是把教育孩子的任务推给了别人。其实这里面包含着一个潜在的语言:"找一个最好的学校我就放心了。""所有补习班我都给你报了,学不好我就没有责任了。"另外,如前面已经指出的,处于内卷社会的父母们攀比之心也在作怪。"谁谁的孩子都上哪个名校了,我们家的孩子也要上那个学校。"很多家长给孩子报补习班花费几千几万都毫不吝啬,但是如果让他参加一个家庭教育的学习班,花费几百块他都不参加。换句话说,他认为教育孩子不是他的事,是学校的事,是办学机构的事。从以上种种现象来看,社会的浮躁是一个不容忽视的问题。

家长不认为家庭是教育孩子的主战场。其实家庭是人生的第一所学校,父母是人生的第一任教师。因为从孩子一出生,他的整个身体就像一个全然的感受器无时无刻不在接受着整个家庭的所有语言、所有表情。他会感受到父母的语言、性格、习惯、品格、意志力等。他就像一面镜子一样会全然地复制父母的一切行为。孩子会像一台永不停止的摄像机,把家里发生的事情录制下来,存储在他的小脑瓜之中。这些都是他将

来一言一行的根基，而这些都是学校给不了的东西。

有教育学家分析过孩子的行为表现与父母的教育方式，对照具体如下。

喜欢暴力或奴性十足的孩子：他的父母当中至少有一个有暴力行为；

自卑怯懦的孩子：父母其中必有一人是苛求之人，干涉型的家庭教育；

胆小害羞的孩子：管得过多，时常责怪，包办代替，干涉型的家庭教育；

不善良的孩子：父母必有一个缺乏同情心，暴力型家庭教育；

不懂是非的孩子：必有一个专制、喜欢替孩子做决定的家长，或是一个不明事理的家长，干涉型或溺爱型家庭教育；

小心眼的孩子：缺乏宽容的家庭环境，指责是这个家庭的主基调，干涉型家庭；

不上进的孩子：父母对孩子要求过高或过低，干涉型家庭或放任型家庭；

懒惰的孩子：父母替孩子做得太多，干涉型家庭或溺爱型家庭；

喜欢埋怨的孩子：必然有一个负面思维的家长，干涉型家庭或暴力型家庭；

脾气暴躁的孩子：必然有一个家长脾气不好，习惯用发火这种方式与人沟通，干涉型家庭或暴力型家庭；

自以为是的孩子：父母溺爱的必然结果，溺爱型家庭或放任型家庭；

不会关心人的孩子：父母宠爱过度，不让孩子表现，溺爱型或放任型家庭；

不快乐整天板着脸的孩子：夫妻不和或父母与孩子关系紧张，干涉型家庭、放任型家庭或暴力型家庭；

过于敏感多疑的孩子：家庭不包容，缺少温暖，干涉型家庭或暴力型家庭；

不喜欢学习的孩子：家长不爱学习或不觉得学习很重要，干涉型家庭、暴力型家庭、放任型家庭或无文化型家庭；

冷酷孤僻的孩子：必然有一个放任不管或暴力十足的家长，放任型或暴力型家庭；

自私的孩子：必然有一个溺爱的父母，溺爱型家庭。

以上种种孩子的表现，大多数的家长都不去关注。只去关注孩子文化课的考试成绩。而上述这些表现会影响孩子的一生，会影响孩子持久的能力。以上这些现象一旦成为习惯，将终生难以改变。

家庭教育是一门很重要的学问，世界上很多行业岗位都需要有资格证，唯独父母没有资格证。其实，让父母通过家庭教育课程的学习而获得家庭教育资格证是必要的。教育发达国家的优秀年轻人，大学毕业之后工作一段时间，想结婚了，想生孩子了，这时候他们会选择一门教育学，学完了教育学专业再生孩子。因为教育孩子既是一门非常复杂的学问，又是一门艺术。江苏省已经下发了关于加强家庭教育的纲要，立法人士在积极促进家庭教育立法，这都说明我们的国家一直在重视家庭教育。家庭教育要学的东西实在是太多了，教育学、心理学、生理学、脑科学、社会学、语言学等都要学。

现在的家长愿意学家庭教育知识的不是很多，他们给孩子报补习班不管贵不贵，但要是请他们来学习教育孩子的知识，免费的都不一定乐意来。有一次笔者到南京去做家庭教育讲座，主办者线上给十万个家庭发了信息，可是到场听报告的家长不足五十人。很多家长是等孩子上学之后出现了问题才病急乱投医，根源还是从理念上就忽视家庭教育，骨子里面还是认为"树大自直"。很多家长认为还是自己的工作最为重要，赚钱是为家庭做的最大贡献，尤其是父亲，不管是家长会还是家庭教育讲座，基本上都是母亲出面，这都是极端的误区。父母和孩子都要意识到家庭教育的重要性，家庭是社会的最小单位，社会的发展离不开家庭教育的作用。面对不断变化的信息时代，我们家长应该具备什么样的"家"观念呢？家庭是孩子们第一个受到教育的场所，能够影响孩子的个性、习惯等方面。互联网的发展给家庭教育带来了更加便利的平台，例如，通过互联网孩子可以随时随地关注到名人的优秀事迹，更加直观地感受到名人事迹，从他们身上学到优秀品质；通过互联网孩子可以查阅疑难问题，及时解决问题；家长可以借助互联网，远程检查孩子的学习进度，即使家长在工作单位也能够及时提醒孩子完成学习任务。

　　数据化应用一方面带来了积极的效应，另一方面也存在负面影响，那么新时代的家庭教育应当怎么扬长避短，促进孩子的成长呢？首先，家长要能够适应数字化时代，主动接受互联网并学习使用互联网，更新教育方法，提升自己的观念和能力。网络信息时代，不仅仅是孩子，家长更应当树立终身学习的观念，以自身为榜样通过平等的形式进行教育。开放式的信息一定程度上打破了传统教育形式，过去家庭教育仿佛都是父母为主导者，他们说什么孩子听什么。但是在信息时代，孩子和父母之间是相互学习的状态，不再以父母为主导，而是以一种平等的形式。其次，家长要培养孩子的网络素养。网络素养是指能够合理利用网络进行学习的知识和技能。父母培养孩子的网络素养的前提是，父母自身能够懂得互联网，能够在家庭教育中加入网络素养教育的内容，懂得和孩子平等交流和沟通。家庭教育中，最常见的网络问题是孩子沉迷电子游戏。家长都是反对网络游戏的，甚至到了"谈游戏色变"的程度，但是江苏镇江小学六年级的某同学，很喜欢打游戏，他的父母并没有阻止他打游戏，而是规定了玩游戏的时间并且和孩子一起玩。他们认为到了一个阶段，孩子的兴趣可能就是打游戏，与其阻止他不如加入他。不仅可以放松心情，而且有些游戏中也有很多知识。在期末考试中这个六年级小朋友不仅成绩提升了，更愿意和父母进行交流了，而且还培养了他的自我管理能力，这便为他未来网络素养的培养奠定了基础。最后，父母应当培养孩子的自我管理能力和自律能力，孩子的自觉性和自我管理能力是能否利用好网络的关键要素。

　　治理家庭教育的知识也即家庭教育哲学，它在现实生活中或多或少渗透在每个家庭的教育中。比如，中庸思想、老子的"知常而行"思想等。在新时代下，家庭教育中需要哪些教育哲学呢？存在主义教育哲学强调人的存在，并将人的问题作为出发点。无论处于什么时代，父母首先要注重孩子的主体性和独特性，尊重孩子的选择和兴趣，并鼓励他们不断发现新事物，充分肯定孩子自身。其次，家长要做好孩子的第一任老师，注重孩子成长的每一个阶段。孩子的成长是一个漫长的过程，在这个过程中切忌揠苗助长，不应当只关注学生的学习结果。诚如英国数学家、哲学家怀特海的过程哲学把过程看作实在、把实在看作过程一样，孩子的成长是一个自我建构的过程。信息时代，家长过于依赖辅导班、网课和其他形式的教育，只关注孩子的考试分数，而忽视了成长过程中其他素养的培育,也忽视了父母陪伴的重要性,从而导致孩子们高分低能和高分低品质的现象。家长要参与孩子成长的每一个阶段,减少辅导机构的教育,增加家庭教育时间。最后,家庭教育的内容随着时代发展应适当变化。信息爆炸式发展,如何有效选择信息以及如何文明上网等问题需要加入新的家庭教育体系中,以引导孩子形成正确的价值观。在孩子成长过程中价值观念引导是极其重要的,父母有言传身教的作用。尤其是网络时代,信息传播迅速,一旦发表不当言论或者做"键盘侠"都不利于网络环境的发展,因此需要家长的积极引导。

延伸阅读

1. 孙向晨.论家:个体与亲亲[M].上海:华东师范大学出版社,2020.

2. 赵刚.现代家政学[M].北京:中央广播电视大学出版社,2016.

3. 刘良华.新父母学校[M].北京:北京师范大学出版社,2014.

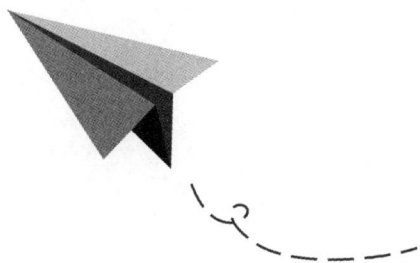

第二章

重新认识我们的家庭和家庭教育

家庭是人生的第一所学校，家长是孩子的第一任老师，要给孩子讲好"人生第一课"，帮助扣好人生第一粒扣子。

——习近平

如同约翰·洛克在《教育漫话》开篇强调：人之所以千差万别，均仰教育之功。放眼当下，人们对教育的重视达到空前高度，以至于"教育内卷化"成为不争的事实，大多数为人父母者都深陷其中不能自拔。当父母们倾其所有、全力以赴在孩子身上用力的时候，结果往往并不如意，问题出在哪里？让我们听听先贤智者们的提醒：我们童稚时所得到的印象，哪怕极其微小，乃至无法察觉，都有极大、极久远的影响，犹如江河的源头，水性异常柔弱，一点点人力便可以改变江河的流向，乃至使河流的根本方向发生改变。孩子的人生无论是如大江大河波澜壮阔，还是像山中小溪经历沟沟壑壑，都与他生命初期经历的源头引导密不可分，这个源头就在孩子出生成长的家庭。教育的三驾马车，一是家庭教育，一是学校教育，一是社会教育，三匹马中，家庭教育是核心，决定着马车行走的方向。本章我们将重新审视我们的家庭和家庭教育。

第一节　重新认识我们的家庭

一、我们何以为家？

1. 了解我们的家庭类型

中央电视台《七巧板》栏目有一首动画儿歌——《我有一个家》。歌词是：我有一个家，幸福的家；爸爸妈妈还有我，从来不吵架。爸爸去挣钱呀，妈妈管着家，三人相爱一样深，我最最听话。我有一个家，快乐的家。爸爸妈妈还有我，常一起玩耍。爸爸的主意大呀，妈妈管着他，我们三人一条心，什么都不怕。"爸爸的主意大呀，妈妈管着他"既诙谐幽默又是纯孩子语言；"我们三人一条心，什么都不怕"让人感受到家庭的温暖、家庭的美好、家庭的力量；让千千万万个单身的人有了对家的向往、对家的渴望。

首先，我们了解一下什么是家庭？家庭是指因婚姻关系和血缘关系以及收养关系所形成的特定的社会关系，是指在法律上具有相应的权利义务的一定范围的亲属。家庭有不同的类型，像《我有一个家》歌词中提到的由一对夫妇及其未婚子女组成的家庭，我们把它称为核心家庭。根据不同分类标准，家庭有多种类型，如图2-1所示。

中国传统社会，在很长很长的时间里都以联合家庭为主，看过《四世同堂》的父母会知道祁家是典型的联合家庭，如图2-2所示。

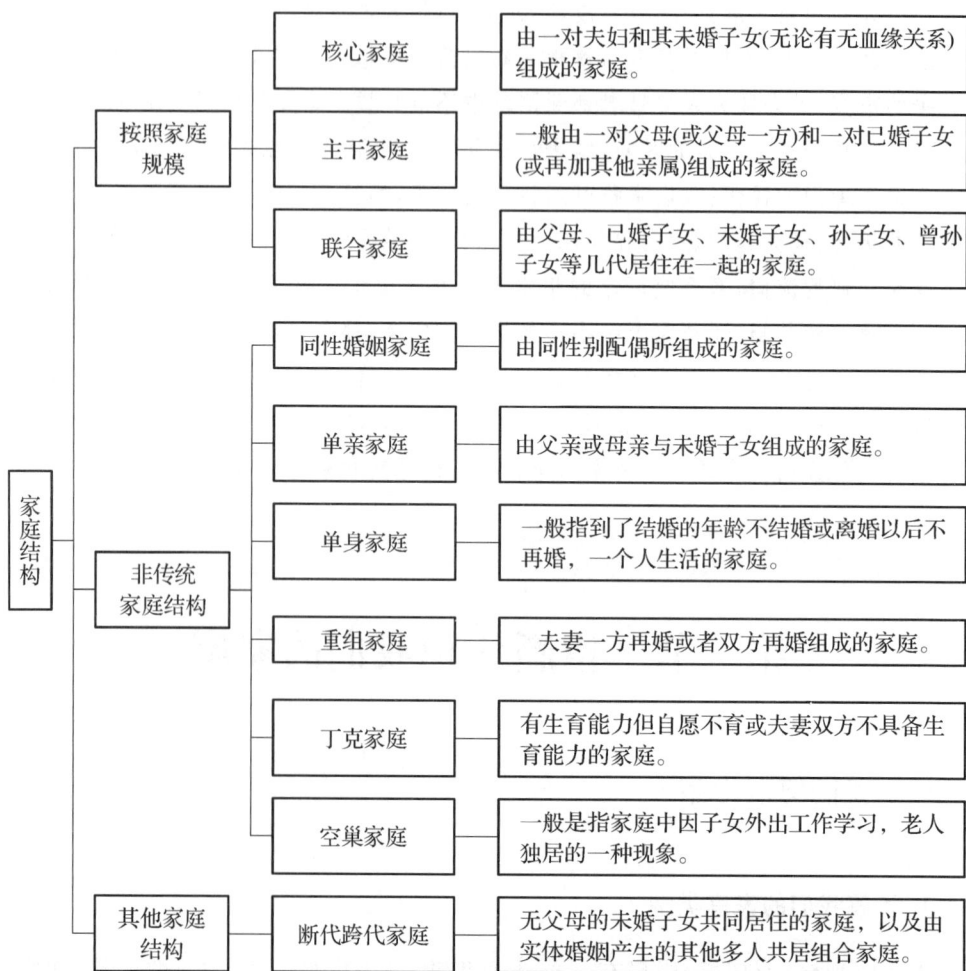

图 2-1　家庭结构图

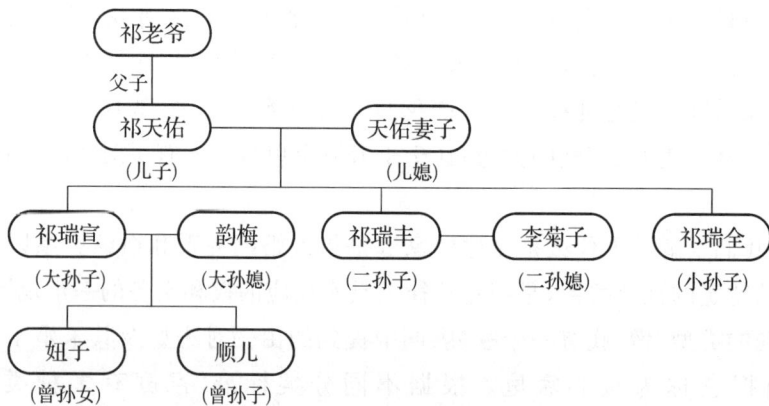

图 2-2　《四世同堂》祁家主要人物关系图

　　传统的联合家庭是农业社会特有的,农业劳动需要劳动力,传统社会的宗族就是这样产生的,宗族里的每一个成人都可能发挥教育作用,是整个家族在教育孩子。正如非洲谚语:养育一个孩子需举全村之力。在联合家庭里,由于祖父母有丰富的经验和高级的家庭地位,孩子从祖父母那里获得的影响可能超过从父母那里获得的影响。吴稼祥曾经指出:"祖母语录比许多导师指示更有价值。很多人格芳菲的人,都有祖母语录作为人生指南。"传统家庭教育中祖父母的教育和父母的教育可以互相支持,经验和智慧在联合家庭教育中发挥了更多的作用。

随着工业时代的到来,由联合家庭向核心家庭转变,"祖母语录"开始消失,代之而来的是年轻的父母成为家庭教育的主力。由于智慧往往是在长年累月的经验和阅历的积累中形成的,所以有智慧的往往是年长者,这可能是核心家庭的家庭教育的不足之处,但是年轻的父母有先进的教育理念、知识和技术,为更好地提供适合时代发展的家庭教育提供可能。知识和技术是核心家庭教育的优势所在,如何科学合理地运用知识和技术则需要智慧的支撑。

2. 了解家庭的主要功能

无论是什么结构的家庭,均存在以下主要功能:

第一,教育功能。包括父母对子女的教育和家庭成员之间相互教育。对子女的教育是重中之重,适应生活、学习技能、形成自我概念等儿童社会化过程主要在家庭教育中进行并形成。

第二,经济合作功能。包括家庭中的生产、分配、交换和消费等,它是各种家庭功能的物质基础。每位家庭成员都有义务和责任自动维系家庭和谐,为家庭奋斗、付出。

第三,爱和陪伴功能。家庭是爱与陪伴的主要源泉。缺少爱与陪伴的孩子缺失安全感,思想敏感、性格孤僻,常导致极端行为。作为成人的家长同样也需要情感的滋养。

第四,抚养和赡养功能。根据我国《婚姻法》的规定,父母对子女有抚养教育的义务,子女对父母有赡养扶助的义务。抚养是上一代对下一代的抚育培养。

第五,休息与娱乐功能。随着生存条件的改善和生活水平的提高,家庭休息和娱乐的功能日益增强,并逐渐从单一型向多向型发展,成为家庭成员沟通的主要方式。

二、我们以何为家?

1. 一个可以安身立命的地方

关于"家",《说文解字》告诉我们,"宀为屋也""豕为猪也"。远古先民建造房子,上层供人居住,下层圈养家畜。这种腾空的建筑,能防止水灾和野兽侵害,保障安全,是最初的家。之于圈养,猪温顺,繁殖能力强,能提供食物,给人以安全感。因此,蓄养生猪变成了定居生活的标志。后来,无论汉字怎么演变,家的字形都没有太大的变化。避风挡雨,丰衣足食,这是从古至今我们对家的幻想。现代汉语关于"家"的解释,引申为安家落户、定居,自己家庭的住房。家,无疑成为我们的身体和精神的归属地,一个安身立命的地方，其实物的呈现就是房子。无论是租，是买，是寒舍还是豪宅，都吸引着我们生出一个美好目标：我想有个家！我要拥有自己的家！

2. 家有相亲相爱的人

家里应该有相亲相爱的家人。《相亲相爱一家人》唱出这样的情景：家，让人脑海中瞬间浮现出温柔的灯光，父母慈爱的笑脸，时刻为了家人和自己的理想打拼充满力量，快乐时最想分享给家人，受伤时第一时间会想起家人温暖的怀抱……因为我们是一家人，相亲相爱的一家人。电视剧《小欢喜》充分阐释了这首歌曲的内容，引发了人们对家的深思：剧中三个家庭之一，方一凡的家庭不仅是剧中孩子们的向往，更被现实生活中成人和孩子们所羡慕。因为他们家有足够的爱！方一凡的爸爸方圆，人到中年遭遇失业，名牌大学毕业的高才生转行去做滴滴司机，同时兼任家庭"煮夫"，他没有任何的难堪，而且他总能快速调解开家人之间的不愉快。为了方一凡艺考，他思路清晰，分析有理有据，和已经决定不支持孩子艺考的爱人谈起利弊时，动情动理。再看方一凡妈妈董文洁，直脾气，甚至暴脾气。但在其先生方圆失业时，她没有责怪，更多的是心疼，并且加倍努力工作。在公司面对勾心斗角时，为了生活忍气吞声。遇到育儿问题，她主动反思，接受方圆的开导，努力去改变。遇到"色狼上司"，尽管升职加薪，她还是果断选择辞职，却没有把理由告诉爱人，默默背负着痛苦。后来遇到一凡爷爷奶奶被传销骗走八十万时，她主动提出卖掉他们夫妻俩省吃俭用拥有的"家"，最快速度帮助老人还清债务，渡过难关……这样的爱，带给他们的孩子方一凡的是面对生活开朗乐观、积极向上。

教育之道无它，爱与榜样而已。处处为家人用心，一直最有默契。在爱里长大的孩子最柔软幸福。

3. 家有安全、平等和尊严

我国台湾女歌手潘美辰，在求学期间经历了半年三次搬家，她穷到连着几天待在出租房里吃泡面。《我想有个家》唱出了她的心声：我想有个家，一个不需要华丽的地方。在我疲倦的时候，我会想到它。我想有个家，一个不需要多大的地方。在我受惊吓的时候，我才不会害怕。谁不会想要家，可是就有人没有它。脸上流着眼泪，只能自己轻轻擦。我好羡慕他，受伤后可以回家。而我只能孤单的，孤单的寻找我的家。虽然我不曾有温暖的家，但是我一样渐渐地长大。只要心中充满爱，就会被关怀。无法埋怨谁，一切只能靠自己。永远都说没有爱，整天不回家。相同的年纪，不同的心灵，让我拥有一个家。

"害怕""疲倦""孤单""羡慕""爱""关怀"，歌手从一个暂时缺少家庭温暖的视角，表达安全感的渴求。家里有熟悉的物品陈设，有爸爸的保护，有妈妈的味道，这种安全感什么都代替不了。目前大多数孩子的自闭、抑郁，成人后的人际关系、两性关系，以及与下一代的亲子关系出现的问题，原因多是安全感缺失，而孩子安全感的缺失多归因于家庭：家庭关系、家庭行为和家庭言语。

曾经在某所学校家长会上，学校播放了一个师生表演的情景剧——下班后，爸爸推门进家，儿子坐在沙发上边刷抖音边问爸爸："爸，您回来啦？也没个动静，吓我一跳。今天在单位有没有挨领导批评呀？"爸爸一头雾水回答："没有呀？"儿子继续问道："那业绩怎样呢？"爸爸本想让儿子感受他的辛苦，回答说没有大突破。儿子把手机扔在沙发上，扶着腰开始了炮轰："不是我说你，作为一家之主，大半年了工作没有起色，你对得起公司领导对你的信任吗？你对得起老妈的一日三餐吗？天天什么家务都不干，三百六十度'葛优躺'，如果问你个题目，还让我自己查百度……"

家长们起先笑声不断，后来瞬间安静。其实平时我们责备、盘问孩子时，远比这种状态还要咄咄逼人、无情冷酷，甚至歇斯底里。当我们站在孩子的角度，你会发现：是我们把父母角色自我定义或代代相传为"权力实施者"了。父母认为孩子是他们的私有财产，在成长的过程中对孩子的责备、埋怨和不信任都是爱，最后都要加一句"我这都是为了你好"。孩子就是家长思想、言行的二十四小时摄像机，在孩子未来生活中，在孩子身上，一定会看到父母的样子。这种不平等、尊严缺失的镜头我们不想回放，也不想重播。

三、营造健康的家庭教育环境

第一，创设良好的家庭物质环境。尽可能地提供满足孩子成长的物质需要，比如健康的饮食、干净整洁的空间、必要的学习用品、有益的玩具，等等。当然，不是所有的家庭都有能力满足孩子们需要和喜欢的各种物品，物质的丰盈对孩子的健康成长而言不是必须条件，穷人的孩子早当家，逆境中成才的例子比比皆是。

第二，营造和睦的家庭氛围。重视亲子沟通，"蹲下来"走进孩子的世界，家庭成员一起参与丰富多彩的活动。通过言语和肢体的相互熟知，家长主动包容孩子的消极情绪，帮助他们更好地调节不良情绪，同时增进孩子和父母情感沟通，令孩子感受到自己是被接纳、被理解、被尊重和被关注。

第三，创设和谐的心理环境。必须保护孩子，使其免受身体上的伤害；必须满足孩子爱的需要，在情感上有安全感；必须在道德伦理方面，给予孩子正确的指导。父母角色要求：形成和谐夫妻关系，避免夫妻冲突；要确保对子女教育的一致性。提醒父母全力做到：养成耐心倾听的修养；建立"家庭会议制度"，民主、平等地讨论问题；学会温柔真诚地复述孩子的感受，不用"情感勒索"对待孩子；保持和孩子同频共振的童心、童趣。

第四，对孩子有合理的期望。罗森塔尔效应表明，一定的期望可以激发孩子内在的成就动机，促其更加努力向上。拔苗助长的道理家长们都懂，跨越年龄阶段的知识灌输和技能掌握会严重影响孩子身心健康成长。家长请不要让我们独一无二的孩子活成"别人家的孩子"，也别逼迫孩子最后羡慕"别人家的父母"。

第五，创设丰富的信息环境。充分发挥家中的各种设施帮助孩子丰富信息，提高认知水平。如为孩子选择合适的影视节目，同孩子一起收看，最主要的是与他们讨论节目内容。关注有意义的场所，如博物馆、科技馆、展览馆、公园、动物园、植物园等，列入家庭出行计划。坚持陪伴孩子一起阅读，"站在巨人的肩膀看世界"。

第六，选择适合的成长同伴。良好的伙伴关系对孩子起着潜移默化的作用。有位幼儿老师说得很有道理：有时候老师都教不会的东西，小伙伴在课间时间就可以练习好。孩子的学习能力超出我们想象，"孟母三迁"的故事也说明了成长环境的重要性。提醒家长：自身交往对象对孩子的价值观、人生观和世界观也至关重要。

第二节　重新认识我们的家庭教育

一、熟悉又陌生的家庭教育

1. 何为家庭教育

家庭教育与学校教育相比更连贯而持久——孩子从出生起，甚至还未出生时就开始接受家庭教育。良好的习惯、优秀的品质、健康的身体都需要长期不懈地引导和培养，尽管各个阶段的家庭教育作用有差异，但一定伴其一生。

> 看一位妈妈陪伴四岁儿子研究分类问题的过程。要求：把小羊、黄牛、小黄鸭、大白鹅和小白猫五种动物分两类。我们暂且把答案放在心里。孩子的分法是，按颜色分（妈妈说，咱们想一起啦！还有什么分法吗？）；孩子又把小羊和黄牛放在一起，其他小动物放在另一个方框里，理由是一组有犄角，另一组没有（妈妈说，这个我还真没有想到，厉害，还有办法吗？）；孩子又把小羊、大黄牛和小白猫放在了一起，小黄鸭和大白鹅是一组，理由是一组可以生宝宝，一组生蛋蛋，再孵宝宝。妈妈由衷地赞叹：这个你都知道。孩子说，还有一种分法，第三组不动，理由是：一组有尾巴，一组没有尾巴。妈妈把孩子抱进怀里，夸赞道：真是火眼金睛，感谢我的小老师。这个妈妈除了陪伴和鼓励，其他的什么也没做，这可能就是家庭教育的真谛。孩子的回答，无论哪一种答案的背后都蕴含一个庞大的知识体系！

中央电视台有一则公益广告："妈妈洗脚"。主要讲述了一个小男孩看见自己的妈妈在给他的奶奶洗脚，于是就在妈妈辛苦一天下班回家的时候，吃力地端着一盆水，尽管行进中水花四溅，他却阳光灿烂地对妈妈说"妈妈洗脚……"，这其实彰显的是家长的榜样和示范。

这两个案例其实揭示了家庭教育的内涵:家庭教育,即家长在家庭中自觉地有意识地按照社会需要和子女身心发展的特点,通过自身的言传身教和家庭生活实践,对子女施以一定的影响,使子女的身心发生预期变化的一种活动。

2. 家庭教育法制化之路

党中央、国务院越来越重视家庭教育,习近平总书记多次强调"家庭、家教、家风"。《习近平谈治国理政》第二卷谈到了个人与家庭、家教、家风的关系,并强调了发挥家风的"育人"功能。"家庭是人生的第一课堂""家庭不只是人们身体的住处,更是人们心灵的归宿"。总书记指出:"家风好,就能家道兴盛、和顺美满;家风差,难免殃及子孙、贻害社会。"随着社会的发展,家庭教育的重要性越来越被认同,家庭教育立法提上了日程。

2010年经国务院(2010年5月5日国务院常务会议)、中央政治局(2010年6月21日)通过的《国家中长期教育改革和发展规划纲要(2010—2020年)》在战略主题中提出"充分发挥家庭教育在青少年成长过程中的重要作用。家长要树立正确的教育观念,掌握科学的教育方法,尊重子女的健康情趣,加强与学校的合作,共同减轻学生课业负担。关心社会教育,帮助子女养成良好习惯,促进学生健康成长。"2010年全国妇联印发的《全国家庭教育指导大纲》是在总结多年来家庭教育理论与实践经验的基础上,适应家庭教育科学发展的时代要求和家长儿童需求,经过深入研究论证制定的国家层面的家庭教育指导大纲。

2018年9月10日,习近平在全国教育大会上强调:"家庭是人生的第一所学校,家长是孩子的第一任老师,要给孩子讲好'人生第一课',帮助扣好人生第一粒扣子。教育、妇联等部门要统筹协调社会资源支持服务家庭教育。全社会要担负起青少年成长成才的责任。"2019年6月23日,《中共中央 国务院关于深化教育教学改革全面提高义务教育质量的意见》指出:"重视家庭教育。加快家庭教育立法,强化监护主体责任。加强社区家长学校、家庭教育指导服务站点建设,为家长提供公益性家庭教育指导服务。"2021年2月,十三届全国人大常委会第二十五次会议对《中华人民共和国家庭教育法(草案)》进行初审。草案明确了家庭教育的实施、促进、干预等内容,并对家庭教育中存在的主体意识不强等问题做出回应。家庭教育不仅仅是家庭内部事务,也事关公共福祉,未成年人的父母或者其他监护人是实施家庭教育的责任主体。

为家庭教育立法已经成为时代共识。

3. 家庭教育对个体产生的影响

家庭教育是人生整个教育的基础和起点,直接或者间接地影响着人生目标的实现。

一部生活伦理剧《都挺好》火了,剧中家庭、亲情、爱情里的"满地鸡毛",撕破了中国式家庭表面的和睦,引起了无数人的共鸣和热议。其中女主人公苏明玉,同她爸爸苏大强在派出所里吵架的时候,场面真实地几乎失控,突然苏大强站到沙发上声嘶力竭地喊：赵美兰，你就是赵美兰。苏明玉刹那间明白她成了她最讨厌的那个人——她的妈妈（赵美兰）。她恨她的妈妈（妈妈为了大哥去美国读书，卖掉了一间房；为了二哥的工作和结婚又卖掉了两间房。苏明玉成绩一直很优秀，她想考清华，然而妈妈却为她找了一个免费的学校，不但如此，她的妈妈还不停地用爸爸的工资来贴补娘家弟弟，连买一本练习册的钱都不给她），但是她最后却变成了她的妈妈。

家庭教育对个体的影响有多大？即便是父母不在了，依然会控制一个孩子。奥地利心理学家奥尔弗雷德·阿德勒说过："幸运的人一生都被童年治愈，不幸的人一生都在治愈童年。"家，是讲爱的地方，而不是说理的场地，需要无时无刻的呵护和滋养。孩子从生命诞生的那一刻便和父母紧紧地连接在一起，每人都能回忆起童年印象深刻的事，有些温暖而有力量，可以激励他们勇往直前；有些却冷酷而不堪回首，甚至成为草草结束生命的诱因。其实亲子关系紧张，多半是在父母和孩子的"链接"上打了一个又一个结，而自认为权威的父母一直保持着"身段"，同孩子从某一刻开始僵持下去，不解释、不关心、不沟通。孩子是父母的复印件，情感的勒索比家暴更残忍，他们一定会学习、吸收，变成我们最不想看到的样子。

二、家庭教育问题面面观

1. 成才和成人哪个更重要？

社交媒体的迅猛发展，扩大了我们每一个人的认知范围，在家庭教育领域关于"牛娃""鸡娃""普娃""学霸""学渣""标配""升学敲门砖"等各种让家长焦虑不安的字眼充斥着各类媒介。如果孩子不上兴趣班、不上辅导班，那么这个孩子似乎就不正常，就会被这个时代狠狠地抛弃，全民"鸡娃"已然成为家庭教育的趋势。但是成人和成才之间，我们到底优先考虑哪个？当然，在正确的方法指导下，成人与成才并不矛盾，但是在教育内卷化越演越烈，孩子在单一的智育道路上狂奔猛进的时候，在其他方面的发展必然受到损害。《资治通鉴》说："才者，德之资也；德者，才之帅也。"孩子好似一棵棵小树苗，"品德"好似树根，只有根基牢靠、品行端正，才有助于其苗壮成长，否则即使看似"枝繁叶茂""多才多艺"，也只是"一时表象"。头条上有一个家有初二学生的家长求助的帖子，引起了数千个家长的共鸣，这也在考问我们成才和成人到底哪一个重要，这个求助帖子是这样的：

> 我以前以为那些离家出走、自杀、跳楼的孩子可能是因为一些极端的原因，比如孩子缺少父母的关爱，或者父母比较专制粗暴，但是昨天和孩子争吵后，我深刻反思了一下，我发现自己错了，孩子采取这些极端的行为，很多只是为了报复父母，他们手里有各种"尚方宝剑"，每一个剑，都让父母无力还手。

这位妈妈列举了他儿子手里的"尚方宝剑"：

第一，言语伤害。什么都是父母的错，甚至没和他商量把他生下来就是父母的错，生他是父母的错，没有教育好他也是父母的错。

第二，我弱我有理。我都哭了，你都不安慰我就是你的错。因为我流泪了，对错就不重要了，对的天平必须偏向我，因为我是弱者。

第三，身体是最好的武器。"我就是不穿衣服""我就是要生病""父母最看重我的身体，只要我生病了父母就会顺着我"。

第四，我不上学了。"你不是看重我的学习吗？那我明天就不上学了。"活是为父母活，学是为父母学。既然你不顺我的意，那么我就不顺你的意，你不是看重学习么？那我就偏不学。

第五，生命是最大的杀手铜。"你把我逼急了，我就去跳楼，我跳楼你就后悔了。"在新闻上看到孩子跳楼后父母哭得死去活来的样子，评论也都是指责父母，孩子觉得输了才重要，生命的代价不重要。

而且这个妈妈发现，她怕什么，那个"什么"就是孩子的尚方宝剑，而且孩子越长大，妈妈怕的事情越多，怕他早恋、怕他信用贷、怕他网瘾、怕他生孩子生而不养……最后她得出了一个结论，如果有来生我就不婚不育。这个帖子下面数千个家长表达了同样的观点。养育孩子虽然辛苦，但也有很多的快乐和成就感，是什么让养育孩子变成这类家长的梦魇？在生命成长的起点，家长就应该清楚自己期待孩子长成什么样子，理清自己和孩子的关系，这是一个需要不断学习、反思的过程。

2. 夫妻是爱人还是教育合伙人？

夫妻双方因为爱走到一起，组建家庭，并承担起相应的权利和义务，爱是家庭乃至社会生活的底蕴之所在，是超越功利维度之上的一个非常重要的生活和生命体验维度。然而越来越多的研究表明，20世纪以来随着孩子的出生，夫妻双方的角色发生了巨大的变化，由婚姻开始的爱人变成了教育合伙人，夫妻双方在育儿上分工明确、各司其职、各行其是。比如学者柯小菁的研究认为，中国母职角色越来越以西方母职为标准，传统中国儿童养育知识被质疑和改造，而且母亲更多承担了过去父亲所承担的子女教育责任。尤其是在如今城市儿童教育白热化竞争中，教育母职化的趋势愈演愈烈。随着教育"起跑线"的前移，母亲对孩子教育的介入也在全线延长，甚至全面接管。近年来，不但有社会流行语形象概括城市教育中的角色分工——"入学拼爹，开学拼妈"，而且不少实证研究也表明"教育拼妈"在城市中已是一种普遍存在的社会现象。学者杨可通过对北京家庭的案例研究，提出了随着中国教育市场的发展和各类辅导班的升温，城市母亲在教育方面的职责陡增并呈现出一种"经纪人化"的新特征。母亲常常会以"教育经纪人"的职业化标准来追求子女在教育市场中的经营业绩，发挥着维护信息网络、了解教育市场产品与目标学校需求、定制个性化学习路线、规划参加各种辅导班和兴趣班的时间等一系列功能，以帮助子女在激烈的教育竞争中获得优势。家庭越来越成为以子女教育为核心任务的工作场所，家庭中的成人变成"教育合伙人"。在夫妻角色分工上，母亲作为家庭育儿"总管"，操盘儿童发展规划并且承担主要的社会性抚育职责，而父亲负责挣钱交各种辅导班的费用，或者负责接送扮演司机的角色。总之，在教育领域，母亲为主父亲为辅是多数家庭的主导模式。

3. 焦虑的母亲或无所事事的父亲？

一直以来，父亲在家庭教育中发挥着重要的作用，随着越来越多的母亲退守家庭，父亲在家庭教育中的角色正在变得模糊不清，如同陈先哲教授所言：在中国城市教育母职兴起和"拼妈"现象不断加剧的背景下，家庭形成了教育合力但也制造出了新的矛盾。首先是挑战了传统的父亲教育角色，父亲的教养投入常常因此而无所适从。国外的研究者很早就提出了"母亲守门员效应理论"：母亲被视为自私的"花园主"，她们为了保持自身性别角色的独特性，约束、限制、排斥、监督孩子父亲（园艺工）参与到家务劳动和孩子教养的活动中去，从而使父亲教养投入维持在一个较低的水平。不少家庭，在育儿阵地上节节败退的父亲正不断成为一个"可有可无"的甚至是负面的角色。而父亲们也似乎一肚子苦水，很多时候这个群体并非对育儿工作不感兴趣甚至不负责任，而是他们在作为"教育经纪人"的妻子的专业标准面前，似乎做什么都是错的。父亲对于孩子的教育影响常常是更具有长远价值的，但在快速化的教育消费时代，这些价值显得有些不合时宜，不受"教育经纪人"的待见。父亲们在育儿上似乎都显得有些无所适从，很多人也就因此干脆放手不管，忙得鸡飞狗跳的母亲和躺着玩手机无所事事的父亲成为很多家庭的常态，家庭矛盾频繁爆发。而对那些为了子女教育而退守家庭的妈妈来说，还要面临另一个挑战：本来地位相同的两人，因为没了工作，和丈夫的生活轨迹开始变得截然不同。男性的地位逐渐得到了外界、金钱、权威和名望的保护，而母亲的职权只是在家庭领域中延展，相比无所事事的父亲，指手画脚、颐指气使的父亲更让母亲生气。这些都让孩子的教育面临比以往更加复杂的情境。

4. 智能产品是学习助力器还是学习陷阱？

时代在飞速发展，作为父母，我们在自己熟悉的领域摸爬滚打的同时，需要不断地接受生存环境的变化：智能时代已经走进千家万户！不知不觉中，孩子学习工具中的电脑、智能手机已经占据了主要地位！几乎所有的家长都为孩子玩手机担心过，生怕孩子陷入网瘾、网游的陷阱中。另一方面却没法离开智能产品，吃喝拉撒需要、各种 App 课程需要、作业打卡需要、与老师家长信息沟通需要，一边担心一边无奈也让父母们的日子不轻松。无论怎么担心，智能产品或游戏都是符合时代发展的学习方式或玩耍方式，作为新时代的父母，既不能把它当作洪水猛兽，又要加强学习和引导。重新认识网络，发挥网络的积极功能，同孩子一起适应和利用好网络环境。

第三节　家庭教育的三根支柱

叶千华《心灵夜语》讲到：为人父母者，不光要为子女创造优越的生活和学习环境，更重要的是培养子女面对困难的勇气和意志，以及教他们如何做人和促其成才。家庭教育是终生的教育，让我们一起建立"三个重要的支柱"，让家庭教育再出发！

一、培养好习惯：家庭教育的重点

印度谚语讲："播种行为，收获习惯；播种习惯，收获性格；播种性格，收获命运。"每个人的命运都掌握在自己手中，并和一个人的行为、习惯息息相关。我们要想有一个精彩的人生，首先要培养良好的行为和习惯。著名的教育家叶圣陶曾说过："什么是教育？简单一句话，就是养成良好的习惯。"

1. 必备哪些好习惯？

第一，独立，自己的事情自己做。成人永远不要小瞧孩子的能力，不是孩子做不到，很多时候是父母长辈不放心，不放手。据了解，华人出国留学的热潮依旧不减，然而，一些留学生却被遣返回国，这其中最主要的原因是缘于自身。如生活习惯差，不会做饭、不会用洗衣机、不会购买必需品等。一旦碰到诸如租房、同学之间的小摩擦等芝麻小事，他们比较倾向于向自己的父母抱怨，因为他们知道心急火燎的父母会用最快的速度，想尽一切办法联系到校方或"异地保姆"沟通解决。著名儿童教育家陈鹤琴先生提出：儿童期是人生独立生活的时期。家长要积极引导孩子摆脱依赖，养成自立的习惯，以免培养出令人心痛的"巨婴"。

第二，担当，勇于承担责任。培根说过："责任感是世界上最珍贵的种子，若早早地播种在孩子的心田，将会收获一生一世的幸福。"一位老师做了一个责任感的实验：在班级门口放倒了一个扫帚，想试试有什么结果？虽然最终被扶起，但还是有很多孩子视而不见。还有"我爸是李刚""都是妈妈的事"等事件让我们思考：为什么孩子没有责任心？因为他们从不需要为自己的行为负责。从小衣来伸手、饭来张口；书包有人整理，作业有人检查；择校有父母当家；回家有父母安排行程；惹祸有父母出面；结婚父母操办，生子父母照顾；小夫妻闹个矛盾，大不了离婚；在单位有了矛盾，大不了辞职……

第三，惜时，拒绝拖拉磨蹭。在家长群里有一个点击率很高的视频，视频中有个小男孩，在爸爸离开后的 9 分钟里，写了 16 秒的作业之后，开始敲墙 10 秒，来回摇门 1 分 31 秒，再做 1 分 21 秒作业，然后又开始敲墙、画画，跷起二郎腿思考人生、低头弯腰进行"瑜伽练习"，直至上厕所结束。近 9 分钟的时间里，作业用时 148 秒，其他用时 362 秒。网友们惊呼：我们家的同款呀！做事拖拉会给人"不靠谱"的感觉，一个不靠谱的人谁也不愿意把重要任务给他；当任务拖到最后，心急火燎更容易出错，定会导致越做越错的局面。明日复明日，明日何其多？

第四，自省，总结中不断进步。曾子曰："吾日三省吾身：为人谋而不忠乎？与朋友交而不信乎？传不习乎？"曾子每天多次反省自己：替别人做事有没有尽心竭力？和朋友交往有没有诚信？老师传授的知识有没有按时温习？家长及时关注学校的公众号、家长群、孩子当日课程等信息，在每天的聊天中帮助孩子从小养成反省的好习惯。

第五，自律，高效生活生长。在家长会上总能听到家长抱怨：一点不自觉，作业没写完，我们稍不留神，就去刷"抖音"、打游戏了；写作业得让家长守着，吃饭也得陪着，刷牙如果不提醒，就直接睡了……康德说，所谓自由，不是随心所欲，而是自我主宰。自律不是立竿见影的表现，比如读书，每天坚持，一天两天看不出来，一个月两个月也许还是看不出来，但是一年两年，甚至十年二十年，自律的人和不自律的人，终将走上截然不同的道路。付出和回报一定是成正比的，量变足够了才可能促成质变。

2. 如何培养一个具有好习惯的孩子呢？

第一，从小开始。孔子曰："少成若天性，习惯如自然。"最佳时间就是从小开始，越小越好。家长随机的认可和肯定，可以提升孩子的认知，强化孩子的好习惯。

樊登读书会的创始人樊登老师有次分享他的育儿经验，现场提问：孩子有做对事情的时候吗？然后提到他儿子三岁时有一次准备去参加同学的聚会，早早准备好后在电梯口，提醒爸爸不要迟到，此刻，樊老师马上赶过来，蹲下说：儿子，你知道吗？你身上有个优点，爸爸很欣赏。在勾起孩子的好奇心后，他肯定地说：你的优点就是不喜欢迟到。你知道不迟到有多重要吗？孩子说不知道。樊老师马上强调：不迟到代表着对别人的尊重，我们每个人在这个世界上生活，都喜欢跟尊重自己的人打交道，不迟到的人会很受欢迎，所以我特别欣赏你这个优点。说完后，带孩子出发，他儿子特别开心，从此没有迟到过一次。樊老师问观众朋友们：这是为什么呢？主要就是家长的认可和肯定，让孩子的自尊水平提高了，而一个人的自律性来自他的自尊水平！

第二，正向驱动。首先，父母是孩子的榜样。父母给孩子做好示范，孩子好习惯的培养就成功了一大半。比如"过马路"，有两类做法截然不同的父母：一类是教会孩子看清楚信号灯，有的还会用警示片教育孩子，严格按照"红灯停、绿灯行、看见黄灯等一等"的要求，帮助孩子珍爱生命，尊重规则；另一类是红灯亮了，看看没车或者根本就不看，即便孩子提醒，还是拉起小手就闯了过去。其实规则意识的培养就在一瞬间。其次，孩子的偶像是他们的榜样。中国青少年研究中心研究发现：小学五年级时榜样的力量达到最高峰，初二的时候偶像的力量达到最高峰。现在的孩子都想当"网红"，许多影视明星、歌星是他们的榜样、偶像，家长们很是焦虑和反感。其实，我们在正面引导谁是真正的"网红"的同时，也从他们崇拜的人身上找优点，借助偶像身上某些好习惯加以引导，让偶像成为榜样,这未必不是一个好方法。

第三,坚持强化。实践证明:21天好习惯初步形成,90天即可形成稳定的习惯。疫情当前,大家说的最多的话就是"记得戴口罩""洗手了吗?"关于洗手,曾经有过调查,这是一个从1岁问到孩子成家,甚至更久的问题,但是结果是,没洗也可以吃饭。因此,好习惯的培养一定要不断坚持和强化,奖惩分明,没洗就不要吃,洗了就给吃,还有表扬。"七步洗手法"每一步如何洗,实际上幼儿园都有口诀,父母也一定要示范,要坚持,强化才有说服力。

第四,认同发展。国际奥委会中国事务首席顾问李红在接受记者采访时曾说,现在的成就源于在清华时养成的好习惯。她一直坚持对体育运动的推崇,在学校时,每天下午四点钟喇叭都会广播"为祖国健康工作50年",每个清华人都会出去锻炼身体。李红也不例外,每天下午四点,肯定会出现在清华的操场上,一圈又一圈地跑步,直到今天仍有坚持锻炼的习惯。在采访时,她曾说:"体育锻炼让人拥有意志力,意志力不是坐那儿想出来的,对于我来说参加比赛,比如在跑步中,身体到达极限时脑子里那个声音告诉我再坚持一下,这个声音就是人生最宝贵的动力支持,你遇到重大打击完全不知道该怎么办的时候,你脑里面想起来的还是这个声音。有人说体育上娇气的女孩在工作中可能也有点娇气的表现,对我来说,遇到很多困难的时候,第一反应,跟我在运动场上的第一反应都是一样的。"好习惯是有魔力的,我们不可能陪伴孩子终生,孩子的爱好、良好习惯却可以在他们一生的困境、苦楚中帮助他们树立自信,从中开辟出一条新路。

二、教会孩子合作:家庭教育的责任

我们每一个人都生活在两个世界中,一个是物质的世界,一个是精神的世界。当我们吃饱喝足了,另一个问题就会冒出来:"我为什么活着?"这是很多人都没法回避的问题,如果不能解决这个问题,我们的孩子恐怕就没法避免长大成人后意识世界丧失的问题,即不知道为什么活着。

如何解决这个问题呢?人类心理学家阿尔弗雷德·阿德勒在其著作《自卑与超越》中指出:"真正的意义是在人与人交往中体现出来的,个人的意义没有任何用处。"作为一名享誉世界的心理学家、精神病学家,阿德勒用丰富的实例证明了人生道路的方向和人生意义的真谛:"培养合作精神是防止精神性疾病产生的唯一方法。因此让孩子学会与人合作,并让孩子在日常生活中或游戏中学会处理与同伴的关系,这都是极其重要的。"

然而在不输在起跑线的理念和剧场效应的推动下,孩子们已经习惯了在由学校、家和辅导班三点一线构造的场域中来回奔波,并从中学到了竞争意识、丛林法则,人生的意义便是以自我为中心,无法与他人共享他们的个人理想,久而久之便活成了一座孤岛。

小·贴士

剧场效应：一个剧场，大家都在看戏。每个人都有座位，大家都能看到演员的演出。忽然，有一个观众站起来看戏（可能是为了看得更清楚，也可能因为身高较矮），周围的人劝他坐下，他置若罔闻，求助剧场管理员，管理员却不在岗位。于是，周围的人为了看到演出，也被迫站起来看戏。最后全场的观众都从坐着看戏变成了站着看戏。

中国女排总教练郎平曾在一档综艺上分享了一个故事。她有一个教师朋友，从小到大对孩子管束颇多。孩子新结交了一些朋友，教师朋友说："你不要跟这些孩子玩，他们是不好好学习的孩子。"孩子成年后，生活圈子小得可怜，一个朋友都没有。假期就躲在家里玩游戏，特别宅，最后连大学都没上。教师朋友这时候急了，对孩子说："我也不能老养你，你要出去找工作啊。"孩子却说："我不去工作。"因为从小没有跟同龄人好好玩过，孩子不太懂如何与人打交道，害怕接触人，已经出现了社交恐惧。郎平非常惋惜，说："这是一个非常聪明的孩子，现在这样，孩子等于就是毁了。"生活中这样的例子很多，我们需要思考怎么才能避免孩子长大后出现这样的困境。

1. 建设合作型家庭，将孩子培养成自己的生活助手

合作是一个需要学习的能力，它可以发生在家庭成员之间，也可以发生在家庭和家庭之间，还可以发生在家庭和学校之间、家庭和社区之间，最初的合作应该从家庭开始。

有一个家庭，爸爸擅长厨艺，每当看到网上有新菜品，他总是第一时间去研究、尝试。在学新菜的时候，他常会邀请爱人和女儿一同参与。女儿特别喜欢吃饺子，他们家每周都要满足孩子。爸爸把和面这项大工序反复教授、传授给孩子，让孩子把这一道道工序做好做精，而且在整个过程中，经常可以看到鼓励和肯定，让孩子充分感受到了自信和成功的喜悦！后来爸爸又专门教女儿揉面、擀饺子皮儿、包饺子、下饺子，每道工序都让孩子反复体验。现在，这个 10 岁的小姑娘，只要家长把饺子馅准备好，就可以坐享美味了！另外，他们家每周末都会集体出动——买菜。每次都由孩子负责挑菜、买菜、还价、扫码支付。孩子从小就可以训练理性消费，在不断的交流中提升与他人沟通的能力，同时也早早地感受做家务不是某一个家庭成员的责任。

家的温暖与爱都在合作的一件件小事中温存、发酵、升华！这样有爱的孩子，未来的人生道路一定可以很宽阔、很顺利。

2. 走出家庭，架构孩子与他人交往的桥梁

好好学习固然重要，积极的社交经验也是孩子成长的重要内容。每一个孩子都有三层属性:作为个体的人,作为群体的人,作为人类的人。不同的属性都有其特点和需要,教育不能仅仅凸显孩子的个性而忽视了孩子作为群体和人类的需要,在群体中健康的成长和发展需要社会交往的能力和技巧,需要承担社会责任,要有为社会谋福祉的责任和担当。我们需要带孩子走出家庭,搭建孩子与他人交往的桥梁。

　　朋友谈论疫情期间最大的收获是:整个单元的邻居们熟悉了。孩子们可以分享着自己的玩具和书籍,家长们分享着美食和育儿心得。其中有位叫朵朵的小姑娘,因为她父母工作忙,一直都由保姆照看,父母不让看电视、不让碰手机,孩子3岁多了,吐字不清,最令人担忧的是不敢与别人交流。疫情期间,父母都回到了她身边,孩子们楼上楼下游戏,不到一天,她就由观望单元小朋友游戏到参与游戏,最后可以主动地开口说话。尽管有时因表达不清闹了笑话,但是大朋友和小朋友都是一笑而过。孩子渐渐开朗了,由曾经见到单元里的每位女士都喊"妈妈"的情况,逐渐可以喊出"阿姨",甚至是带姓名的称呼。现在的朵朵不但可以自己"串门",还能理直气壮地对小伙伴间的小摩擦表达自己的意见。

儿童期孩子的合作和沟通能力可以从与玩伴的游戏中获得,即便是孩子们之间的争吵打架也能从中学到我们平时忽视的能力,比如磨合、沟通、对峙、谈判和妥协,给孩子那种"一会儿打架一会儿又和好"的机会,这个机会将会给孩子提供文化学习中没法获得的技能,并让以后的生活从中受益。

3. 重视学校的综合实践活动课,培养孩子合作学习的能力

"综合实践活动"课程是一种与各学科课程领域有着本质区别的新的课程领域,是国家规定的一门有计划、有组织地面向全体学生,以综合实践学习、贴近学生现实生活、注重综合运用所学知识及信息技术为主要内容,以学生自主选择、探究和直接体验整个过程为主要习得方式,以促进学生情感、行为、认知的统一协调发展为主要目标,以过程为主、结果为辅为评价方式的课程。强调学生通过实践,增强探究和创新意识,学习科学研究的方法,发展综合运用知识的能力。增进学校与社会的密切联系,培养学生的社会责任感。

在所有已经开设综合实践课的学校,孩子们对于其喜欢程度的排名一定不会低于前三名,这个结果是家长们不得而知的。因为它弥补、体验平时难以保证时间的孩子们最爱的兴趣项目,在这节课上可以把所学的知识升华、创新、迁移。然而我国的家庭历来重视学科类教育,对这门必要的国家课程却不看好,甚至一些家长强迫孩子"请假"去刷题,或者看其他与升学有关的书籍。现在,很多知名高校对于考生的"综合实践水平"要求特别高,家长们才不得不做出改变,应付过关。

　　孩子的成长是由量变到质变的漫长过程。小丁(化名),一位上四年级的男生,成绩非常优秀。这天老师分享他的作文(没有提及姓名),同学点评的最

后环节有几句建议，他突然冲向教室窗口，大哭着要跳楼，庆幸窗户都安装了安全栓，同学们及时抱住他。后来在隔壁办公室三位男老师的帮助下，抱着他来到心理团辅室稳定情绪，接近2个多小时的安抚，才发泄出情绪。原来他一直由爷爷奶奶照顾，父母负责照顾成绩更优秀的姐姐。从小到大，在家的时间：爷爷奶奶告诉他，不要出门，外面有坏人。在学校，体育课上他害怕磕碰到，不敢跑步、打篮球，综合实践课几乎都是看同学们活动。针对这种情况，学校安排班主任调整综合实践课内容，增设了一个"护蛋""育蛋""养宝宝"的系列生命教育内容。全班同学都特感兴趣，小丁还专门带来两个符合要求的蛋宝宝，根据老师有针对性的指导分组，他与伙伴们开始了实践：一起制定抚养计划，按时为孵蛋器加水，记录温度。二十一天后，写有他名字的鸡蛋裂开的那一刻，自豪、兴奋的他主动与队友分享幸福。后来，他能按时给所有同学的鸡宝宝们加水、添食、遛弯……照顾得细致用心。在最后的汇报环节，小丁主动要求代表小组发言，尽管还不太敢和观众眼神交流、尽管语无伦次、尽管腿还不停地颤抖，爷爷奶奶、爸爸妈妈、姐姐、老师和同学都给了他最热烈的掌声。

孩子不理解生命的珍贵，不懂得合作的美好，只知道没有得到关注就要想方设法去赢得关注。但是他们会观察，会感受，家庭、学校和社会的关注、合力、引导一个都不能少。

孩子终究要融入社会。个体要不断地适应并吸收社会文化，成为一个合格的社会成员，这个社会化的过程，必然要进行合作。"合群"是基本的要求。"合拍"是生活工作学习的需要。高效能的合作，需要从小培养，创造出长期利益的思维方式，在互动的过程中，以同理心沟通，求同存异，能够再生出一个双赢的方案。放手让孩子飞吧，去体验、与同伴交往，及时帮助孩子看到别人的优点，勇敢地表达自己的想法，友好地沟通和交流，在合作中找到本属于他们的附属感和荣誉感。

三、爱与陪伴：家庭教育的有效方法

1. 正确运用　共同成长——懂得有意义地爱

努力运用四种家庭教育模式，有意义地爱，促家庭共同成长。

第一，善沟通。慈母严父一直是我们中国家长的代名词。然而沟通需要家长与孩子之间的娓娓谈心。和谐的氛围、尊重的态度，远比严肃的表情更能让孩子放下"戒备"。敞开心扉是沟通需要的最重要的一环。单纯的一方说另一方听，没有反馈和个人意见，不能算是真正的沟通。家长一定要就事论事，不迁移，不转移，说多了孩子根本也消化不了。平等的关系，恰当的时机，真诚的建议必能实现沟通效果最大化。

第二，树榜样。父母永远是孩子的第一任老师。除了基因带来外表的神似，孩子在生活习惯、处事风格、待人接物等方面一直在模仿父母。作为最直观的教材——父母，一直伴随着他们的成长。我国有一句俗语讲：龙生龙，凤生凤，老鼠的孩子会打洞。龙、凤都是指家长的重要榜样作用。正如不读书的家长，手里刷着抖音，怒斥看动画片的孩子去读书，是永远不会改变什么的。

第三，同体验。高度紧张的工作学习节奏让家庭成员渴望和谐、温馨的时刻。第一节我们讲到了目前家庭教育的休息与娱乐功能，这是"同体验"最好的发挥方式。如读万卷书，行万里路，陪孩子一起去野外游玩、参观游览。出发前，家庭成员同做攻略，遇到问题，共同寻求解决方案……在实际体验中，孩子和家长关系愈发融洽，陪伴的质量不言而喻，而孩子在娱乐中掌握知识、习得技能、感受亲情、享受生活。

第四，早独立。孩子自出生后，便开始寻求自主的旅程，随着他们不断成长，直至长大成人，最离不开的是父母，从来都不是孩子。马斯洛的需要层次理论，在多数父母这里表现得尤为突出：更强烈地希望孩子们需要他们，一生都依赖自己。其实，孩子们对于世界的了解某些方面比父母还丰富，独立对孩子而言，是迟早要面对的，提早放手是父母对孩子最好的爱。

2. 更新观念　放手培育——努力给予有质量的陪伴

大家非常认可：要去为孩子花有质量的时间。有质量的时间概念是什么？孩子对父母一定是有样学样——我们跟孩子在一起的时候，其实有意无意中通过自己的行为传输成人的价值观。强烈建议：亲自陪伴，更重要的是要对他们进行心情教育、性情教育，塑造他们健康快乐的个性、积极向上的态度、宽阔的胸怀以及坚韧不拔的精神。行有余力，则以学文。学会"做人"更重要。事实证明，即使孩子在班里是最后一名，也不会一事无成，有很多人甚至能出人头地。考上名牌大学、找到好工作，不是人生的全部，有了强大的家庭关爱和终身可以依赖的生存、生活技能才是人生不断的追求。

这是一个关于母亲、女儿，还有菠萝的故事。母亲未上过学，关于教育，唯一能做的就是让女儿从生活中学习。家里经济来源靠妈妈卖菠萝，女儿也一直跟着妈妈学习削菠萝。有一天，女儿看到街上卖冰棒的推车，但是没有钱只能咽口水，这一幕被妈妈看到。在女儿睡着后，她把菠萝切成冰棒的形状，冻在冰块里，第二天就变成了女儿心仪的"菠萝冰"。妈妈问女儿，味道怎么样，比冰激凌还棒吧？女儿开心的同时突然意识到，这是一个推销菠萝的金点子呀？女儿背上了装着"菠萝冰"的冷藏箱，来到人潮拥挤的菜市，却没有售出一个。"妈妈，为什么没人买呢？"妈妈说，"你可以到菜市场看看其他人是怎么卖东西的。"女儿看到了卖辣椒阿姨捆绑的销售方式，听到了烤肉大叔绘声绘色的贩卖描述……于是，她冷藏箱上有了手绘"菠萝冰"的样子，同时标明了 5 泰铢一根，"捆绑买"3 根只需要 10 泰铢。结果大获成功，只需要按响车铃铛，

"菠萝冰"就会被抢购一空。

这是一个真实故事改编的广告，即便父母没有接受过教育，但智慧的家庭教育，是孩子受用一生的最宝贵的财富。

3. 不吼不叫　赋能养育——争取有智慧地处理

在家庭教育中，最怕情绪化的父母培养出无所依从的孩子。孩子比我们想象的要聪明得多，几个月的孩子就可以识别喜怒哀乐等表情，但是情绪不稳定的父母带给孩子的矛盾是，究竟该如何应对父母的脾气？

一位企业高管告诉我：前几天她强忍着困意等待给孩子讲睡前故事，计划等孩子入睡后再修改一个策划方案。儿子因晚餐吃的菜有点咸，口渴要喝水。其实妈妈也早早准备了，只是水温有点高，妈妈把杯盖打开，放在了旁边。不到 10 秒，孩子着急地说，妈妈，妈妈，对不起，杯盖漏了……原来孩子贴近水杯时感到了温度，他拿起杯盖，把水倒进盖子以为可以凉些，而此时，水从杯盖漏了出来，导致睡衣袖口湿了一点，床单湿了一小片。这位妈妈一下从床上跳起来，歇斯底里地吼起来：你想熬死我是吧！你爸天天忙工作，什么都我一个人，你还天天找事，床单刚换的，你想累死我！睡衣刚穿，脱，脱掉……然后粗暴地把孩子衣服脱掉，将孩子拎起来，扔到床上，孩子眼泪打着转，拉着被角睡下了。窗外的黑和安静的夜，让妈妈回忆起刚才狰狞的自己，她把孩子抱在怀里：对不起，妈妈没有发现你其实很聪明，怕水烫到才用盖子的，是我没有告诉你这个杯盖漏水，我刚才不该大吼大叫。儿子哇的一声抱着妈妈哭了……

父母情绪不好，不仅仅会影响到孩子的心理状况，也会体现在机体上。因情绪受到损害带来的机体反应常表现为：眼睛、嘴角抽动，咬指甲，吃手，幻听幻视等，即便药物可以改变，但难以抵挡家庭日积月累的负能量牵引。有一句话说得非常深刻：我们不停地伤害孩子，他们不会停止爱我们，却会越来越讨厌他自己。所以，作为家长，我们应该不断提升自己，理智地管理情绪，安定内心。

4. 重塑港湾　扬帆起航——尝试多等一分钟

年龄越小的孩子，在描述事情时，越容易从最兴奋的说起，他们的表达有的时候会让父母心中一紧，常常把重点和隐情放在最后。有些急性子的父母便会用成人的思维设想事情发展的态势，常出现：严厉询问，或者没有搞清楚原委就把孩子训斥一番，甚至还有直接用"站墙角""一个巴掌"草草了事，等等。此时，已经伤害孩子的心理和自尊，因为父母用的是成人世界的眼光去打量和评判孩子。只有当大人摆脱自身脑海里的"垃圾思维"，多一分宽容和信任，给孩子把话说完的机会，孩子才会感受到这个世界的美好和善意。

年轻的妈妈一直重视儿子的教育,关于孝道的故事不知道讲了多少。为了验证她教子有方,有一天,妈妈指着餐桌上一个大苹果和一个小苹果问三岁的儿子:这两个苹果,哪个给妈妈呀?儿子二话没说拿起大苹果,妈妈以为先给她,开心极了。可"咯嘣"一声,儿子咬了一口大苹果,妈妈心情瞬间到冰点,令她更难过的是儿子紧接着又拿起小苹果咬了一口。当妈妈准备训斥儿子自私贪婪的时候,她突然意识到了什么,忍住情绪,深呼一口气问道:告诉妈妈,为什么把两个苹果都咬一口呢?儿子自豪地说:妈妈,我就想尝尝哪个更甜,好给您分。妈妈眼泪瞬间夺眶而出……

我们的孩子从来不缺少爱,每个家庭爱的方式和初衷也都不一样。最好的教育就是唤醒孩子的内在力量。

列夫·托尔斯泰:"幸福的家庭都一样,不幸的家庭各有各的不幸。"临近一年级新生期末,一次数学检测后,一位家长说:他们家长群里是各种"惩罚"信息、图片和语音吐槽。她说,很心疼圈里无辜的孩子们,已经为不懂如何应对的检测而不明不白地受到了惩罚,还要在网络里被二次伤害,这种方式如果换成父母试试呢?她说,如果不是这一年静心学习《不吼不叫》《你就是孩子最好的玩具》《好妈妈胜过好老师》等书籍,她也一定是那个微信圈里的一员。父母不懂孩子,不去改变,认为都是被孩子"整"得焦虑,本来建群是抱团取暖,最后却演变为"矛盾激发群""吐槽群"等。

很多人抱怨在家庭教育中很无奈,感觉一直是孤军奋战。其实我们不可能给孩子创造一个"无菌环境",孩子的爸爸妈妈或爷爷奶奶都无法选择,我们能做的就是做好自己:自己改变,不要求他人改变。我们的改变,本身就是一种天然吸引力,家人会天然靠近,会受到正能量的吸引,自然主动寻求改变。循序渐进提出我们的建议,对方会更容易接受。孩子如一株小树,会向阳生长,孩子会天然靠近令他舒服的人,那么有了这种心态,会学会包容,缓解焦虑,有利于孩子成长。无论怎样,父母都是爱孩子的,而不是爱学习好、表现好的孩子,那么孩子自然会感觉我值得被这个世界温柔相待,这种感觉会给他自信的力量,同时自信的孩子更愿意接受各种挑战,即使失败也没关系,因为爸爸妈妈最爱的是我这个人,而不是我做的事情的结果,所以我安心去挑战,成功会带来自我效能感升高。感觉原来可以依靠努力做到原以为做不到的事情,这种能力会助力孩子不惧怕环境的改变、事态的突变等情况。很多时候是我们父母太急,出现问题就赶紧聚焦问题、解决问题,殊不知只是解决了冰山一角,很多问题还会出现,而我们把目光收回到亲子关系,给孩子无条件爱的上面,才是从根源上解决冰山主体的行为,很多问题都会迎刃而解或者根本不会出现。

家庭教育的成功宝典:爱,无条件地爱;陪伴,无条件地陪伴!究竟有没有条件,家长心里最清楚,孩子也最有发言权。父母改变了,孩子自然会改变。父母成长了,孩子自然会成长。父母好了,孩子自然会好。

延伸阅读

1. 尹建莉.最美的教育最简单[M].北京:作家出版社,2014.

2. [美]金伯莉·布雷恩.你就是孩子最好的玩具[M].夏欣苗,译.海口:南方出版社,2016.

3. [美]史蒂芬·柯文.高效能家庭的7个习惯[M].葛雪蕾,等译.北京:中国青年出版社,2003.

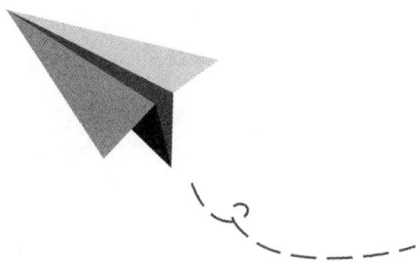

第三章

重新认识我们的婚姻

我们大部分成年人对于自己的婚姻和成为父母是没有真正准备的。对于人的生活和生命产生如此深刻影响的婚姻家庭，我们应该尽可能有充分的精神准备，而我们自己的婚姻与家庭，其实就是给我们孩子的最有效的有关婚姻与家庭的学校，这是一所能够使他们变得聪明，也能够使他们变得愚蠢的学校。家庭教育是最容易出现错误的地方。没有任何教育意识的父母，正如没领到驾驶执照的司机一样，若是匆匆上路，必定会产生不良的后果。

——朱永新

西方社会的婚姻,夫妻都比较重视质量,而中国的夫妻会忍辱负重,寄一切希望于孩子,直到孩子出现了心理或者行为问题,才会重新审视婚姻。夫妻二人有可能是天底下最好的父母,却是完全敌对的夫妻。很多不爱对方的父母亲,都非常爱他们的孩子,但是孩子唯独只会注意父母关系的好坏。父母担心孩子的学业成长,孩子却始终担心父母会不会分离和抛弃他们。孩子出了问题的家庭,恰恰是父母存在无法解决的矛盾,孩子卡在他们的关系中,无法抽身,父母把积压在心中的负能量毫无保留地发泄到孩子身上。教育界有句名言:教育之道无它,爱与榜样而已。爱,才是最好的家庭教育。教育的真正准备是完善自己,婚姻中彼此相爱,我们好,我们的孩子会更好。

第一节　我们为什么要结婚

在今天的"性开放"与迁徙日益自由的时代里,通过婚姻获得稳定而持久的性满足和繁衍后代的功能已日趋弱化了,即使这样,大多数人仍然选择了通过婚姻构建一个家庭的浩大工程,因为它有着其他两性关系所不可取代的优势——成本最低和收益最大,这也是婚姻制度的社会学意义。

在重大灾难或困境面前,女性的心理承受力恰恰比男人要强大得多,相比之下,男人们却容易在强大压力下变得自暴自弃甚至一蹶不振。换句话说,在女性那阴柔外表的背后却有着一颗坚强的心,而在男人那貌似伟岸的身躯背后却有着一个脆弱的灵魂。婚姻赋予了男女在毅力与性格上的互补性,促使他们通过相互鼓励和相互慰藉战胜困难,与其说婚姻是大多数女性寻求感情归宿的终极目标,还不如说婚姻是医治男性心灵创伤的特殊诊所。这也是婚姻所特有的功能。

一个婚姻和家庭,成为已婚成员释放焦虑情绪、分享成功喜悦、平复心理创伤、寄托感情和灵魂、缓解生存压力的平台。这是两代人之间、朋友之间和其他两性关系所不能取代的一种特殊关系。和谐的婚姻关系与家庭氛围,可以让男人女人在释放恶劣情绪后身心轻松而心无旁骛地专心于他们所从事的事业,这样不但会有助于当事人获得健康的心理,而且还会在追求事业过程中逐渐提高家庭整体的经济收益,从而进入良性循环。

一、从妻妾成群到一夫一妻

在封建社会,皇帝三宫六院七十二妃,有钱有势的男人可以三妻四妾,解放男人性欲的同时也会带来更多的家务纠纷,特别是一些贵族,牵涉金钱财产的归属和继承权等,家族内部同室操戈,引发不少家族悲剧。在中国的历史长河中,也有皇帝一生只娶一个老婆的,而且还不止一位,从历史资料来看,至少有两位皇帝一生只娶一个老婆,他们是一夫一妻制的先驱者。

第一位皇帝是西魏的废帝元钦。这个王朝从成立起其实就是一个傀儡政权,只有两代三帝。宇文泰拥有野心,将自己的女儿宇文云英嫁给元宝炬的儿子元钦做老婆。而元钦与宇文云英从小就在一起长大,是典型的青梅竹马,两人情趣相投,感情一直很好,如果不是因为政治原因,他们应该是一对能够白头偕老的夫妻。

第二位皇帝是明孝宗朱祐樘,一生只娶一个老婆那完全是出于自愿。明孝宗朱祐樘是明朝的第九位皇帝,是明朝最勤政爱民的皇帝,将即将衰败的明朝再度带入繁荣,历史上称为"弘治之兴"。历史上称颂朱祐樘不仅是因为他的英明,更在于他一生只娶一个女人,并且推崇一夫一妻制。朱祐樘的童年凄惨,身体一直不好。自己希望成为李世民、汉武帝那样的皇帝,一心操持政务,让已经衰落的明朝在他手中终于看到了繁荣的希望。天妒英才,朱祐樘在35岁就驾崩了,但他用实际行动推崇的一夫一妻制开始影响着中国甚至整个世界。现在,全世界大部分的国家都在实行一夫一妻制,但大家或许没有想到,在500多年前,中国就有一位叫朱祐樘的皇帝在推行一夫一妻制。

当把爱的狭义专指在男女情爱中,体现出了它的自私性和排他性。固有的一对一的感情结构,是文明社会的必然产物。不同于友情的通用和热情,因为朋友可以很多,但爱人只能一个。两个独立的个体结婚后,在法律保护的婚姻中,同样具有排他性。夫妻名义是互相独占,在法律和道德的范围里也不容许共享的。听到最多的一句话,爱中的自私也是对爱的表现。你希望他对你好的同时,对方也会期待你会以相同的感情回应,都出自你们喜欢彼此,在乎彼此。

一夫一妻制婚姻关系在今天的现代社会已经显现出它的诸多弊端,如世界范围内的离婚潮和同居现象以及未婚妈妈的大量出现,这些情况从一个侧面反映出一部分现代人试图远离婚姻约束的事实。但即使这样,这种婚姻关系的优越性仍然是同居关系、"周末夫妻""一夜情"或其他两情相悦的关系所难以比拟的。结婚以后,婚姻可以让夫妻双方稳定地维持亲密和依恋关系,从而获得心理依靠;婚姻使得完整的家庭得以存在,从而顺利地经营生活、生儿育女、赡养长辈;与未婚同居等行为相比,婚姻不仅保持了专一亲密的性关系,同时获得了社会情理与法律的维护和保障。因此,一夫一妻制的婚姻有着其无法替代的优越性,是稳定地维持爱情和亲密关系的最安全、合法的选择。

二、从"多子多福"到"拒生二胎"的生育观变更

"二胎"政策放开之后,越来越多的年轻人自主选择放弃生育和放弃二胎生育,这一系列社会现象反映出中国婚姻生育观念的变化,从传统的"多子多福"到今天的"拒做孩奴""拒生二胎""丁克",这与人们对生育成本的合理规划,对子女科学养育的投入增加,对生育效用的看法改变,对生活水准要求的不断提高有很大的关系。

从 2016 年开始,我国全面实施一对夫妇可生育两个孩子的政策,家庭的生育成本和收益是影响家庭生育意愿与决策的重要因素之一。有的夫妻认为,现在抚养一个孩子的开销非常大,从出生开始各种生活费用、生病时的治疗费用,还有学费,这对于一个经济水平中下等的家庭来说是非常大的负担。还有的夫妻认为,生育孩子会花费很多的时间与精力,直接阻碍事业的发展,不想因为生育而耽误事业。在抚养孩子的过程中,自己的精神很疲惫,想要给自己更多的私人空间,所以不想再要二胎。

很多家长希望以少生孩子来保证每个孩子的教育质量,如果孩子得不到良好的教育,对家庭、社会都会产生一系列影响。由此可以看出,人们对下一代的教育越来越重视。许多年轻人将孩子视为陪伴、精神的慰藉以及爱情的结晶,更偏重从子女获得终身的精神慰藉,物质方面的回报已退居次要位置。

随着时代的发展、社会的变迁,丁克家庭这种非传统的家庭生活模式悄悄叩开中国的大门,不育文化伴随而来,丁克家庭要事业、要爱情,就是不要孩子,丁克族群也在不断增长。更加多元的社会,各种不同的生育观冲撞,也让世界上存在的每个生命更加难能可贵。

第二节 我们的婚姻出了哪些问题

一、他不在只有我——丧偶式婚姻面面观

微博上一个男人得意扬扬地炫耀:"我老婆,可自己在家睡,可自己去逛街,可自己去旅游,可自己做饭,怀孕自己去做体检,自己带小孩,你们敢在她面前自称女汉子?"有网友冷冷地回复:"在我们村一般管她叫寡妇。"这样的婚姻还有一个时代特别赋予的新名词:丧偶式婚姻。没有为彼此负责任,没有意义的婚姻,名存实亡的婚姻就是一段丧偶式的婚姻。这种婚姻状态,几乎在所有家庭都有可能发生,导致许多家庭面临解体,从而伤害着家庭里每个成员。我们关注的不仅是婚姻中的男女,更关心这段婚姻中的孩子。

(一)丧偶式婚姻到丧偶式育儿

薇薇是个幼儿园中班女孩,性格比较孤僻,因为一点小事经常大发脾气,在幼儿园没有小伙伴愿意和她玩,每天都哭闹不愿意去上学,这种状态从入园持续到现在。薇薇爸爸是一名公务员,平时工作非常忙,妈妈为了能全心全意地陪薇薇而辞去了工作,成为一名全职妈妈,老师几乎没有见过爸爸来幼儿园接过薇薇。

妈妈说:"爸爸工作太忙,基本不管家里的事儿,这三四年来我们坐在一起沟通的时

间不会超过一周,更不用说陪薇薇了,我无所谓,但我绝不能让薇薇觉得她得到的爱比别人少。"

妈妈经常看到朋友圈里,老同学和过去同事晒生活,对比之下,感觉自己过得太不如意了,经常无端地情绪低落或者愤怒,焦虑的妈妈把注意力全部放在薇薇身上,对待薇薇的事情格外谨慎,生怕孩子生气不高兴。而爸爸只要看到孩子哭闹,就会指责她不会带孩子,所以只要薇薇不高兴,妈妈就会利用各种各样的物质条件来满足她。缺失的爸爸、焦虑的妈妈、失控的孩子,这就是薇薇家的现状。

刘晴的两个孩子发烧烧成肺炎,老公在参加公司聚会。她打电话给老公,老公说:"我在工作,你送他们去医院吧,我回去又有什么用?"她顿时火冒三丈,和老公在电话里吵了起来。婆婆竟然对她说:"我儿子又不是医生,他回来也没用啊。你别为难他,我儿子在外面挣钱不容易,从小没受过什么苦,现在社会压力这么大,你看他愁得头发都白了。"她又生气又委屈,满脸泪水。

"丧偶式婚姻"的根源要追溯到上一代。刘晴老公从小是在父亲角色缺失的家庭背景下成长的,所以和母亲的感情很好。他长大后虽然有家室,但是心理上仍没有"断奶",情感和精神都处于未成熟、未独立的状态,在育儿方面仍依赖于自己的母亲和妻子,逃避责任,拒绝长大。这就像是一个劫,一波一波地不断传下去。两个几乎没有交流的父母,同居一室,长期把对方当作隐形人,心中都是绝望无助的,却仍然坚持要用自己的方法去处理孩子的问题,而孩子不过是他们战场的延续。

婚姻不是一个人的事,无论你一个人如何努力都不够,需要持续和谐的双人舞。80后、90后,他们大都是在独生子女家庭成长,独立性都很强,不愿被约束,哪怕是结婚了也一样,不想被对方管着,一管就容易发火,所以就出现了各种争吵和推卸责任。有些家庭是男人或者女人出去工作,对方留在家中,当然,女性在家中的概率是最大的,男人一出去工作,家庭什么事情都不会过问了,早出晚归。很多夫妻就陷入了要么见不到人,要么相见无言的困境里。对于有孩子的家庭来说,丧偶式婚姻更加绝望,因为他不关心你,孩子也不在乎,他仍然觉得他整天都是个孩子,一切都没他自己重要。

电影《世界上最伟大的父亲》中有句经典的台词:曾以为世界上最糟糕的事,就是孤独终老。其实不是,最糟糕的是与那些让你感到孤独的人一起终老。

丧偶式婚姻,带来的就是丧偶式育儿。丧偶式育儿就是指父母双方中有一方严重缺席照顾和教育孩子的环节。这样的做法不仅会对孩子造成不可逆的伤害,也会让整个家庭陷入深深的矛盾中。在中国家庭中,九成以上的女性认为自己承担了一半,甚至大部分照顾孩子的责任,如进家长群、参加家长会、监督孩子写作业、陪孩子上兴趣班、参加学校活动等,基本上都被母亲一手包办了。中国男性在教育孩子这件事上处于集体隐身的状态。即使生活如此待我,仍有70%的中国女性除家庭之外,还要兼顾事业。

(二)丧偶式育儿的社会成因及对家庭的影响

丧偶式育儿出现的原因最主要是受"男主外,女主内"等传统思想的影响。

自古代开始,女性便是要相夫教子的,男性在外打拼,养家糊口。现在来看亦是如此,这种根深蒂固的思想传承,让很多女性自然而然成了家庭教育的主角,而父亲多处于辅助,甚至游离状态。女性愈来愈进取,愈来愈能干。相反地,很多男性都是在母亲照顾有加中长大,被宠惯了,对人际关系的处理缺乏动力。很多男性都承认难以应付妻子或家人对自己的要求,甚至觉得失掉个人空间。加上男性的语言能力一般都不如女性,沉默是他们最有效的武器。

当然其中有一些"丧偶式育儿"是不可抗力的因素造成的,例如,经济原因,为了支撑起一个家,男性不得不常年在外劳动;父母双方有一方死亡,其中一人得独自承担教育孩子的重任;父母离婚,孩子的养育权被迫交给一个人。

还有一部分原因,中国女性将自己自觉定义成家庭教育的控制者。她们不愿意放手孩子的教育,或者也可以理解为她们不敢放手。除了担心失去教育孩子的权利,让自己变得没有价值外,还有就是不放心将孩子交给父亲。

"丧偶式育儿"虽然是一个比较新的名词,但其造成的影响不容忽视。比如感情危机,孩子性格缺失等,在没有出现"丧偶式育儿"这个概念之前,人们无法系统、直观地面对这些问题。丧偶式育儿还会伤及夫妻关系和孩子成长。

1. 对夫妻关系的影响

(1) 女性逐渐与社会脱轨,自我价值缺失

在生育和工作之间只能择其一时,大多数女性选择了前者。她们将自己全部的时间和精力投入在孩子身上,慢慢地与社会脱轨,没有了自己的生活。还有一部分女性因为承受不了压力,患上了抑郁。传统思想的束缚太深,很多女性没有意识到自己已经身处困境。女性价值感的降低,会给夫妻关系埋下隐患。

(2) 家庭矛盾增多,夫妻生活不和谐,经常因为小事吵架

沙莉的老公因为工作的原因,在孩子出生后的几年里一直都被分派在外地,最近才调了回来,不过也要经常出差。每次出差回来,女儿都对爸爸表现得很陌生。特别是在外地的那几年,过年过节回家,女儿都躲得远远的,爸爸上前要抱抱,孩子还会非常害羞地拒绝。每当孩子生病进医院,老公就指责沙莉。女性平时带孩子的压力本身就非常大,特别是在孩子哭闹生病的时候,压倒她们的最后一根稻草是丈夫的不理解。矛盾一旦被点燃,如果双方没有进行妥善处理,那么夫妻关系只会进一步恶化,最终导致家庭分崩离析。

2. 对孩子成长的影响

(1) 家庭教育中父性角色缺失,影响孩子性别认知,缺少阳刚之气

从心理学的层面来看,父亲在孩子的教育中,扮演的是男性的角色,父母共同出现有利于孩子对性别的认知。男孩从父亲那里得到男性成长的范例。父亲缺席,无法让男孩在自信和自制之间找到平衡点,性别认知产生混乱,缺少阳刚之气;女孩则会缺乏

安全感，在情感上容易迷失方向，青春期早恋的几率提高。

小奕是个五年级的男生，班主任经常向他的妈妈反映其在校表现：遇到难事就抹眼泪，同学们都讥笑他太"娘"，几乎没有同学愿意与他做朋友。遇到老师，头一低就过去了，从不主动打个招呼。作业马虎潦草，成绩一直在中下游，身体素质不好，经常生病，隔三差五请病假。老师布置了一篇作文——我的爸爸。他愣是一个字都没写出来，他告诉老师，我有好久没见到爸爸了，不知道怎么写。爸爸是某私企公司的销售经理，忙于应酬客户，几乎是这个家里的"守夜保安"，只有在小奕睡着后，爸爸才到家。早上起床的时候，爸爸还在蒙头大睡。即便是哪天晚上偶尔和爸爸遇见了，爸爸也都是捧着手机自顾自地忙活着。在小奕的心里，爸爸是隐形的。

（2）孩子适应力差，自我调节能力不足

男孩、女孩在心理上总是存在差别的，有的事情与同性诉说会更有效。父母双方在一些事情上是无法互相代替的，男孩有些事向爸爸倾诉会比较好，母亲能教给男孩的仅有一半。长期缺失父亲的教育，会让孩子社会适应力不足，孩子无法找到合适的倾诉对象，情绪无处发泄，自我调节能力直线下降。

（3）对孩子性格产生影响，容易内向、自卑，甚至出现犯罪倾向

一份来自成都检察机关的调研数据显示：违法犯罪或被侵害的孩子中有 78% 和父母监护不当有直接关系，而高达 90% 以上有着间接关系，多和"丧偶式教育"有关。父亲这一角色被过度边缘化，孩子很可能出现两极分化。一种就是极端脆弱、敏感，没有安全感，这样的孩子多表现得内向、自卑；另一种就是极端暴力，为了引起他人的注意，往往做一些让人意想不到的举动，甚至走上犯罪的道路。

（三）丧偶式育儿家庭组合拳

丧偶式育儿的危害这么多，往上会潜移默化地改变孩子，往下会侵蚀家庭根基。因此，需要从家庭成员的多方合作入手解决这个问题，特别是妈妈需要有智慧的解决方法，引领爸爸共同打出一手漂亮的家庭组合拳。

1. 妈妈要学会放手，注重自身价值的提升，减少对育儿的控制意识

女性的思想不能局限于家庭和孩子之间，要勇敢走出去，放下对育儿的执念，向家人勇敢地表达自己的想法，将自己从困境中解放出来。或许表明自己的心声，反倒能得到家人的理解和支持。

全职妈妈爱苹就非常成功地复出了，因为大宝喜欢吃甜点，所以在怀二宝的时候就潜心研究了烘焙。在当全职妈妈的两三年时间里，也有接散单练手。当她将想开一个烘焙店的想法与家人诉说时，得到了家人的肯定，并提供了启动资金。爱苹巩固技能、学营销管理，经过不懈努力，终于不负众望，烘焙店越做越大。她也从烘焙爱好者，变身成为全职宝妈创业的典范。

龙凤胎母亲小媛，在孩子入园后，就加入考证大军，专升本、心理咨询师证、教师证、

育婴师、消防、财务等,用了三年时间,拿了一大把证书。孩子生下来的时候,就与老公签了家庭公约:共同陪伴孩子。每到周末,是雷打不动的全家人亲子活动时间,一家四口其乐融融。孩子入小学后,安排好孩子的生活学习作息,重返职场,获得了家长朋友和同事的一致认可,个人价值不断提升。

罗曼・罗兰曾经说过:母爱是一种巨大的火焰。这三位全职妈妈迸发出来的能量了不得! 她们是孩子最好的成长榜样!

小贴士

> 假如过去几年,你最大的喜悦完全来自子孙或者是配偶的成功和快乐,那么你自己的生命便显然缺乏足够的真实,你完全是为别人而活。我说的不是不能以你所爱的人为荣,或是和他们在一起时心情很愉快,我指的是不要让别人成为你生活的重心,而把"自己"丢在一边。
>
> ——美国人际关系专家、畅销书作家芭芭拉・安吉丽思

2. 爸爸要从足够的亲子参与中找到乐趣,做一个好爸爸是最值得追寻的事业

父亲要教好孩子,方法其实很简单,首先要让妻子开心! 因为不开心的妻子会咄咄逼人,让你也同样不好过,任你有多少主意也无法施展,而最终受伤害的还是孩子!

黄磊是明星界好爸爸的典范,多多的表现之所以如此优秀,有一部分原因要归功于黄磊的教育。他是成功人士,但是没有做家庭中的隐形爸爸,愿意花时间来陪伴多多成长。黄磊微博上晒得最多的就是他为家人做的美食。成功的事业,爱意绵绵的老公,三个优秀孩子的父亲,这三种角色,他都诠释得很到位。"别人家孩子"成功不是没有原因的,爸爸可以改变传统思维,积极参与到家庭教育中。抛弃自己只负责赚钱养家,家中一切大小事宜全都置身事外的想法,让孩子感受到你的存在,发挥一个爸爸该有的作用。

3. 多和孩子沟通,走进他们的内心,了解他们的需求

在"丧偶式育儿"里,孩子一直处于被动受害的状态。小的时候并不理解父母为什么要这样做,又得不到有效的沟通,内心淤积的伤痛只会越来越多。他们逐渐开始封闭内心,掩盖需求,变得浑身是刺。父母即使工作、生活琐事再多,也要停下来等等孩子,不然彼此只能相行渐远。父母要学着平等地和孩子交流,向他们敞开心扉,让他们知道你最真实的想法。有了这样真诚沟通的契机,彼此才能互通有无,孩子才会打开闭合的心,向你展示他的心理需求。

4. 爸爸妈妈分工合作,营造合作型家庭氛围

如果母亲控制欲强、絮叨,女孩们有可能会模仿她,变得尖酸刻薄;男孩们总是自我

防御，害怕批评，伺机去征服女性。一个妈妈如果变成了自恋型的妈妈，对整个家庭都是一个灾难，如果母亲想要独占孩子，把父亲排斥在外，认为"孩子都是我一手带大的，你这个当爸爸的尽到什么责任了！"尤其是在孩子面前，如果表现出这样的想法的话，会影响孩子以后的婚姻。也许父母双方都会为个人利益而控制摆布孩子，每个人都希望孩子依附于自己，比对方得到更多的爱。如果孩子发现了父母之间的分歧，他们会手法娴熟地让爸爸妈妈相互斗争。

如果父母间的合作不充分，那么也无法希望能够教他们的孩子们如何合作。不美满婚姻中的儿童，除非他们的最初印象被纠正过来，否则就会在悲观的婚姻观念下成长。如果父亲脾气火爆，试图控制其他家庭成员，男孩们就会从对男人的预期中得到一种错误的观念；女孩则更受其害，她会在后来的生活中把男人定义为暴君，婚姻对他们而言似乎是一种征服和奴役。

父亲在挣钱，但他知道挣钱只是分工而已，妈妈在家里照顾整个家庭，这个工作更重要，家里没有那个非要说了算的人。如果出现了强制性的特征，也就是我们所说的权力争夺，孩子在内心中就会产生大量的偏差。

没有人必须负责带孩子，应该是全家人都负责带孩子。有很多爸爸说，我们家教育孩子的事基本上是我老婆说了算，我们家管孩子都是她管，我只有在必要的时候才出手。爸爸觉得管孩子这事，参与不上，就只要把钱拿回家就好了，还经常在孩子面前跟妈妈吵架，所以孩子心中的爸爸是一个令他恐惧的对象，他觉得爸爸只要回家就跟妈妈吵架，他没法注意力集中，因为他内心不安全，他永远都处在恍惚的状态当中，因此学业不佳跟父亲有着非常大的关系。身为全职妈妈或者职场中的女性，也要学会和自己和解，对自己好一点，也要对自己狠一点。有做全职妈妈的勇气，也有不畏艰难、随时复出的底气。况且，无论是全职妈妈还是职场妈妈，没有谁比谁更容易！

小贴士

父亲要努力成为妻子的好伴侣、孩子的好爸爸以及优秀的社会公民。他必须以良好的方式应对生活的三个问题——爱情、家庭和社会。他必须以平等的立场与妻子展开合作，照顾并且保护好家庭。他不应该忘记，妇女在家庭生活的创造性方面所起的作用无人能比，父亲的作用不是赶走母亲，而是与其一道工作。他绝不应让他看起来是在给予，别人在接受。在美满的婚姻中，男人养家糊口只不过是家庭劳动分工的结果，家中不应该有管制者，每个场合都应该避免不平等的感觉，这就是一个理想男人的形象。父母亲都很重要，各司其职，没有不同，要说不同，只是工种不同而已。

也许爸爸们会有疑问，为什么通篇只是针对男性，而不说说女性？这是因为在大量的家庭教育咨询中，见过了太多对婚姻失望的女性，习惯了只靠孩子而不需要丈夫，也有很多被妻儿拒于门外,无论怎样努力都进入不了这个教育阵线的爸爸。其实男性也是爱家的,只是习惯了置身事外,结果连孩子都与他对抗。

丧偶式婚姻并不可怕,可怕的是身处其中的夫妻并没有这方面的意识,还在盲目地找寻矛盾的根源,无法溯源只能陷入无限的循环,最终导致家庭的破裂,也毁了孩子。找到原因后,家庭成员之间要相互合作。老天同时给每一个孩子一对父母亲,说明父亲母亲同样重要,在孩子的成长中都是不可或缺的。

当父母是有"有效期"的,虽然他们是孩子永远的父母,但称呼的有效性不等于影响的有效性。一般而言,真正能够对孩子施加有效影响的,还是在孩子的少年期之前。能否持续影响,取决于父母与子女的沟通水平,也取决于能否与孩子共同成长。只有父母亲携手共进,孩子才能健康快乐地成长,家庭才能幸福。我们好,我们的孩子才会更好!唯愿每一位父母亲,都能被岁月温柔以待。

二、因为爱,彼此才需要——创可贴式婚姻有良药

1. 你是我的创可贴

创可贴式婚姻原本是指用一段恋爱或者婚姻来弥补上一段婚姻的不足。下面的故事,讲述的是一对在原生家庭里伤痕累累,渴望用这一段婚姻去弥补自己的童年缺失,结果是夫妻双方旧伤难愈又添新伤。

寒寒生活在一个父母都带着原生家庭伤害的冷漠沉重的家庭里,强势操控的外公也参与和伤害了他重要的童年。寒寒出生条件先天不足,带着累累伤害,这个小男孩的命运几多波折,让人心痛。幸运的是,寒寒的父母选择与过去和解,为寒寒重建温暖有爱的家。

寒寒,男孩,一年级,妈妈怀胎七月早产,出生后,下了四次病危通知,住了两个月的ICU和半年的医院,连医生都说这孩子活下来就是个奇迹。爸爸和妈妈都是技术出身的央企骨干。经济条件比较优越,但是孩子除了学习用品,从小到大也没有什么玩具,无论是在班级里还是在居住的社区里几乎没有朋友。平时上下学主要由爸爸或者外公接送。妈妈经常因工作压力大、加班等理由,逃避对孩子的陪伴,爸爸妈妈几乎没有同时出现在寒寒的世界里,他们分居在两处房子里。寒寒跟着外公和爸爸一起生活,寒假暑假也是泡在各种辅导班或者夏令营里。

爸爸接孩子放学,第一件事就是把寒寒的书包打开,对物品一件一件进行清点,缺一个,都不许寒寒回家。晚上爸爸辅导寒寒作业,横不平竖不直的直接擦掉或者撕掉,考试考不到 100 分就要挨打,老师给家长反馈寒寒的在校表现,爸爸从不问青红皂白就是一通暴打。妈妈回避看到这样的场景,选择加班或者社交活动不回家。上课的时候,寒寒注意力不集中,总是坐着发呆,或者在纸上书上乱写乱画。周末,爸爸给他报了满满当当的辅导班,每天晚上做作业几乎都到凌晨才能结束。每当夜幕降临的时候,寒寒

家里总会传来爸爸嘶吼训斥的声音，寒寒越来越讨厌学习，甚至对上学患有恐惧症，经常出现尿失禁，引起同学的耻笑。寒寒没有一个朋友，大家都把他当作怪物。

寒寒和外公的相处充满着冷漠，他们几乎不交流学习作业之外的事情，外公总是用负面词语给寒寒贴标签，还要伴上粗暴的推搡动作和打骂。有一天，寒寒特别想看完一集动画片再吃饭，粗暴的外公竟然当场把寒寒的 ipad 摔了，这是妈妈送给他的生日礼物，也是唯一能陪伴他童年、让他快乐的物件，他把它当作最重要的"朋友"，寒寒当时的心都碎了，从此他变得更冷漠和孤僻。

寒寒的妈妈一直生活在父亲严苛的教育下，哪怕考试取得了一百分的成绩，父亲也从没有给过她一个笑脸和赞美，几乎每天都会因为一些特别小的事件受到父亲的训斥或者打骂。她最大的愿望就是考上大学离开家，永远离开父亲。大学毕业结婚后有了孩子，父亲执意来带孩子。父亲认为，他可以把女儿培养成大学生，就一定可以培养好外孙。从掌控女儿的人生到掌控外孙的人生，寒寒妈妈无力抵抗。因为与父亲的关系恶劣，也让妈妈对男性充满了厌恶与敌意，所以，婚后的生活始终笼罩在原生家庭的创伤之下，而寒寒就降生在这样的家庭环境里。

寒寒爸爸从小就是兄弟姐妹中身体最弱的一个，好吃好喝的都抢不过大家，只能用好的成绩让父母感受他的存在，考上大学远离家人是他的梦想，他的确做到了，从上大学，几乎和原生家庭没有任何联系，甚至母亲去世，他都拒绝回家。爸爸没有一个朋友，没有任何社交活动，哪怕是单位组织的，他也会用各种理由拒绝参加。他的心里只有寒寒，他要把所有的注意力放在寒寒身上，来弥补自己成长中的亲情缺失。寒寒就是生活在这样一个伤痕累累的家庭里。寒寒父母都经受过原生家庭的创伤，在面对寒寒的时候，他们很难脱开原生家庭的影子。

小贴士

个体心理学创始人阿德勒有句名言：幸运的人，一生都在被童年治愈；不幸的人，一生都在治愈童年。

当一个孩子没有安全感和归属感，是无法发展出专注力的。乱写乱画的心理成因，是孩子找不到属于自己的空间位置，这是很典型的缺乏安全感的外显行为。爸爸给寒寒报大量辅导班，很想弥补他童年的资源匮乏，爸爸极度的补偿心理，是因为个人成长缺失，性格孤僻，没有社交，大量的精力全部放在孩子身上，造成了过度关注，放大了孩子身上的不足和缺陷，也造成了爸爸心理的失衡和情绪失控。寒寒承担着父亲的梦想和目标，也没有在妈妈那里建构安全依恋，他小小的身躯被压垮，出现了躯体化症状和严重的恐惧症。外公的操控从女儿到寒寒身上，女儿有能力逃避，而寒寒无能为力，打骂羞辱贴标签，让寒寒充满着自卑，他没有信心走入同学中，只能人机对话，而 ipad 的粉碎让他彻底失去对外界的信任，更加杜绝社交。

寒寒的妈妈生活在过于严厉惩罚式的家庭里,寒寒的爸爸生活在忽视型家庭中。各自带着原生家庭的伤痛,他们没有给寒寒应有的爱和温暖,却给寒寒的童年戴上了一圈沉重的枷锁。妈妈的行为是在逃避和外公以及爸爸的关系,爸爸有些人格偏执和社交障碍,他希望妻子是他温暖的港湾,给他无限的爱与关注,他们都希望对方弥补他们在原生家庭里的缺失,都在索取中淡漠了婚姻,直到绝望。两个人都需要对方做一枚创可贴,疗愈自己的伤口,他们的婚姻仅此而已。

小贴士

> 人的一生中有两个家,一个是我们从小长大的家,有爸爸妈妈,也许还有兄弟姐妹。另一个是我们长大以后,自己结婚成家的那个家,我们把第一个家叫作原生家庭。原生家庭是指出生和成长的家庭,人的一生或多或少都会受到原生家庭的影响,我们的伴侣关系、亲子关系,都与原生家庭密不可分。每个人的原生家庭都对这个人的成长有着很大的影响,自己从小长大的家庭对于自己的性格养成和习惯都有着很大的作用。如果出生在非常幸福的家庭中,从小在父母的呵护下长大,就会从里到外散发出一种阳光乐观的气质。

2. 勇敢走出原生的痛

早在"原生家庭决定论"火起来之前,就已经有形形色色的理论告诉人们:改变人生的机会很多。在哈佛大学著名的积极心理学课程中,塔尔教授告诉学生们,关于生活,人们能掌控的部分就是自己,自己对世界的诠释以及自己的行动,这的确是唯一可行的道路。

几乎没有人不携带着原生家庭的创伤,同在创伤中的父母要重新回归到一起,放下过往的恩怨,尝试重新开始新的生活,学习夫妻之间良好的沟通模式。爱孩子就是给他足够的安全感。父母有多相爱,孩子就有多少安全感。有足够的爱、足够的温暖,孩子自然就有足够的底气和安全感。

世上最好的家庭教育就是爸爸爱妈妈,妈妈也爱爸爸。生活中孩子的表现常常能折射出父母的水准,父母积极乐观,孩子也足够开朗;父母修养高,孩子教养好;父母习惯性逼迫,孩子就会失去幸福感。一个人的童年经历,特别是原生家庭,对其性格、行为、心理起着决定性的作用,并且会产生长期、深远的影响,甚至会决定一生的幸福。哪怕你被最亲的人伤过,哪怕婚姻不够圆满,哪怕经济有些困难,一旦你有了孩子,就尽全力,给他营造温暖和谐、健康积极的原生环境吧。

两个本来应该互相支持的配偶,却忙于彼此伤害,因为这是他们唯一懂得的方式。孩子的成长障碍,让他们不得不重新思考两人的个人成长问题,经过一番挣扎,他们终于向彼此伸手,承诺给孩子重建一个温暖有爱的家。他们走进了婚姻咨询室,分别与咨询师进行深度的心理沟通,放下了原生家庭里受过的伤害,学习婚姻之道。

寒寒妈妈向父亲坦诚沟通她在成长的过程中，内心的感受以及自己对父亲的情感和认同需求，并大胆、主动向父亲表白对他的尊重与爱，请求父亲退出她现在的生活，可以在重要的节假日和寒暑期，带着寒寒去看望他。父亲对自己过去对女儿的严苛和情感忽略表示了歉意，并第一次向女儿表达了他的认同与爱。父女俩的关系得到了修复，与父亲的和解，不仅仅是向父辈的靠近，更是对灵魂深处那个自我的抵达。我们对自己抵达得越深，理解得越透，接纳得越彻底，我们才能变得更强大。当我们不再是那个愤怒的、叛逆的、疼痛的、乞求爱的小孩，我们才能真正成长为从容的、平和的、强壮的、展示爱的大人。这才是我们和原生家庭的真正和解：不必说原谅或不原谅，我们已经强大到，不再吝啬爱。不必说理解或不理解，我们已经慈悲到，心头无怨憎。因为，所有的爱和理解最终滋养的，不是父母，而是我们自己。

寒寒的外公回到老家，与寒寒经常保持视频通话，经常夸赞寒寒的进步，寒寒也对外公的感受从恐惧到喜欢，父女关系、爷孙关系都得到了修复。妈妈搬回了家，整理了家居环境，给寒寒布置了他喜爱的儿童房。爸爸和寒寒共同协商，减掉了寒寒不想上的辅导班，作业从开始的严格要求，降低为先完成，再慢慢提升质量。放学后不再都是作业，爸爸带着寒寒去篮球场打球，玩滑板车，早上一起去跑步。夫妻俩一起制定了共同阅读和健身的计划，制造出夫妻俩单独相处的时间计划，在遇到沟通障碍的时候，积极求助心理咨询师。寒暑假，一家三口外出旅游，寒寒的生活环境和心理环境同步变轻松。看到寒寒的笑脸，爸爸妈妈庆幸这改变还不太晚。

在岁月和人事的磨砺中，我们把父母走过的人生，以不同的方式重走一遍。我们的父母，也是原生家庭和局限选择的受害者。这是走出原生家庭创伤的所有孩子，都该突围的第一堵墙。洞见这一点，我们才能学会归责，把时代的归时代，把父母的归父母，把自己的归自己；才能不再用父母的错误，一味惩罚自己，一辈子活得痛苦且充满戾气。所以，与父母的和解，是我们接受了自己，不是理解了父母，而是理解了我们的过去；不是拥抱了父母，而是终于学会爱的我们，紧紧地拥抱了自己的今天和过去。

小贴士

如果你的父母酗酒，如果他们打你，如果他们在你未成年的时候离婚，争吵得很厉害，如果你的兄弟姐妹欺负你，如果学校里边有人歧视你、欺负你，如果你受到过性侵害，受到过虐待，如果你遭遇过重大的暴力伤害，如果你的父母过早去世，等等，你能够找到特别多童年逆境的来源，所有的这些人都有机会找到自我应对的自救方法，并且能够成为一个超级正常人。这个能力被叫作复原力，人体内有复原力，我们虽然经受过这样的打击和挫折，但我们依然可以走出我们的起点故事。

一个人没有办法选择自己有什么样的父母，但是可以选择自己成为什么样的父母。

我们都有着不完美的父母,我们都曾是受伤的小孩,但我们也应是伤害的终结者。因为,我们已经长大,更有责任活成一束光,让悲伤剧终,让温煦降临,让幸福光顾,让和善而柔韧的自己,活成孩子起点的原生家庭。

三、放手是为了爱——无边界婚姻解析

1. 无边界婚姻无声的痛

一个很老套的关系测试:老妈和老婆一起掉到河里,你救谁? 老婆和儿子同时掉进河里,你救谁? 这个测试很老土,如果想家庭和睦,答案只有一个:你先要救你的老婆。这不是一个浪漫的决策,而是一个最实际的决定。这个决策关系着你整个家庭关系的根基,这也是很多男人都不明白的道理:老婆比老妈重要,老婆比孩子重要。

家庭治疗师李维榕博士指出:母亲渴望亲子,青年人却需要学习离开父母的怀抱,这是一段艰难的人生路程。中国的家庭往往视孩子比夫妻关系重要。婚姻往往都很难让夫妻可以在独立的空间相处相爱,上一代会缺乏边界感,全方位对小夫妻的生活进行干涉,造成了很多婚姻中的夫妻无法保持科学的教育理念和良好的情感沟通,进而压抑出婚姻的种种问题。

孩子在什么条件下会体验到幸福呢? 当他感到家庭非常温暖,父母相亲相爱的时候;当他感受到父母爱他的时候;当他学习成绩好,思维能力强,与同学老师交往顺利的时候;当他自尊、自信、充满希望的时候,他是一个幸福的孩子。所有这一切都和父母的婚姻状态有重要关系。中国的父母对孩子是做到了无微不至,就是没有让他们感受到父母的和睦相处。

在很多问题婚姻里,有一种没有边界的婚姻会让夫妻双方陷入两难境地,无声地痛!

电视剧《双面胶》对无边界婚姻演绎得非常之透彻。原本恩爱的夫妻,因婆婆进入小两口家庭,把儿子家当作自己的家,看不惯媳妇的各种生活方式,对小两口的生活指指点点甚至控制。由于地域和文化以及两代人的生活方式和价值观念都很不同,开始频繁吵架,最终大打出手,婆婆这种没有边界的侵入毁掉了这段婚姻。婆媳关系中,很多人抱怨婆婆干预小两口的家庭生活,而丈夫并不反对。其实这个婆婆和丈夫之间的关系是值得研究的。

小贴士

无边界婚姻模式的特点是,夫妻一方或双方不能与对方父母和平相处,难以处理好与原生家庭的边界关系,伤害到了另一半的感受,或者原生家庭对小家庭干涉过重,双方矛盾积重难返。

芷若是一个胖乎乎的三年级女生，她生活在一个混养的家庭里，爸爸是一个心理没断乳的男人。因为家里住房的局限性，奶奶没有办法和他们住在一起，两个家之间要坐一小时公交车，就是这样的路程，奶奶要一天三顿地往返，照顾着孙女和儿子的三餐。芷若每餐必有肉，这是妈妈最抵触的事情，芷若越来越胖，这是奶奶的骄傲，却是妈妈的担忧。家里吃穿用都需要奶奶来决定安排，父女俩很是享受，专心做着未断乳的婴儿，妈妈对奶奶每天三顿的追食很是厌恶，爸爸却认为，自己的母亲为了这个家付出这么多，老婆却不领情，因而感到愤怒。没有边界的生活致使夫妻俩争吵无休。芷若直到三年级还没与父母分床。芷若一直有分离焦虑，从幼儿园开始到入小学，每次上学都有种生离死别的悲痛。因为经常看到父母争吵，让年仅8岁的芷若说出"长大了我才不结婚"的话语。

武志红老师《中国巨婴》里描述，婴儿和巨婴都有三个基本心理特征：共生、全能自恋和偏执分裂。6个月之前的婴儿，认为自己和整个世界浑然一体，一切需求都会被母亲满足，"我就是妈妈，妈妈就是我"，不需要沟通就知道你是怎样的。婴儿和母亲构建起一个母婴共同体，这是最原始的共生。巨婴的一大心理特征就是共生，这意味着没有边界。

小·贴士

从家庭系统去看个人行为，很多孩子在极端担心父母的时候，都会急出各种心理疾病来，而且很多表征问题是不停变动的。

芷若父母的婚姻是一个很典型的无边界婚姻，在当下的婚姻形态里，占比很高。

父母的婚姻不和，会使孩子的情绪不稳定、郁郁寡欢、消沉，缺乏沟通，易患抑郁症，也很容易导致反社会人格，对孩子的性别认同有着极大的影响。智力水平、注意力、想象力、创造力明显比一般孩子要低。对学龄前的孩子影响最深，它可能会使孩子变得爱哭、不合群、攻击性强等；对7—10岁的孩子，最直接的伤害体现在注意力不集中、多动冲动、人际关系差、怨恨他人等行为和人格层面，这些情况还可能持续很久，甚至到成年期；对10—13岁的孩子，由于智力发育接近成熟，所受的影响主要是情绪和未来的择偶观，青少年抑郁问题也往往在这个阶段高发。

2. 放手是唯一的路

很多小家庭乐于啃老，认为父母的钱就是自己的。老人也喜欢干涉子女的生活，父母觉得我为你做的这一切，养大你，给你钱买房子，给你带小孩，我为你做这么多，这一切都有一个目的，就是你要按照我的意志来生活。芷若的爸爸和奶奶没有完成分离，是一种共生关系，自然母子关系占据这个家庭的半壁江山，甚至更多。妈宝男也好，妈宝女也罢，也是与母亲的共生关系没有脱离有关，妈妈永远把孩子当成自己的小宝贝，孩子也认可这种状态,导致进入社会、婚姻后出现很多问题。母子共生没有被打破,就会使夫妻之间缺乏适宜的沟通方式;夫妻之间不能共同承担家庭责任;已经严重偏离"夫妻关系才是家庭核心"的基石,陷入扭曲的家庭关系中。芷若的爸爸,一方面需要充分表达对母亲和自己配偶的爱,消除双方的焦虑和潜在"被抢夺"的不安全感;另一方面需要心理断乳,学会对自己的选择和家庭负责,树立边界,找到各自的位置。

父母永远都会比子女所需迟一点放手,有些地方甚至一生都不放手。稳定的夫妻关系,助力独立与分离。健康的家庭,充盈着爱,也懂得分离。健康家庭的父母,深爱孩子,将他养大,不是为了自己分享这一结果,不是为了永远与孩子黏在一起,而是要将他推出家门,推到一个更宽广的世界,让他去过独立而自主的生活。

家庭中居第一位的,永远不是亲子关系,而是夫妻关系。在一个三代同堂的家庭中,如果夫妻关系是家庭核心,拥有第一发言权,那么这个家庭就会坚如磐石。对此,国内知名的心理学家曾奇峰形容说,夫妻关系是家庭的定海神针,相反,如果亲子关系凌驾于夫妻关系之上,就会产生最常见的两个问题:一是糟糕的婆媳关系或者翁婿关系;二是严重的恋子情结。

从另一个侧面,不管你多么敬爱父母,你终究要离开他们,去过你自己的生活。不管你多么爱儿女,他们也终究要离开你,去过他们自己的生活。而配偶,才是那个真正陪伴你一生的人。

四、迟到的幸福——重组婚姻锦囊

因为离婚受伤最深的一般都是孩子,所以父母一般都会为了孩子维持婚姻关系。很多时候,父母认为他们正在为了孩子牺牲自己。事实上,他们只是自己沉浸在一种崇高的感觉中。他们生活在痛苦之中,也将这种痛苦带给他们的孩子。所以,不离婚的,孩子不一定没有伤害,而离婚,也不一定伤害孩子,父母相互折磨的没有爱的婚姻一定会伤害孩子,离婚之后对孩子的生活安排、情感抚慰以及对重组婚姻的准备如果没有做到位,更会给孩子带来双重伤害。

1. 离婚不一定伤害孩子

有一个孩子说:我不仅有亲爸亲妈,还有继父继母,有亲奶奶亲爷爷,还有好几对爷爷奶奶。是不是光听这一组称谓就够头大的了? 重组婚姻比第一次婚姻更难,尤其是涉及有孩子的再婚。社会文化对继父继母的标签一向不好,尤其是继母,很多继母努力想摆脱这个不佳标签,极尽全力讨好孩子,为孩子填补缺失的母爱,但是因为毕竟不是亲生的,有一点疏忽,就会受到谴责。年龄稍大的孩子,也很难接受一个女人替代了生母。对于重组婚姻的经营以及需要面对重组家庭中继子女的家庭教育这方面,是个社会难题。如何对待重组家庭中自己的孩子和他人的孩子的关系是跨入婚姻之前就需要深思熟虑和学习的最重要的课题。

纽曼今年11岁，小学五年级，性格比较孤僻抑郁。爸爸和妈妈在她一年级的时候离异，然后又各自重新组织了家庭，纽曼跟了妈妈，跟继父生活在一起。妈妈很爱她，虽然生活上有点拮据，但孩子拥有的物质条件比别的孩子还要优越。但纽曼始终感到不快乐。妈妈没有多少文化，继父对她不冷不热，只对自己的孩子感兴趣，她感觉家庭在排斥她，妈妈和继父常常因为教育孩子意见不统一而产生矛盾。她去找亲生父亲，生父家还有一个同父异母的弟弟，父亲除了安慰她几句之外，也没有时间去关注她。纽曼游走在十分不稳定的两个家之间，胆怯自卑，家对她来说不是她的安乐窝。

在学校里她不善言辞，跟别人交往，总是会产生小摩擦，还很爱较真，往往会因为一些小事而闹得不愉快。她对别人不够信任，有严重的自卑心理。同学都不愿和她交往。上课的时候老走神、发呆，从不自主举手发言。在班里她好像空气一样，有时大家感觉不到她的存在。班级是一个大家庭，孩子们无意间谈话都会刺激到她的敏感神经，学校里不和谐的同学关系、孤僻的性格，影响着她的精神世界。

实质上，在父母离婚前，孩子就已经开始受到影响了，离婚战中更是直接伤害，离婚后处理不好，更是长久伤害。纽曼经历了父母离异到重组家庭两次创伤。重组家庭的双方，对孩子的爱只有物质层面的，而忽视了孩子的精神需求，孩子突然感到最亲的人不爱自己了。孩子还小，没有理解能力，而家长恰恰生活在自己的小圈子里，忘记分享大爱。缺失了爱与关注的纽曼，有这样的情绪是很自然的。这个现象也提醒重组家庭的夫妻，要重视孩子的心理建设，孩子健康快乐，夫妻才更容易和谐相处。

伟大的思想家恩格斯说：在困难的时刻，两个人在一起要比一个人好过些。重组家庭是个越来越普遍的事情，随着离婚数字的增加，相应地就会有重组家庭出现。每个人都渴望自己婚姻能幸福，婚姻能否幸福，除了要努力经营之外，还有一些不可控的因素。

小贴士

离婚前，父母要想清楚孩子如何处理？孩子是无辜的，应妥善安排孩子。让孩子明白父母离婚是因为父母的问题，与孩子没有关系，爸爸妈妈即便离婚后，也依然会爱孩子。其实这样，对孩子来说，只要孩子依然感受到父母的爱，影响虽然还是有的，但不会伤害太深，远比生活在天天吵架打架的家庭环境好，目前的社会环境对离婚还是理解和包容的。

亲生父母婚姻结束后，要重新定位，设定双方共同养育孩子的方法。婚姻虽然解体了，但是孩子亲生父母的角色没有改变。要注重改善亲子关系，要让孩子感觉到父母虽然婚姻瓦解了，但双方都是爱他的。要允许孩子去看对方，让孩子觉得自己是自由的；

要和继父(继母)统一教育观念,对孩子的关注、鼓励、包容甚至比给物质的奖励更加能让孩子感受爱;家人经常在一起聊聊家常,或者在有条件的情况下出去游玩,让真爱无距离,增进彼此的感情。让孩子知道爱自己的人多了,范围广了,妈妈的爱加上爸爸的爱还有继父(继母)的爱,有这么多人爱自己,很幸福。小清的家庭就是一个重组家庭的美好典范。

> 小清是个髋关节先天脱位的女孩,今年上大一了。她的爸爸在她3岁动完一次大手术之后抛弃了她们。妈妈带着她去医院做康复治疗的时候,认识了现在的继父。继父是名康复师,妻子病逝,留下了1岁的女儿。相同的境遇让他们有了很多共同的话题和抚慰。妈妈在她4岁的时候嫁给了现在的继父。约定好婚后的相关事项,小清妈妈就开始照顾两个女儿,也利用家在一楼的便利开了间小超市,继父也开了一家按摩诊所,对两个女儿也是一视同仁。这个重组家庭幸福感很强,夫妻俩惺惺相惜,姐妹俩相亲相爱,一家四口一路走来,收获了很多美好。

2. 重组家庭,新生的爱

要想收获新生活的幸福,在重组家庭之前,几大问题需要深思:

(1) 上一段婚姻中我为何离婚?

离婚后,一定要给自己一个冷静期。遇到新的恋爱对象,要冷静思考,不要一时冲动,或者补位意识,或者报复心理,而盲目地进入下一段感情。离婚的双方没有胜利者,离婚都是双方的原因,如果在重组婚姻前不能够对上一段婚姻做到自我反思,意识不到自己的问题,那么这段婚姻也同样会出现类似问题。

(2) 如何正确对待双方的孩子以及之后出生的孩子?

这是一个非常现实的问题,必须做好最坏的思想准备及最完整的计划。婚前一定多与对方的子女接触,熟络,先成为朋友,再成为新的亲子关系,这一定需要过程。双方都做足了准备,再进入婚姻的实质性生活,摩擦和障碍会最小化,生活和谐,幸福感也会更高。

(3) 当自己的子女与对方的子女有冲突时,你会如何处理?

依理处理,总会让对方子女感觉自己不被关怀,一味处理自己的子女也会使他们内心失衡;不去处理,任凭孩子自己解决,有可能会带来更大的冲突。重组婚姻家庭中,6岁以上的子女,可由家长和双方子女共同签定家庭公约,约束好所有的人,遇事处理,对事不对人,会较好地避免冲突。对于较低龄的子女,要忽略争吵,让孩子们自己学会解决问题。家长要制造更多的合作机会,让双方子女学会从合作看到家庭每一名成员的重要性,激发他们协同做事,为家庭带来荣誉。还要牢记一个很俗的真理:谁的子女谁教育。

(4) 谈好钱不伤感情

既然组合成一个家庭,就要共同享受利益,共同承担风险。重组之前,一定要协商好，共同财富的知情权和行使权，平衡好双方子女及家庭的开支，尽可能实现一碗水端平。

（5）不能与自己一起生活的子女，如何陪伴？

对于没有监护权的子女，他们的生活费要及时给予并定期探视，这些内容都要在婚前进行明确的商讨，形成共识。继子女来到家中，做到尊重和融合，少要求，多接纳，多陪伴。即便继子女出现了不当行为问题，也要由对方去处理。在特殊的纪念日里，准备一份小小的礼物，也会让配偶和继子女感动。

小贴士

家庭治疗师李维榕老师为重组家庭提供了一个家庭处方：

1. 很多人再婚只求有个家，求一份安全感，甚至是因为喜欢对方的孩子，这就偏离了再婚的原则。必须首先巩固两人的关系，要记着你再婚最大的理由，是因为爱对方、选择与对方一起生活，其他都是次要。

2. 记住孩子是对方的：你与孩子的父亲或母亲结合，并不等于立即就可以与孩子亲密。你不一定能爱这孩子，但是应该为孩子提供适当的管教；管教方面，除非孩子年纪很小，最好还是让他的亲生父母来执行，不管是你同意或者不同意的方式，千万不要把这项工作抢过来另作主张，只能在彼此冷静时，再做讨论，否则只会养成夫妻各行各素，各自修行。

3. 容许适当的自我空间：重组家庭最常犯的错误，就是过早地要求一个亲密的家庭。两个大人可以亲密，但是孩子必须要有足够的时空，才有机会慢慢接受。不能像速溶咖啡，一加热水便可以入口。关键是，新的爸妈如果能在孩子眼中提供好榜样，孩子也会慢慢放下歧见，与继父继母建立良好关系。

坏的婚姻理智止损，不仅是勇气，也是智慧。当一份感情走到尽头，双方都是失败者，反思完自己之后，一段婚姻的结束，寓意着一段新感情的开始，最重要的就是重新收拾好行囊再次上路。

重组的婚姻，必然是比新婚更具有挑战。这个时候的你，应该适当收起"玻璃心"和"期望值"。你可以对重组的婚姻充满希望，但不要迷失了自己。在重组的婚姻中，你必须要比在第一段婚姻中更为坚强，也要比在第一段婚姻中更为独立。对比是一种正常的心理，但是在对比的过程中，一定是优缺点都对比，而不是拿现任的缺点，去对比前任的优点。要知道，人习惯怀念失去的东西，反而不珍惜拥有的东西，在感情里亦是如此。很多女性，一旦再婚，都是抱着死都不离婚的心态而维持着婚姻。这种想法一定是大错特错的，因为没有人，能绝对地预估到一件事情好与坏的结果。重组的婚姻，如果过得不够舒服和幸福，也是可以选择分开的。结婚一定是，能让双方都舒服的一件事情。而不是为了结婚而结婚，更不是重组的婚姻必须不能离婚。更为重要的是双方的舒适度和幸福感。

很多人都会认为重组家庭的父母对对方的子女不会付出真心，还有就是他们认为毕竟不是自己亲生的，只能疼不能管教。对于子女来说很排斥继父母，认为他们怎么会如亲生父母一样对待自己呢？所以总会有一些闹剧发生。对于这些问题，人们也无法判定。从子女的角度考虑，他们对继父母存在一种恐惧，感到不安全，害怕受到伤害，继父母做得好与坏都不被看好。文中小清的幸福家庭，电视剧《家有儿女》中重组家庭的幸福故事，大家可以借鉴！所以，对于重组家庭的父母来说，只要心存善念，心态摆正，相互体谅，真心对待孩子，给予孩子正确的爱与呵护，也会成为相亲相爱的一家人！

第三节　相亲相爱在一起

一、婚姻关系是最优越的两性关系

婚姻关系的好处就在于它赋予了大多数夫妻相互忠诚和责任，法律和社会舆论都在帮助维护着这份忠诚，这是其他两性关系做不到的。未婚同居者们如果没有被结婚的目标所支配，他们的性关系就只是一种临时性的"搭伙"关系，可能会因利益分化而分道扬镳，或因某一方在中途与其他异性一见钟情而发生不忠现象。婚姻关系最大限度地确保了夫妻的相互忠诚，并使夫妻因为共同目标而心往一处想地为家庭利益奋斗着。

1. 婚姻让配偶之间彼此分享知识与智慧资源，共享养儿育女的天伦之乐和家庭用品

每个人的成长历史都是不尽相同的。家庭出身、文化背景、经济状况、生存环境、所受教育，等等，这些因素都会影响一个人的精神世界和人生观。而婚姻让两个来自不同成长背景的男女生活在一个空间里，并在长期的肌肤之亲与生儿育女过程中建立相濡以沫的亲密关系，这种关系既磨合了夫妻之间在生活习惯上的差异，又使配偶之间通过潜移默化相互影响对方的人生观。

首先，婚姻在精神层面上对配偶双方所形成的互动关系，恰恰是促使夫妻双方以坚强意志战胜困难的特殊力量。两个人的智慧总比一个人要多得多，两个人的感情力量会赋予孤军奋战者以强大的内驱动力，这是一个被人类社会反复证明的事实。其次，婚姻可以让夫妻共享与感情结晶在一起的天伦之乐，而且还能最大限度地刺激父母释放他们的生命活力，比如要更加奋斗，送孩子入最好的幼儿园、小学甚至出国留学。由此可见，婚姻不仅能让夫妻享受当下的天伦之乐，还赋予了他们挖掘潜力去创造财富的动力，从而推动社会不断发展。最后，婚姻还有利于夫妻共享家庭用品从而降低生存成本。

凡有过日子经验的人都知道：一个人生活和两三个人生活所消耗的能源没有太大

差别。一个人做饭所耗费的火(煤气与液化气)、油电(排油烟机或电饭锅所用电)、佐料和洗菜炒菜、洗碗和打扫卫生的时间,与两三个人所需要的上述条件都是差不多的。以此类推:一个人的住房面积、私车使用率、家用电器、家具、所有家庭配套用品和能源与两个人所用的上述东西也是差不多的。所谓麻雀虽小五脏俱全,婚姻让一对男女分担了上述东西的费用并共同享受这些东西。

由此可见,大多数单身者,特别是那些远离父母在外地工作的单身男女们,普遍都觉得花钱不少,如果他们有心算一下开支的话,就会发现他们的钱大多都花在服务性费用上了,如能源物业管理、电话、各类社会性杂费等,而这些开支之所以对他们形成了一种心理压力,恰恰是由数量劣势所造成的吃亏感。他们结婚之后,随着家庭人口增加,家庭人均消费降低,他们就会觉得三口之家消耗那些服务费用也不算高。

2. 婚姻关系可以让夫妻通过分工使家庭经济利益呈现报酬递增趋势

婚姻关系所赋予的夫妻合理分工,通常是指"男主外,女主内"的传统分工模式,这种模式会让一个家庭的经济和感情呈现报酬递增现象。夫妻分工会让双方扬长避短地各自发挥才能。如果丈夫拥有业务知识、经商头脑或生存技能,那么无所特长的妻子通常用"女主内"角色解除丈夫的后顾之忧,让丈夫在外奋斗,这有利于丈夫在事业上获得成功。这样一来,夫妻就实现了报酬递增的婚姻目标。

如果情况相反,夫妻绝对平等追求各自的事业,这必然会导致双方不得不拿出很大精力服侍老人、照料儿女、打理家务,这就使双方的事业因为缺少连贯性而推迟成功时日的到来,弄不好还会因为缺乏耐心而丧失对理想追求的信念,到头来夫妻俩可能落了个鸡飞蛋打,非但不能从整体上提高家庭生活水平,反而会因为双方一事无成和年龄增长而造成家庭生活水平持续下降的前景。事实上,绝大多数的夫妻都会通过扬长避短的分工来实现家庭生活水平报酬递增的目标,即使连共同追求理想的白领夫妻大多也会在不同的领域做出不同侧重点的分工,而罕见在家务劳动上做到绝对平等的夫妻关系。通过婚姻关系进行合理分工可促进家庭生活水平的整体提高。

我们应该承认人类社会在进入20世纪中期以后,婚姻关系正受到空前挑战:如世界范围内居高不下的离婚率、同居不婚数量的日益攀升、晚婚晚育、单亲家庭、独身主义倾向和未婚妈妈的大量出现,这一切都在冲击着传统婚姻模式。但即使这样,婚姻仍然构成了联结男女关系的主流选择,而其他的两性关系或单性主义生活方式是现代人追求自由的多样化选择。即使是对那些在年轻时代热衷于单身主义或同居生活的人,他们中的大多数在进入中年以后也仍然会选择婚姻作为感情归宿,因为他们无法抗拒婚姻关系的诸多优越性。

二、相亲相爱在一起

婚姻只有爱情是不够的,婚姻需要两个人的共同经营,因为双方都是彼此认定一生的人,要共同学习婚姻经营的技巧,共同成长,才能相亲相爱到白首。

婚姻经营技巧一:信任尊重,良好沟通。

人和人之间都是平等的,没有贵贱之分,无论是双方经济条件或者社会地位是否有悬殊,还是双方的原生家庭条件的不同,只要走入婚姻,就是一家人,就是平等的。从法律和道德上,资源是共享的,困难也是需要共同承担的。这是婚姻中的夫妻必须要深刻认同的观点,是婚姻的底色。婚姻和夫妻两个人之间最担心的问题就是猜忌和不信任。两个人之间一旦失去了信任就意味着两个人的感情出现了问题。当对方外出的时候你担心对方带着其他异性,对方晚归的时候你担心对方和其他异性有暧昧不清的关系。爱一个人是给予对方完全的信任,相信对方不会辜负你的信任。每个人肯定都有自己的异性朋友,所以一定要在配偶面前保持大方、宽容的心态,那样对方才会对你同样尊敬。在同一件事情上,两个人的想法或许会有些许差池,每个人的观点都有自己的道理,所以夫妻双方要相互沟通,而良好沟通的前提是尊重对方的想法,两个人意见不统一的时候,先做倾听者。

婚姻经营技巧二:包容理解,体谅共情。

结婚之后不比一个人的时候,一人吃饱全家不饿,你代表的不仅仅是一个人,而是一个家庭,万事要以家庭和谐为准,不能只顾着自己一个人,要懂得以家庭发展为重。在两个人为这个家打拼的时候难免会发生争执和吵闹,这时就需要两个人互相包容、理解。很多夫妻都是丈夫在外工作挣钱养家,妻子在家里操心家里的大小事务,各有分工。男人在外工作的时候可能会遇到各种各样的烦心事,他可能会把这种不好的情绪带到家庭中来,这时候妻子对丈夫的关心和体贴就特别重要,会增加信任,夫妻的感情才能维持良好的状态。同样,全职太太也需要丈夫的情感抚慰,全职太太放弃事业发展,离开了社交人际圈,面对家庭琐事,特别是孩子生病或者不服管教的时候,真的会让女性崩溃。此时丈夫要及时对妻子进行安慰,只有夫妻间相互体谅,才能把小日子过安稳,过得幸福。

婚姻经营技巧三:注重保鲜,常变常新。

婚姻中的各种烦琐事情让很多夫妻没有时间和精力去享受小情侣的生活,生活过得平淡如水,所以在感情平淡的时候,可以试着去过一下以前谈恋爱的生活,让彼此找回当初那份原始的热情和激情,这能让夫妻的感情保持甜蜜。在生活中妻子还是要在意自己的装扮,妻子精心整理了自己的装扮,和丈夫一起出去都会觉得特别有当时小情侣约会的感觉,从而让婚姻保持新鲜感。同理,丈夫也要注重保健和个人成长,以成熟人格和康健的身体建设家庭。家庭环境每年都要进行更新或者"格式化",一个沙发加上新靠背、换个新窗帘、买副新碗筷,都会让家庭闪耀着新鲜和快乐的光泽。

婚姻经营技巧四:敬老爱老,彼此感恩。

婚姻中的婆媳关系很微妙,哪里稍有不对,就会引来婆媳之间的互相猜疑,从而产生争吵。这都会让丈夫左右为难,因为一面是父母,一面是妻子,不管他帮谁都不对,和他父母吵架,会让你在他心里留下不好的印象。所以对长辈要客气,要尊敬,即便他们对你很挑剔,你只要做好你自己,这样家庭相处得才和睦。同理,身为女婿也理当如此。老人的心理特点就是喜欢被敬重,自己的付出被认同,所以小夫妻要对对方的父母保持敬重,即便老人有什么不妥当的地方,也由配偶自己去处理。同时,对于隔代教养的差异性,要允许存在,用老人可以接受的方式去沟通。如果条件允许,可以与老人保持一碗汤的距离,也会减少很多不必要的摩擦。总之,敬老爱老,彼此感恩,才能让婚姻家庭和睦幸福。

延伸阅读

1.《婚姻的烦恼》

作者:李子勋。婚姻和爱情一样是谁也说不清的东西,本书用男女两个人的角度去解读婚姻,书中把婚姻男女一律以东东、西西指代名字,来表达婚姻关系情景。而作者采用双层身份,一个用男性视觉,一个用女性视觉,把一样的东西做不一样的解读,以这种形式增加读者对婚姻多样化的理解。婚姻问题专家李子勋解读婚姻心理密码,换个视角给你看不一样的生活,这是一本实用的婚姻生活心理指导书。用心理医生独特的视角,帮你打开一扇扇家庭的窗口,让你从另一个角度看到家庭的形态,看到其中的因果互动、矛盾纠结。在不经意间,你会被他带到一个新鲜、奇妙的境界里,轻松、开放、坦然地面对自己的内心和周围的一切。

2.《忙碌爸爸也能做好爸爸》

作者:布鲁斯·罗宾森。身为澳大利亚西澳大学医学系教授,三个孩子的父亲,也是一位忙碌爸爸。2004 年发起了"好爸爸养成计划",引起了全澳大利亚的响应,并获得了澳大利亚政府勋章。职场中的爸爸既想高效地工作,又想照顾孩子,这就要求必须处理好二者的关系,有的爸爸会提前做好计划,但这个问题有些复杂,需要专业的方法来解决。本书会介绍一些方法和窍门,帮助您解决这一烦恼,使您兼顾家庭和工作。

3.《亲密关系》

作者:克里斯多福·孟。在爱与被爱的过程中,我们都曾经历过痛苦、恐惧,也体验过狂喜与极乐,我们渴望建立永恒真挚的亲密关系,却又害怕再度受伤。他告诉我们如何穿透自我障碍,用爱酿造幸福秘方——没有人能年复一年地活在火辣、热情、浪漫的亲密关系之中,但我们能在亲密关系的旅途中,学习面对自己最好以及最糟的特质,学习接受和放手,最终找到通往爱和幸福的桥梁。

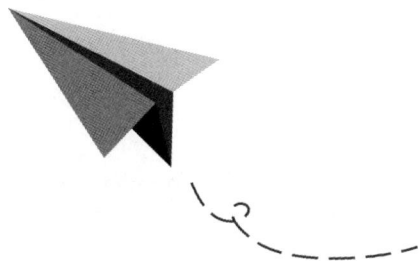

第四章

重新认识我们的亲子关系

我们的亲子教育问题，不是来自教育本身，而是在我们大脑里面有太多太多的有弊病的观念和概念，我们在教育孩子的时候不是从孩子本身去思考，而是给予某种概念去思考，这种模式就导致了我们的教育陷入了一些困境，这些困境恰恰是观念给我们带来的，而与教育本身无关。

——李子勋

　　亲子关系是人生中的第一种人际关系，也是最基本最重要的家庭关系。从婴幼儿时期开始，亲子关系就影响着孩子语言、性格、情感、人际等各方面的发展。良好的亲子关系对孩子的未来人生具有不可替代的重要作用。在现代社会，亲子关系呈现出各种各样的形态，但无论何种形态的亲子关系，都体现了父母对于子女的爱，只是其中某些爱的方式有可能是错位的。错位的爱不但不会促进子女健康成长，反而会让子女感到压抑与被忽视，对孩子产生消极的影响。父母应该重视对亲子关系的培养，帮助孩子健康快乐地成长。在急剧变化的当代社会，为了保持良好的亲子关系，所要面临的机遇和挑战也是必然存在的。为了维持和谐的家庭氛围，可以从倾听与沟通、关注与赞赏、适宜的亲子活动等多个方面着手构建良好的亲子关系。

第一节　亲子关系决定孩子与世界相处的方式

　　家庭，是儿童成长最先接触的环境，亲子关系是儿童成长过程中最重要、最亲密、最持久的一种关系。亲子关系原是遗传学中的用语，是指亲代和子代之间的生物血缘关系，简单地说就是父母与子女的关系。而子女和父母在相处的过程中，会产生一种特殊的感情联结，也就是我们常说的"依恋"。在依恋理论当中，内部工作模型是核心概念之一。在早期的互动中，根据依恋对象的可亲近性和反应的敏感性等因素，孩子会发展出对他人普遍的信念和预期，比如孩子在一个有高可亲近性（能够在身边的）且对孩子需求高敏感的母亲的养育下，便会形成"他人（依恋对象）是安全可靠"的预期。由于不安全依恋中的儿童的消极情感没有办法引起依恋对象有效的反应，所以他们学会了压抑或夸大情感反应，从而导致病态的情绪表达和对他人的消极反应。从依恋研究中可知，父母给予孩子的爱，应当是持续不变的，而不能是有条件的。但不少父母喜欢用"如果你不怎么怎么样，我们就不爱你了"对爱施加条件，这极有可能让孩子形成不安全依恋。由此可见，内部工作模型是个体理解、预测环境，做出生存适应反应，建立和维持心理安全感的基础。

　　亲子关系是我们每个人来到人世间形成的第一个人际关系，它对我们每个人的身心健康都非常重要。早期的亲子交往对儿童的认知能力、情绪发展、社会性交往、道德品质和行为的形成等个性心理发展因素的培养，都起到了决定性的作用。同样，孩子的社会化在很大程度上是在亲子相互作用之中进行的。亲子关系的质量决定着孩子社会化过程是否顺利，是否发生障碍或缺陷，也决定着社会化可能达到的水平。良好的亲子关系能让孩子在爱与安全、信任中健康成长，总而言之，亲子关系的质量对儿童适应性发展的重要性要高于家庭中任何其他的因素。

一、亲子关系对儿童语言发展的影响

家庭教育在孩子的语言发展中发挥着十分重要且不可替代的作用，处于儿童期的孩子，他们的认知能力较弱，对事物认知形成的过程主要是依靠聆听与模仿。孩子从牙牙学语到开口说话，基本都是在父母引导下完成的。例如，在狼群中长大的"狼孩"由于没有父母的引导而不会使用人类的语言；再如，一些被遗弃的孤儿的语言发展也比较迟缓。而生活在父母素质较高、亲子关系较好的家庭中的孩子，由于不断受到父母长辈的积极影响和持续鼓励，在潜移默化中语言能力飞速发展，其语言往往具有清晰性、逻辑性和层次感。父母多与孩子进行交流和沟通，不仅有利于孩子的情感需求得到满足，还能促进亲子关系和谐发展，为孩子提供更多的语言表达机会，促进其语言运用意识的提高，成为孩子语言能力发展的助力，对孩子日后的智力发展、性格形成以及人际交往能力的提高都具有积极的意义。

二、亲子关系对儿童性格形成的影响

儿童性格的形成，除了外界环境的影响，还与儿时亲子关系的模式有关。亲子关系内化到孩子的心里成为内在的关系模式，这一整套内在关系模式就形成了孩子的性格。比如一些被遗弃的孤儿，由于没有父母的照顾，导致情绪的反应不丰富，甚至会变得孤僻，这就形成了孩子的性格；如果家庭中父母的情绪不稳定，缺乏温馨和谐的气氛，就会导致孩子易怒，情绪波动大。如果家庭关系良好、亲子关系和睦，父母对孩子开明，遇事能积极并坦然对待，那么孩子的性格也会变得开朗勇敢。和谐、有爱、民主的家庭氛围可以培养孩子良好积极向上的性格品质。但如果是一个肤浅、片面且不负责任的教养态度，那么孩子的性格和品质也会受到很大的负面影响。所以，一个好的家庭氛围，一个好的教养态度以及和睦的亲子关系、夫妻关系，对子女性格都有非常重要的影响。

三、亲子关系对儿童情感发展的影响

当前亲子关系已成为儿童精神健康研究的一个突破口。儿童早期的亲子关系会影响其整个人生的发展，譬如有些儿童的焦虑或是抑郁可能与其当前的生活压力无关，而是早期亲子关系破坏导致的情感上的危机。有研究表明，与母亲形成安全型依恋并有良好亲子关系的小学五年级儿童，报告了较低的孤独感。而有关离异家庭的研究表明，焦虑、抑郁、孤独等一些心理内部问题是父母离异家庭儿童最为常见的症状表现。同时，父母婚姻质量差、互相争吵、对儿童关注较少或是经常指责儿童、缺乏沟通、亲子关系差、儿童没有安全感，这些都会对儿童的情感发展产生较为消极的影响。

四、亲子关系对儿童人际关系的影响

1. 亲子关系与儿童同伴交往

和谐的亲子关系会帮助儿童获得安全感和信任感,这对他们的社会性和情感性模式发展有很大的影响,并反映在他们与同伴的交往中。如形成安全型依恋的儿童,老师反映他们的朋友多,自尊、同情、积极性情感较高,更多地以积极性情感来发动、响应、维持与他人的相互作用。同时他们攻击性低,对新鲜活动表现出较少的消极反应,更具社会竞争能力和社会技能。同伴也反映他们比不安全依恋的儿童更容易接近。焦虑、反抗型依恋的儿童常对同伴做出消极、攻击的行为,因此人际吸引力差。对4岁儿童配对游戏的研究发现,不安全型儿童更倾向于相互挑战,靠武力解决冲突,往往最终以生气或赌气而结束游戏。所以,亲子关系对儿童同伴交往有重要的作用,有利于其形成和谐的人际关系,更好地适应社会。

2. 亲子关系与儿童社会行为

通过对家庭环境状况的研究发现,父母婚姻冲突、争斗及随之而来的离婚等与儿童攻击性高度相关。家庭冲突会进一步伤害儿童的心灵,削弱甚至抵消了父母教育所起的作用,儿童在此情形下更容易遭到父母的拒斥,直接导致儿童苦恼、愤怒,并通过模仿增加对他人的攻击性,因而逐步发展的不良亲子关系就成为攻击性和反社会行为增加的一个习得性条件。

在利他行为研究中发现,那些不会怜悯他人的婴幼儿的母亲大都采取限制、惩罚或不做解释地使婴幼儿离开他人苦恼情境的方式;而会怜悯他人的婴幼儿的母亲易对伤害事件进行有感情的解释,帮助孩子理解自己的行为与他人烦恼的关系。在后一种情境中母亲实际上等于给孩子进行了移情训练,只有使儿童的注意集中于他人的苦恼,怜悯他人的行为基础才能确立。

3. 亲子关系与儿童社会责任感

亲子关系是儿童社会责任感的源泉,它开始于儿童2岁时对母亲要求的服从,而当儿童遵照母亲的安排并实际行动之时,这似乎是社会责任感内化的一个早期标志。这种内化依赖于循循善诱的说服、亲子关系的温暖和敏感性。可以肯定地认为,安全依恋比不安全依恋的儿童更有同情心。亲子关系对不同的儿童会产生不同的结果,在惧怕型儿童中,轻微的控制会导致最佳的唤起,使儿童产生责任感。而对于不惧怕型儿童,移情的母子关系提供了责任感内化的必要动力。有关依恋的研究认为,儿童的行为问题也与婴儿期的不安全依恋有着密切关系。同样,依恋关系又是学龄儿童适应不良和行为问题的重要预测指标。

第二节　现代社会亲子关系形态面面观

亲子关系可以分为宽容型、放任型、溺爱型、忽视型和权威型。无论哪种类型的父母，都对孩子有着很深沉的爱，都是用尽全力在爱孩子，只是表达爱的方式有时候会错位。明明很爱，却让孩子感受到了压抑和被忽视。错误的教养方式，让孩子不会正确表达自己的情感，让"错位的爱"一代又一代地延续。

一、亲子关系中的父母控制

每个孩子都是一个独立的个体，他们渴望能够获取一定的心理自主性，渴望他人把自己当作一个自主的成年人来看待，能够拥有提出自己的意见、保护自己的隐私、为自己做决定的自由。在从儿童期向成人期转化的过程中，青少年需要建立一定程度的自主和自我认同，以表现出成年人的角色和责任。一个人的自主通常包括"行为自主"和"情感自主"。前者是指能够获得足够的独立和自由，在不过于依赖其他人指导的情况下自主决定，譬如孩子希望在自己衣着或是朋友的选择方面能够把握自主。孩子希望也需要在学会把握自主的同时，父母能慢慢地给予他们相应的行为自主，而不是一股脑儿地抛给他们。孩子希望获得选择的权力、发挥自己的独立性、与成年人辩论及承担责任，但是他们并不想要完全的自由，因为他们不清楚如何去利用这些自由。后者是指抛弃那种在情绪情感上对父母的依赖，这往往更取决于父母的行为。有些婚姻不愉快的父母往往会转向孩子以获得情感上的满足感，并且对孩子过分依赖，从而干扰其建立成熟的社会关系以及形成一个作为独立个体的积极的自我映像。总的说来，如果父母过度控制孩子，使其缺乏自主性，孩子就很容易出现问题行为，难以成长为独立的成人。然而，恰恰有些家长正在试图剥夺孩子的这样一种自主性。

10岁的小译是个四年级的男孩，他的父母都是企业普通的工作人员，总是因为自己当年不够努力学历不高而抱怨。他们总是把自己的梦想与想法强加到小译身上，不给小译生活中的任何自主权。妈妈爸爸经常训诫小译："你不好好上学，未来就会和我们一样没有出息，没有车没有大房子，没有人愿意和我们这样没本事的人交朋友，我们的人生根本没有幸福快乐可言！"每天生活在焦躁的家庭环境里，小译白天在学校，总集中不了注意力，好像总是能看到未来自己满大街讨饭的样子。每到晚上，经常躲在被窝里伤心地哭着哭着就睡着了，多少次下决心离家出走，离开这个让他每天哭泣的家，有时候幻想着自己已经在外面流浪了,是一个到处被人欺负的小叫花子,越想越伤心,在梦里都会哭醒,醒了听到父母还在因为他不够好吵架。小译的梦想就是当一名士兵,拥有很多武器,把聒噪的爸爸妈妈赶出这个家,特别是爸爸,不仅不停地唠叨,还酗酒打他和妈妈。每当爸爸想与小译相处,小译内心刚刚泛起一丝温暖,而妈妈幽怨的眼神会令小译胆颤心惊,就有对妈妈的负罪感。

小译的焦虑情况缘于他始终背负着父母亲的梦想,试想,一个人背一个包袱还可以行走自如,背着三个人的包袱,而且还挺重,他如何做到行走自如呢。对于一个年幼的孩子,无力无助感只会让他选择逃避。没有实现的梦想,你替我完成。有些父母自己有名校情结,自己考不上,就让自己的孩子继续拼命考名校。还有一些父母年轻时的愿望没机会实现,想学钢琴、想出国、想当歌星,希望在孩子的身上弥补自己的遗憾。更有些父母自己的知识和社会资源匮乏,生活挣扎在底层,就一定要求孩子比他强,摔锅卖铁也要让孩子上好的学校,有好的工作,有好的生活,改变家庭的命运。我们常说,孩子是父母生命的延续,父母把自己的梦想寄托在孩子身上,打着"我为你好"的名义,延续自己的人生。这样的父母,就是没把孩子当独立的人,用自己的梦想去绑架孩子的人生,是当父母最大的失败。

电视剧《小欢喜》讲述了几个在不同的家庭环境中成长的孩子,即将面对高考时发生的事情,这部剧非常真实地反映了在当代中国应试教育中每个孩子在面对高考时来自家庭的压力。最让人心疼的就是乔英子。电视剧一开始呈现出来的她是非常乐观开朗、爱笑的一个女孩形象,这正与她后期患上抑郁症形成了鲜明的对比,不到最后肯定没有人会相信那么爱笑的女孩居然会得抑郁症,还差点走上错误的道路。是什么造成了英子一步步地走向抑郁呢？首先是来自妈妈 360 度无死角的爱,把她包围得透不过气。妈妈婚姻失败后,将自己的梦想和所有的期待都放在了英子的身上,为了她总是把所有的事情都考虑好,希望以后能够考个好成绩,妈妈对英子无私的爱反而造成她承受了巨大的压力,那些压力就像是硕大的石头让她喘不过气,这样比直接逼迫她更让她觉得难受。

中国父母之所以能这样理直气壮地让孩子去实现自己没有完成的梦想,就是他们把孩子当成了自己的一部分。你的生命都是我给的,你的人生理应也由我来做主,可是凭什么呢？你要知道,父母和孩子是完全独立的个体,孩子有权决定自己的人生。听起来似乎有些无情,但事实就是如此。

很多父母之所以把希望都寄托在孩子身上,就是觉得自己的人生已经定型了,而孩子还小,一切都还有可能。其实梦想什么时候开始都不会晚,孩子不是我们放弃自我的理由。也有家长,孩子都上小学了,还报考了人大的在职研究生,只为实现自己年轻时的梦想。不管年纪多大,父母都不要忘记坚持过好自己的人生,这样才不至于去绑架孩子的人生。能够尊重并维护孩子自由选择的权利,是父母给子女最高级的爱。孩子不是父母手中的橡皮泥,可以随意捏成自己想要的形状。让孩子去做自己感兴趣的事,去过自己想要的人生。为人父母,可以指导,可以帮助,但万万不能替孩子决定他的人生。

至于父母自己未实现的梦想，还是自己努力去接近目标吧。不要把全部的精力放在孩子身上，为孩子失去了自我。父母完全可以和孩子一起成长，彼此陪伴，彼此鼓励。最好的亲子关系就是大家都去做自己喜欢的事，成为自己想成为的人。每个孩子都有独立人格和自由意志，绑架式的爱只能把孩子越推越远。

小贴士

> 　　育儿，是一个不断暴露我们的渴望、缺点和不完美的过程！别让孩子成为实现我们梦想的工具，这对孩子来说不公平！父母一定要清楚，你的人生你是主角，孩子的人生孩子是主角。父母要做的就是陪伴孩子，给孩子爱和支持，让孩子快乐、健康地成长。在孩子人生的重大抉择时给孩子适当的引导和建议，而不是把自己的想法强加在孩子身上，也不是让孩子按照父母设定的人生道路走下去。

二、亲子关系中的父母专断

父母控制处于青少年期的孩子的方法是各式各样的，在这里，给大家简单介绍其中一种较为极端的方式——专断。专断型的控制通常既可能导致反叛，也可能导致依赖。青少年被灌输一种思想就是要完全屈从于父母的要求和决定，不要尝试自作主张。在这样的环境下，青少年常常会对父母有敌意，深深地怨恨父母的控制和指手画脚，对他们也不太认同。而当青少年成功地对父母的权威提出挑战时，他们可能会变得很反叛，有时表现得过分充满攻击性和敌意，尤其是对父母在管教苛刻、不公平或毫无爱意地督促他们的时候。通常情况下，在专断家庭中成长起来的孩子，都或多或少会有情绪障碍问题，有的甚至走上犯罪的道路。在这里要特别指出的是，在专断型家庭中，如果父母还进一步采用暴力的方式教育或惩罚孩子，就会导致部分孩子反过来模仿父母的这一攻击性行为，从而引发更多的家庭外暴力。

1."直升机父母"

"直升机父母"是目前国际上流行的一个新词语。把某些"望子成龙""望女成凤"心切的父母叫作"直升机父母"，就像直升机一样盘旋在孩子的上空，时时刻刻监控孩子的一举一动。直升机父母的过分保护，使孩子失去自由成长空间，不利于其独立性和社会性的培养。有了这样的"专机"，孩子用脚自己走的路变少了，久而久之，步入社会后变得难以适应。如果仅仅担心孩子迟到就动用直升机，那么当孩子长大成人后，面对社会上各种无法预料的艰难险阻，他们又该如何应对和立足呢？

　　小然是名8岁三年级的男孩，他在作文中这样描述："我的爸爸就是一架直升机，永远悬停在我的头顶，无论我做什么，他都知道。书桌上，客厅里，书房里，除了卫生间，家里的监控无处不在。"爸爸解释说，这是保持对孩子始终如一的关注,让孩子知道自己的好行为与偏差行为的对比,可以让孩子学会自控。爸爸会把视频监控进行回放,与小然一起看,让他知道自己行为的问题,如何调整。但是事与愿违,小然的磨蹭拖拉行为没有因为行为监控而消失,反而越来越严重。周末的时候,爸爸是一个辅导班连着一个辅导班,很辛苦地跟着小然,甚至每节课,爸爸都和小然一起旁听,笔记记得比小然还清晰。爸爸认为,这样就可以完整地知道小然所有的学业内容,就可以在指导学习内容时无死角。小然爸爸和其他的爸爸完全不一样,他是除了上班,所有的时间和视线全部都放在小然身上,结果是小然每天早上起床洗漱都要依靠父母一遍又一遍地唠叨,磨蹭拖沓的行为日益严重,每天的作业几乎都在凌晨才能勉强完成,白天上课走神严重,成绩一次比一次糟糕。

案例中小然是在用"磨洋工"这种方式来与家长消极抵抗,他说自己不相信爸爸,自己就算很快写完作业也不可能被允许自由活动一会,因为爸爸一定会安排更多的辅导班作业让他写。父母盲目跟风参加培训班,会增加孩子的心理压力,不利于孩子心智成长。小然的问题就在于,爸爸几乎成为他的另一个大脑,当爸爸出现,小然的大脑就会出现暂时性休息,小然始终处于他律状态,由爸爸负责他所有的思考和行动,当然,他的自律也不会发展出来。

在独生子女政策下,孩子是父母的小王子、小公主。父母从孩子出生开始就毅然担当起儿女的终生保姆和人生规划师:幼儿园受欺负爸妈要找老师兴师问罪,小学组织打扫卫生父母会跑来帮忙擦玻璃,孩子稍微大一点了也总不放心,担心早恋,害怕学坏,就连上了大学也要全家总动员,背着行李和孩子一起去学校报到。更有趣的是,孩子大学毕业了找工作,应聘面试的时候,父母站在后面替他回答问话。这些都是"直升机家长"。直升机父母其实是大社会文化的一种产品。长期以来,大社会的文化意识,都在促使父母参与孩子的教育和发展,任何把孩子独自留在家中不加监管的父母,都会受到社会的指责。

相比"直升机父母",国外一些名人的育儿理念倒能给我们启发。石油大亨洛克菲勒家族非常注重培养子女的独立能力,孩子在学校读书时一律在校住宿,大学毕业后也都自己找工作;德国金融投资大亨梅兹勒家族让孩子上地区最普通的学校,每天走路或者搭公车上学,与所有同学一起玩耍、一起生活;"沃尔玛集团"华顿家族的孩子很小就开始打工,在商店里擦地板,帮助补充仓库货物。这些家长懂得放手,从小培养孩子的独立意识和价值观,对子女爱得更深沉、更科学。

家长退一步,孩子才能进一步,这是学习的规律,也是教育的规律。聪明的家长懂得适时放手,帮助孩子培养良好的品质和习惯,学习各种技能和本领,这才是他们终身享用不尽的"财富"。与其动用直升机,不如让孩子和其他大多数同学一样,在现实社会环境中加以磨砺,体味学习和生活中的种种滋味,岂不更好?知易行难,知行合一才是唯一通向成长的路,家长尽早放手,孩子的成长之路才会越走越宽。

2.给孩子试错的权力

《爱、金钱和孩子：育儿经济学》一书明确告诉人们：一个国家经济与教育不平等的程度，直接影响了父母的育儿方式。在不平等程度较高的国家，父母更有动力让孩子取得好成绩，他们也会更专断，倾向于向孩子灌输出人头地的观念。在相对平等的国家里，父母对孩子更宽容，更倾向于"放养式"育儿，独立性和想象力是这些家长更看重的品质。教育子女并非理念，甚至不能单靠爱，那是一个千丝万缕的过程。无论你多着急，都要接受一个事实：孩子虽然是我的骨肉，但毕竟是另一个个体，一个有自己大脑思考和认知经验的生命。

> 姐姐琳琳读初二，弟弟舜舜读一年级。爸爸妈妈学历都不高，爸爸做生意，妈妈大多数时间全职带娃。爸爸很强势，在家一言九鼎，无论爸爸对错，全家人敢怒不敢言，妈妈处于弱势。爸爸信奉的教育观就是棍棒底下出孝子，家里没有家规，爸爸的嘴和情绪就是家规。所以，只要姐弟俩没有按爸爸的旨意做事情，就会被爸爸打骂。弟弟在 6 岁入小学的时候，出现注意力缺陷障碍、人际交往障碍和偏差行为及品行问题，没有朋友。姐姐初一的时候出现了严重的厌学。姐姐一直是乖女儿，性格孤僻，胆怯，父母说的话言听计从，相比于弟弟，较少挨打。直到进入初中，与父母频繁发生冲突，拒绝与父母沟通，与父亲的关系尤其恶劣，父亲多次动手打过琳琳，和弟弟也是矛盾频出，本来成绩居上的琳琳，成绩也在急剧下降。琳琳和唯一的朋友发生了强烈的冲突，和老师也发生过正面冲突。琳琳每天不愿意起床，出现了失眠、头痛、恶心、厌食等躯体症状，以及厌学厌世的心理现象，经过心理评估，患有青少年抑郁症。两个孩子先后出现的注意力障碍及心理障碍，也让父母不得不反思自己的教育方法。

琳琳和舜舜的父母是典型的专断型父母，父母有时候会对孩子进行体罚，也会有特别多的限制和规矩。八十年代以前，大量家庭的教育就是这样，大声地呵斥孩子。现在还有很多家庭是专制型的教育方式，这种方式之下，孩子没有什么发言权，父母跟孩子之间，也没有过多的交流，父母最主要的是发布指令，如果孩子做不到的话，他们会用强权要求孩子一定要做到。这类父母严格期望孩子服从尊重他们，如果孩子不听话就进行体罚。他们不解释自己的行为理由，他们重视成就、秩序、纪律和自制力；不鼓励孩子体验、探索、冒险和主动行为，倾向于把严格的规则强加给孩子而不做说明。这种家庭教养方式下的子女，独立性和社会责任感以及自我效能感都较低，孩子体验不到自己的决策带来的成就。

专断型的家长很难接受孩子的错误，甚至从开始就不愿意给孩子试错的权力。因为父母不相信孩子自己会把事情做好，或者有的父母把选择的权利交给孩子，可是孩子一次两次没有做好，家长就会说，我给孩子选择的权利了，可是他一次次地让我失望，所以我才不能听孩子的。直到这样的家庭培养出的孩子出现心理问题,这时候父母才觉得强硬解决不了孩子的问题。因为有的孩子会直接叛逆,有的会出现心理问题,变得严重拖拉,甚至有的干脆辍学,这时候家长心急发慌,然后又完全放纵孩子,放纵一段时间,父母觉得还是不行,又回到了原来的老路,可是老路已经走不通了。教育学者、畅销书作家尹建莉说过:一个缺少尝试、不犯错误的童年是恐怖的,它并非意味着这个孩子未来活得更正确、更好。也许恰恰相反,由于没有童年探索的铺垫,他的认知基础反而很薄,在未来的生活中不得不花费更多的力气辨识世界、适应生活;很有可能一生都活在刻板、无趣和谨小慎微中,甚至是自暴自弃的堕落中。

专断型的教养方式与低自尊有关,因为子女在这种家庭氛围中被认为不能独立从事活动,而且没有能力去做,父母的专断使儿童在学校和家庭里有更多的攻击行为。一个没机会进行自我掌控的孩子,是不可能学会自律的。不被信任,就很难发展出信任他人的能力来。爸爸需要调整对姐弟俩的教育态度:把控制转为尊重和信任。父母的控制往往会损坏孩子的自尊心,不尊重就是最重要的原因。而尊重的基础是你要先信任孩子,其次要给予孩子一定规则范围内的自由。家长通常把控制看成教育,只有让孩子每件事都做对了,才意味着教育的成功。孩子都是脆弱的,成长过程中需要 5 000+次鼓励,放下手中的棍棒,给孩子试错犯错的权利,通过每次的错误经历,孩子才会认知到什么是正确的,也会领悟他人建议的可贵,以及不断充实自己知识和经历的必要性,减少相同的错误和低级的错误发生概率。

尊重孩子,放手成长。成长就是一个不断试错纠错的过程,如果父母不能够接受孩子的错误,孩子就会不敢独立前行,也会没有勇气承担。没有一个人一生没犯过错误,把孩子的每一次错误当作弯路,在成长的过程中,走走弯路,多看些风景,让孩子在"试错"中成长也是一种别样的收获。

三、亲子关系中的父母放任

父母对青少年的监控反映在另一个极端就是纵容和放任。在这种家庭中,青少年得不到指导,父母对他们也没有限制,并且还希望他们自己拿主意。这种情形产生的影响也会有多种形式。如果被过分溺爱又没有得到恰当的指导,这些被纵容的青少年将难以面对挫折、承担责任、对他人给予应有的关心。他们常常会变得咄咄逼人、自我中心、自私自利,与不纵容他们的人发生冲突。由于对自己的行为没有约束,他们会感到不安、迷茫、困惑。如果青少年把父母不对他们加以控制看成是对他们不感兴趣或拒绝,那他们就会因父母不对他们进行指导而责备父母。管教松懈、拒绝及缺乏父母的关怀也与犯罪联系在一起。

　　小枫马上 6 岁了,从小枫出生,爸爸妈妈工作就很忙,他就和爷爷奶奶一
　　起睡。3 岁后,在爷爷奶奶、姥姥姥爷两家轮流生活,典型的 6+1 家庭。小枫

就像是个阿哥，渴了饿了，东西都是喂到嘴里，穿衣穿鞋都是替代，简单的认知都不具备，好像除了大小便，所有的事情都有人替代他解决。妈妈甚至说：他不会也没啥大不了的，我们6个人还能养不起1个娃吗？小枫在幼儿园是独来独往型的，在班级里为所欲为，小朋友们都视他为小怪物。他想要的东西，必须要第一个拿到，否则他会大声哭闹，没有延迟满足的能力，经常会出现情绪失控，撒泼打滚的行为，老师和同学都感觉他像个小刺猬，所以都离他远远的。老师与爸妈沟通，希望改善一下他的行为，但是爸妈却认为老师对一个幼儿园的小朋友的要求太严格，孩子身上的行为是因为他年龄小不懂事，长大了自然就会好了。基于这样的认知，爸妈对小枫的行为和老师反馈，总是睁一眼闭一眼，爷爷奶奶也常因他和小朋友有矛盾纠纷，一味地指责和抱怨老师处理不公，一度把家校关系推向很负面的境况。

小枫的父母倾向于对孩子采取放任的态度，不加控制，不提要求，也不惩罚。这种没有干涉的方式，同样意味着不鼓励儿童去探索、争取成就和尝试，这些行为不成熟的儿童大多来自父母属于宽容型、放任型和溺爱型的家庭。在某种程度上，宽容型父母的子女也倾向于冲动、攻击，缺乏独立性和担负责任的能力。宽容型父母很容易滑向放任型，放任型父母，大多会觉得放养是对孩子最好的爱，所以对孩子的行为不加以约束，以至于孩子做事会超越不该超越的度。

无论是宽容型、放任型，还是溺爱型父母，对孩子表达爱的方式都错了位。明明很爱，却让孩子感受到了压抑和被忽视，甚至是感觉到放任不管。这样的孩子也会因为这样的教养方式，而不会正确表达自己的情感，让"错位的爱"一代又一代地延续。朱永新老师说过：孩子犯错误不可怕，可怕的是不断犯同样的错误。人不是在错误中成长，而是在改正错误的过程中成长。对孩子的错误，不要批评指责、拳打脚踢，也不能不闻不问、听之任之，更不能包庇容忍、推卸责任，而应该用爱原谅孩子犯过的错误，用智慧帮助孩子不犯同样的错误。

"宽容型"和"放任型"，还有"溺爱型"这三种类型的父母，更容易让爱错位。在孩子9岁之前，家长一定要做好以下三门课程。

首先，要培养孩子的独立能力。自己的事情自己做，这是要从孩子刚刚建立认知开始，就深深植入的成长理念。为了孩子的成长，父母需要有所克制，孩子的精神成长需要父母爱的滋润，但更需要父母的守望，真正的爱是守望，最美的陪伴是远远地守在一个地方，远远地望着自己的孩子，让孩子自己劳动，哪怕他是笨拙的，也绝不取消他劳动的责任。凡是"大家的事"，就让他承担"有限责任"。比如，孩子不必承担洗衣扫地做饭，但他必须尽早接受这些训练，并愿意为家人做事。不必裁定所有的"家庭决议"，但是必须尽早参与家庭事务并发表自己的意见。也可以偶尔邀请孩子一起解决父母工作中的难题，在帮助父母的过程中，孩子会更加珍惜父母的劳动，和对成人世界的理解。当孩子能独立做到以上，他就有自信、有成就感、有责任感，并逐步发现自己的价值。所以,不必"三十而立",只要父母有智慧,就可以"九岁而立"。其实,培养孩子独立的秘诀是给孩子自由选择的独立感,自由选择才会让自己对自己负责任。另外,自理生活和承担有限责任的过程中,提醒父母要学会等待,给予孩子尝试错误的时间和机会,孩子有自己的生长速度,父母不能太心急,家庭教育就是"三分教七分等"。

其次,进行"严慈相济"的规则教育。要让孩子懂得,有所为有所不为,也就是要遵守规则。规则意识是中国家庭最欠缺的,有种"树大自直"的民间说法,这句话不完全正确,树大自直,也要看树成长的环境和树的养分是否满足,小树成长一定需要修剪扶正才能直,孩子也是一定需要正确的教育才能避免一些不可逆转的成长代价。为了培养孩子的规则意识,孩子身边要有一位既慈善又严厉的权威型父母或"重要他人",让孩子通过商谈、约定、承诺等方式逐步理解规则并遵守规则。卢梭说:"人生而自由,却无往不在枷锁中。"无论人的自然状态多么美好,都必须要过一种接受规范约束的生活。

最后,要坚定而和善地教育孩子。鲁道夫·德雷克斯认为:和善的重要性在于表达我们对孩子的尊重。坚定的重要性在于尊重我们自己,尊重情形的需要。在生活中,不管是给孩子制定计划,还是孩子不能超越的底线,父母都要保持一种坚定的态度,但是与坚定相辅相成的不是控制,不是放任,而是和善。坚定体现的是对家长自己和客观环境的尊重。当孩子的行为伤害到我们家长的感受或者周围的人或环境时,我们需要如实地告诉孩子我们的感受,并坚定地告诉孩子这样做不可以,并进行正确的引导。我们自己父母的养育方式绝大多数都是以严厉为主。到了我们这一代,我们受教育水平大大提高,接触和学习到很多先进的育儿理念,崇尚给孩子自由和爱。所以,我们这一代,有很大一部分家长会陷入的一个误区是给予孩子自由,却没有设立界限。也就是和善做过了,却少有坚定的一部分。这种无原则的给予造成的后果是孩子得寸进尺,而家长身心俱疲,力不从心。尊重,应该是相互的,任何一种偏向都是不平衡的。

当然,家长要以身作则,这是家庭教育的底色。《论语·子路》中有这样一段话:"其身正,不令而行;其身不正,虽令不从。"父母只有让自己做一个很好的榜样,才能更好地养育孩子,只有自己言行一致,才能让孩子发自肺腑地认可自己、尊重自己,才能在漫长的育儿路上,给孩子更好的正面引导。在育儿的路上,只有且行且珍惜,才不会将一段美好的父子或者母子情缘变为一场"错位的爱"。

小·贴士

鲍姆琳德1967年在研究幼儿特征时提出:他们对孩子没有什么要求,让孩子尽可能自己管理自己的活动,避免把自己的准则强加于孩子。他们在做出决定时总是同孩子商量,并从不惩罚孩子。这样的父母培养出的孩子往往生活不能自理,自命不凡,意志薄弱,缺乏独立性,不愿意承担责任,缺乏底线和规则意识。这里的他们是指那些对孩子极度宽容,以至于放任和溺爱的父母。

四、婚姻冲突家庭中的亲子关系

婚姻冲突主要指夫妻之间由于意见不一致而引起的言语或身体的攻击与争执，它可由冲突发生的频率、强度、内容、风格及冲突是否得到解决等特性来描述。根据系统论的观点，家庭是一个系统，婚姻冲突通过破坏家庭系统中的夫妻子系统，导致系统中其他子系统和亲子关系的破裂，从而使整个系统崩塌，最终导致儿童的问题行为。许多研究表明，经常发生婚姻冲突与儿童的多种问题行为（如攻击性、不服从、反社会行为、抑郁、退缩及自我概念发展障碍等）有关。

婚姻冲突的消极后果会"外溢"到亲子关系中，破坏正常的亲子交往模式。这种破坏的形式也是多种多样的，例如，冲突双方（父母）的攻击行为直接指向儿童，或者通过更曲折的途径破坏亲子关系，如冲突中的一方可能联合儿童反对另一个父母，使儿童成为父母争吵的缓冲器或者父母将婚姻压力转嫁给儿童，让儿童承担冲突带来的压力。儿童卷入冲突后，被攻击的可能性必然增加，这就使得婚姻冲突很容易转化为亲子冲突。婚姻冲突还可以通过破坏父母和儿童间的情感联系而影响两者间的关系。在长期的婚姻冲突中，父母的情感和精力被耗尽，从而降低了对儿童情感需要的敏感性和反应性，使亲子间不易形成安全的依恋关系。

> 泽恩，女孩，14岁，初二，弟弟6岁。从有记忆力开始，泽恩看到的永远是父母的恶语和拳脚相向，母亲每天抓小三，父亲变换女友的时间基本是6个月一换。她一直在心底告诉自己，男人没一个好东西，因此对待弟弟和班级里的男同学，一言不合就是暴力相向。这个情感极不稳固的家庭没有给泽恩和弟弟一丝安全感，弟弟入小学才一个月，就因多动症和暴力打伤了同学，被学校劝退回家。而泽恩，因安全感缺失，每天都为不确定的未来担忧，患上了焦虑症，在性取向上也出现了问题，喜欢女生，极其厌恶男性。泽恩的妈妈说：自己就是目睹着父母的不和，父亲出轨让她心中一直对父亲怀恨在心，妈妈每天也是沉迷于抓小三的猫捉老鼠战斗中，没想到自己的婚姻也遇到了这样的问题。这种一代又一代的恶性循环，像是一出无处可逃的悲剧。

婚恋专家李子勋老师指出：在家庭纠纷中，往往是回复式冲突（即打乒乓球式的），分不清谁对谁错，一定是两个人的问题。孩子最难承受的是父母之间的决裂。父母的争斗，会让孩子没有安全感。遭遇父母婚姻冲突的家庭，孩子在人格或性格方面存在问题的几率较高，尤其是将来会影响他们的婚姻和家庭观，在成年后，他们要么恐惧婚姻，要么对婚姻采取玩世不恭的态度。孩子其实是非常敏感的，父母之间感情不和，即使不吵架，孩子也是能够感受到的，而这时候，孩子最大的恐惧，就是怕被抛弃。不管是被父母双方中的哪一方抛弃，对孩子而言都是一个难以承受的心灵创伤。

孩子未来的幸福与父母婚姻和谐程度有很大的关系，幸福是可以传递的，冲突与伤害也可能会延续。孩子长大后很可能会复制父母之间的相处模式。因此,给孩子一个和谐的家庭环境就是在帮他铺垫幸福的引桥。好的夫妻关系能够帮助孩子顺利地实现性别认同,保持家庭成员之间的平衡与适度亲密,还会在孩子心里种下一颗叫作"幸福"的种子。婚姻之于小孩儿,远比我们想象中的影响更深远。

作为父母一定要先把精力投入婚姻的协作中,共同学习如何重新接近对方,让婚姻变得有吸引力。停下来思考自己的家庭,夫妻关系是从何时有裂痕,自己或者是对方是什么时候有了变化。明了原因,再去解决问题,彼此都要好好说话,恶语伤人,即便是无心,听者也会觉得受伤。放轻语调,避免高声亮嗓的大吵,就事论事,不去翻旧账,避免过分的唠叨,适可而止,夫妻双方都是一样的,有人退一步,有人要懂得不能得寸进尺。本着相爱的原则,这样婚姻才能继续下去。但是如果感情已经无法修复,即使一个人努力,结果往往是徒劳的,那就尽可能做到好合好散,同时约定好对孩子的陪伴及养育事项,也会最大限度地减少对孩子的伤害。

小贴士

子女的择偶观与父母婚姻的美满程度关系非常密切,尤其是女儿。如果父母关系很好,女儿喜欢找和父亲同一类型的男朋友;如果父母关系不好,女儿就喜欢找和父亲不同类型的男朋友;如果父母离异,自己是跟着母亲一起长大,往往对男人不信任甚至怀有敌意。一个和谐美满家庭的孩子的性格会比较温和,更容易和他人相处沟通。一个在经常有暴力的家庭里长大的孩子往往很容易出现暴力倾向,而离异家庭的孩子以后也更容易出现离异的倾向。

五、隔代教养家庭中的亲子关系

随着经济发展,隔代教养家庭的数量增加的速度也越来越快,隔代教养已经成为较为广泛的社会现象之一。所谓隔代教养是指由祖辈独自抚育,或祖辈与父辈共同抚育孙辈但以祖辈为主的教养形式。目前隔代教养已经成为一个常见的社会现象,由隔代教养产生的家庭问题,也成为当下中国的一类重要问题。在隔代教养下,三代人的情感与理性交织在一起,代际矛盾不可避免。尤其在完全隔代教养家庭中,孩子的教养责任完全由祖辈承担,在这种情况下孩子也就成了实际意义上的留守儿童,因为家庭中父母角色的缺位,很容易出现不良亲子关系问题。

1.隔代教养的"利"与"弊"

隔代教养是现代社会养育孩子的一大特色,因为父母的工作时间和压力等客观因素，祖辈不得不直接介入养育孙辈的活动中来。祖辈帮忙教养孩子可以让年轻的父母有时间放心地去闯事业。祖辈也比爸爸妈妈们更有耐心和宽容心。如果爸妈比较严苛，祖辈的抚养弹性也会缓解孩子的心理压力。祖辈和孩子一起玩乐沟通，形成融洽的关系。城市中居高不下的离婚率使很多孩子成长在单亲家庭里，祖辈也能很好地弥补这类家庭中的性别角色缺失，这对孩子的心理健康和性别认知有着正面的作用。祖辈虽然不一定有高学历，但也有其一生积累的生活知识，拥有丰富的社会阅历和人生体验，祖辈照料下的儿童，有更好的自理能力和安全意识。同时祖辈的实践经历和社会感受，也可以促进儿童的社会化。祖辈通过照料孩子，增加了存在感等，在一定程度上隔代教育可以丰富老年人的退休生活。

隔代抚养也有一些劣势。易云对比了隔代教养的利弊，指出隔代教养的消极作用总体上要大于积极作用。

> 阳阳，14岁，初二，一直生活在混养的家庭中，爸爸妈妈每天忙于生意，初中之前一直没有陪伴和管教过孩子，虽然和父母同住一个小区，但是一周见一次的频率有时候都达不到。到了初中，阳阳的成绩一落千丈，手游成瘾。疫情期间，利用手机上课的机会，刷了姥爷近三万块充游戏币，父母气不过，就开启独立教子的日子。但是他们平时不对孩子有付出，一带回家，就天天挑毛病找茬修理孩子，孩子哪里能接受。在阳阳心里，姥姥是第一位的，姥姥的位置是妈妈的位置，这个从来不管不问的女人，她想整治我，没门。因此阳阳就可劲与爸爸妈妈进行对抗，冲突严重的时候，和妈妈对打对骂，被爸爸打了一顿，向姥姥要了5 000块钱，就离家出走了。阳阳对姥姥的依赖就是足够让姥姥有价值的事情。除了照顾孙辈，对女儿女婿全方位的生活控制，也让阳阳父母矛盾频出，甚至多次发生武斗。阳阳一方面依赖姥姥全方位的替代，一方面恐惧父母的战争，甚至在姥姥与爸爸妈妈的家庭战争中，选择了姥姥，因为在阳阳的心里，"我的妈妈是姥姥"。

（1）祖辈对孙辈的溺爱。隔代教养的家庭更容易出现对子女的溺爱现象，而祖父母的溺爱会对儿童产生不利影响。李洪曾调查了上海市一些隔代教养家庭中的缺陷，指出祖辈的溺爱是隔代教养最急需解决的弊病。在隔代抚养的家庭中，祖父母更可能出现对孩子的过度保护、限制，无原则的迁就，以儿童为中心，这都会引发一些问题。对于祖辈来说孙子辈是自己的掌上明珠，含在口里怕化了，捧在手心怕摔了，孙子辈都是磕不得、碰不得的，一切可能对宝宝造成伤害的事物都要隔离开来。这样的教育方式容易让孩子逐渐失去生活自理能力，适应能力弱。祖辈常常会无条件地满足孙子辈的要求，这样更会导致孩子形成霸道任性的性格。隔辈亲的伦理特点无法避免，所以，对孩子的宽容会极容易走向放任，造成两代人教育的分歧。家庭矛盾又给孩子制造出一个不安全的环境，孩子的趋利避害心理，会选择性地依仗对他有利的一方，这很容易让孩子养成多重人格，不利于孩子的心理健康。

（2）祖辈教育观念与新时代要求的脱节。在进行隔代教育的时候，祖辈难免会将自己旧有的思想观念带到教育上面，一些老年人的生活方式、行为习惯都可能在潜移默化中传递给孩子。一些祖辈甚至还有迷信的观念，这种观念对孩子的价值观更会产生不利的引导。祖辈的教育存在着一种惯性，很少有祖辈愿意花一些时间去学习对应这个时代的教育方法，在隔代教育的过程中，祖辈自然而然地把自己的生活经验带到教育中去。祖辈生活的年代和孩子生活的年代相隔久远，虽然祖辈的生活经验丰富，但他们的很多观念已经和现代社会发展脱节。因为祖辈的知识面较窄，教育观念不能与时俱进，"经验"和"科学"碰撞的情况下，隔代教育的弊端就显现出来了。

（3）隔代教养对亲子关系的影响。孩子长期和祖辈生活，更容易和祖辈产生感情，因而和父母的感情联系弱。在以后的生活中，一旦离开爷爷奶奶，和父母生活可能会产生感情隔阂问题。祖辈和父辈价值观差异使得双方教育的理论和内容、标准、重心以及具体方式方法等方面多有分歧，若在缺乏有效沟通的情况下，易导致家庭教育冲突，在进行家庭教育时不能有统一的教育方法，这样孩子也无所适从，进而形成双重人格或分裂人格。隔代教养首先影响儿童性格的健康发展，隔代教养下的儿童相比亲子教养儿童更容易出现偏执、歇斯底里、多疑和分裂倾向。曾经有过"留守儿童"经历的妈妈就表示，由于缺失了童年父母的陪伴，直到长大后自己还对父母有埋怨。亲子教育的缺失不但会使孩子对父母的情感疏离，而且对孩子的身心发展有着更为消极的影响。缺失了亲子教育，孩子身上隔代教育的弊端逐渐显示，这些孩子可能十分任性，缺乏创新性和独立性。原本应该在孩子敏感期给予孩子正确指引的父母一旦忽略亲子教育，对孩子的一生都有着严重影响。

2. 隔代教养中的"家规"

好的家庭教育不能少了任何家庭成员的参与，特别是父母的陪伴。父母们千万别让隔代教养"隔"断了亲子情，同时爷爷奶奶切勿大包大揽，应给年轻父母多些亲子时光。所以，如果真的无法避免混养，家庭所有成员都要开会研究讨论，制定隔代教育的家规。有几条家规供家长参考：

（1）家庭教育的主角是父母，祖辈只是配角，负责孩子的生活和接送，至于卫生问题、营养问题和生活起居习惯等，不必过于苛刻。父母要永远记住，教育的主体是父母。

（2）祖辈在周末的时候，要有自己的生活内容。如果祖辈有房子，尽可能晚上父母到家后，交接好孩子，离开家，形成一个带娃上班制，也给年轻的父母和小家庭独处的空间和时间。

（3）祖辈可以多阅读一些现代育儿书刊，参加一些家庭教育讲座，多接触一些新的育儿理念与方法，提高隔代教育水平。有文化的祖辈可以是低龄孩子的学习教育者，比如学习识字、简单数学、书法和古诗词等。

（4）父母在教育过程中，祖辈不参与、不反对、不评价，如果有合理的意见或者建议，可以私下里进行沟通，维护父母的教育权威；父母亲既要教育好孩子，同时也要照顾好老人的"面子",两代人分工合作,取长补短。

(5) 父母应保证每天与孩子有固定的有效的陪伴时间,祖辈对父母教育孩子的决定,不论对错都不予干涉,祖辈不能在孩子面前议论或者表达与父母对立的思想;孩子能做的事情让孩子自己做,祖辈不能越俎代庖,包办替代。

作为一个现代的父母,重要的不是你给了孩子们多少物质的东西,而是你倾注在他们身上的关心和爱。关心的态度不仅能帮你节省物质花费,而且能使你感到欣慰,因为你给予了胜过礼物的关怀。对孩子的教育是一个巨大的工程,有社会的责任,有学校的责任,但是首先是家庭的责任,这个责任主要由爸爸妈妈承担,爷爷奶奶做好帮手,奉献一片爱,两代人携起手来,共同把孩子培养成优秀的人。

第三节　新时代良好亲子关系的构建

孩子降生在这个世界上,其心灵犹如洁白无瑕的白纸一般没有印记,而父母就是那个手执画笔的人。所有的父母都期盼着子女的美好未来,然而并不是所有的父母都能维持良好的亲子关系。特别是在精神和物质生活异常丰富的现代,家长为了维护亲子关系所要面临的机遇和挑战也是必然存在的。为了孩子有一个温暖可靠的人生起点,为了能够维持和谐的家庭氛围,身为父母可以从以下几个方面入手构建良好的亲子关系。

一、学会倾听与沟通

在沟通不好的家庭里,很容易存在不合理甚至伤害性的沟通方式和内容,比如相互指责、不断抱怨、不予聆听、避而不谈等。这样的沟通模式令亲子双方都无心继续沟通,以后也不会有想要沟通的欲望,甚至会觉得沟通伴随着痛苦从而产生冲突、争吵。为了纠正这类沟通模式,建议家长能够从自身出发,以"非暴力"的沟通模式和孩子进行交流,以下是非暴力沟通的两点黄金法则。

1. 诚实地表达自己,而不是批评和指责

当孩子做出某些令你难过、愤怒的行为时,不要任由自己的情绪倾泻而出,这样会给彼此带来伤害,而应当学会用理智控制情绪。首先诚实地描述孩子做了什么,这样的行为给你带来了什么样的感受(比如伤心、难过、生气),注意要表达清楚是因为自己的某种需要没有得到满足(比如孩子没有给予关爱、理解等),才会有这样的感受。最后要向孩子发出请求(比如请求孩子"你愿意改变这次不好的行为让我不再伤心吗?"),清晰地表达自己的目的。我相信,这一系列的真诚表达应当比不加抑制的情绪发泄效果好得多。

2.关切地倾听他人,而不是直接解读为不满和指责

当孩子发脾气的时候,不要冷漠地进行打断和指责,而是应当耐心分析孩子的需求,也就是情绪背后的原因。与孩子沟通的时候可以试着换位思考,当孩子表现出这样的行为时,他是不是感到某种情绪(比如不满、生气),试着猜想一下是不是孩子的某种需求被忽视了才发脾气的,最后真诚地替孩子表达出他的需求。通过这些方法就可以避免家长被一时的烦躁和气愤蒙蔽,以亲切平和的心态和孩子沟通,听清楚孩子的心意,那么问题自然迎刃而解。

二、尊重、关注与赞赏

首先,尊重儿童的独立性。在生活中,家长要懂得树立孩子的自我意识和独立意识,有了自我,孩子才能够进一步懂得自尊、自爱、自立、自强。父母要明白每个人都是独立的个体,孩子也不例外,适当给予孩子支配自己生活的权利,给他一些自由活动的时间和空间是很有必要的,把孩子握在手心里并不是好事。家长要尊重孩子的兴趣爱好,尊重孩子为自己做的选择,尊重孩子合理的情绪需求和表达,等等。学习上对孩子最大的尊重就是,不把孩子当作实现自己未完成理想的筹码。

当然,对孩子的尊重不是给他无法无天的权利,在关乎孩子的重大选择上家长必须担起责任来,给予指导和引领。比如,如果孩子产生了厌学情绪,一定要帮助他正确地排解和疏导,引导孩子树立正确的学习动机,也可以提供有效的学习方法。在生活的许多方面,家长的引导都是必不可少的,比如性别观念的确立、人际关系的维护、品德的教育、生活习惯的培养等。毕竟有一句话说得好:家长是孩子的第一任老师。

其次,赏识教育。传统的中国式家庭教育往往重批评轻鼓励。家长很少对孩子的优点给予及时的肯定和赞许,往往都是给予否定和忽略。相反,对孩子的缺点和不良行为则紧抓不放,狠狠批评。这样必然会导致不良的亲子关系。故此,家长要意识到关注孩子良好行为的重要性,不吝惜自己的肯定,嘉许孩子的良好行为,这样不但能使孩子增加这类行为,对孩子的成长大有裨益,而且还能增进亲子之间的感情交流,促进良好亲子关系的形成。

基于鼓励对于孩子成长和学习的好处,建议家长平时应学会根据孩子身上的闪光点进行赞美。这既能够帮助孩子提高自信,还有利于他们能力的提升和潜能的激发。当然赞美也不是随随便便就可以做好的,包含主观标准(比如针对孩子的同一个行为这次夸奖而下一次却批评)和模糊抽象的赞美只会使孩子感到迷惑和委屈。所以赞美孩子的时候,家长要做到针对行为和孩子所做的事情给予清晰到位的鼓励和赞美,这样才能帮助孩子明确真正值得赞美的行为是什么,进而增加好的行为,形成好的习惯和品行。

三、适宜的亲子活动

随着时代的进步以及经济、科学技术的飞速发展，现代家庭已经不会再为生活温饱犯愁，因此在亲子关系中，比起物质需求的满足，更为重要的是精神需求的满足。现代家庭往往都是三口之家，年轻的父母在思想上更加开放和进步，因此在子女的教育上也会投入更多的时间和精力。但与此同时，独生子女难免会因为缺少兄弟姐妹的对比和示范，从而可能在生活的诸多方面有所偏颇，比如性格乖张、生活自理能力差，等等。所以家长们选择合适的亲子活动就显得尤为重要。通过温馨有趣的亲子活动，父母得以更进一步地了解孩子，孩子的性格和行为也会得以改善，亲子之间能够互相关心爱护从而使家庭凝聚力增强。总之，亲子活动为家长和孩子的沟通交流建立了桥梁，对亲子关系的维护有利无弊。

家长要想促进亲子关系，就要和孩子一起进行活动，特别是孩子喜欢的活动。从这一点出发，首先家长可以和孩子一起列一份孩子喜欢的活动清单，这些活动必须是体现孩子自己意愿的，而不是家长强加的。当然，家长也可以从培养孩子的兴趣和增长知识的角度出发，进行一些寓教于乐的亲子活动。然后每当孩子的良好行为达到了一定的标准，就可以以此为奖励，全家人一起实现他的愿望、进行他喜欢的活动。通过这些亲子活动，亲子之间会更加亲密，更多美好的记忆会被创造出来。很多家长可能忽视了一点，事实上孩子很喜欢与家长在一起的和谐融洽的时光，和父母一起做一些自己喜欢的事，对孩子来说往往会比买自己喜欢的玩具更开心更有吸引力。

每一位父母亲，不是用意愿在教孩子，而是用时间高质量地陪伴孩子，用精力和智慧给孩子传递人生的点滴知识，用平等尊重的沟通态度信任孩子。总之，家庭教育是一门综合性很高的艺术，它要求家长综合多方面的知识，更好地和孩子进行沟通，调动孩子的积极性，让孩子在学习、生活、交友、做人、自我修养等方面获得良好的教育，把孩子的潜力完全发挥出来。不过每个孩子的教育方式也应该因人而异、因势利导，不能一概而论。希望身为父母的人都能够在孩子身上多投入时间和精力，把下一代培养成一个自食其力、对社会有用的人。为人父母者，要坚持和孩子共同成长，在漫漫人生的长河里，我陪你长大，你陪我变老，会是一幅最美的人生画卷。

小贴士

在家庭方面给予孩子支持小贴士：

寓教于乐：对于年级尚小的孩子来说，在玩的过程中学习到知识是首要的方法之一，如开展亲子手工课，既能锻炼脑力手力，还有利于激发兴趣。

轻松气氛：学习气氛是否轻松在很多时候会直接影响到孩子的学习效率。建议家长平时应尽量营造出一种轻松惬意的氛围，让孩子感受到满满的幸福感，进而使潜能得到激发，能力得到提升。

时常沟通：亲子间的沟通对于孩子的成长和学习是有一定好处的。建议家长平时多和孩子沟通，用平和的态度和孩子聊天，既能增进彼此间的关系，还可以帮助了解孩子的真实想法，以便更好地进行学习。

注意变通：若总是让孩子长时间在室内学习的话，他很容易就产生厌烦情绪，建议家长可抽空带孩子去户外，如海边阅读、山顶写生等，不仅可以开阔眼界和激发潜能，还有利于孩子的心理健康。

对症下药：每个孩子在学习上的问题都不一样，如有的容易偏科等，建议家长应根据自家孩子的实际情况对症下药，以帮助其进行改善，使孩子从中进行总结，进而有效地提升自我，而不是一味地抱怨甚至打骂。

适当放松：劳逸结合对于孩子来说很重要，建议家长平时应合理安排孩子的学习时间，不要让孩子过度劳累，以免影响到孩子的积极性。

延伸阅读

1.《这样爱你刚刚好》

由新教育实验发起人朱永新与中国青少年研究中心家庭教育首席专家孙云晓担任主编，凝聚了四十余位国内家庭教育专家集体研究和讨论的结晶，具备完整、科学的体系，代表了我国家庭教育发展的主流。从孕期到大学，每年1本，共20本，旨在帮助父母了解孩子在各个年龄段成长经历的一些变化、需要注意的一些问题，针对家庭教育难点和疑点提出实用的解决方案，并配以鲜活的典型案例，为中国新生代父母成长提供科学指导。

2.《养育多动症男孩子》

作者詹姆斯·福根。本书的作者为专业人士，也是多动症男孩的家长，他们成功地让自己的孩子健康、快乐地长大。作者从自身的专业和实践经验出发，撰写了这本科学实用的多动症男孩养育指导书，帮助多动症儿童的家长更加深刻地认识自己的多动症孩子，从诊断、治疗到日常生活的方方面面给予家长实用的指导，并介绍了在婴儿期、学前期、小学期以及青春期等不同年龄阶段，孩子可能面临的问题及解决方法，本书既有科学前沿的研究及理论的支持，又有养育多动症男孩的实践经验的支撑。对多动症男孩的家长而言，这是一本不可多得的实用手册，可以帮助家长解决养育过程中的诸多困惑。

3.《解码青春期》

作者乔希·西普。本书勾勒了青春期不同年龄阶段孩子的行为和心理特征，将青春期棘手问题融入生动案例中，通过真实、有启发性的故事帮助家长破译青少年行为背后的动因，并提供了切实可行的应对策略来与青春期的孩子建立牢固的信任关系，解决实际问题。

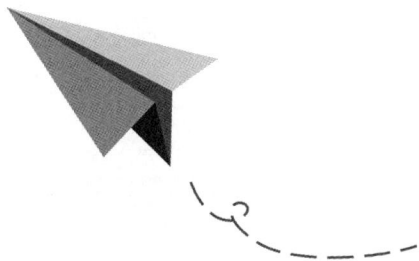

第五章

重新认识我们的孩子

你们的孩子,都不是你们的孩子,

乃是生命为自己所渴望的儿女。

他们是借你们而来,却不是从你们而来,

他们虽和你们同在,却不属于你们。

你们可以给他们爱,却不可以给他们思想,

因为他们有自己的思想。

你们可以荫庇他们的身体,却不能荫蔽他们的灵魂,

因为他们的灵魂,是住在明日的宅中,那是你们在梦中也不能相见的。

你们可以努力去模仿他们,却不能使他们来像你们,

因为生命是不倒行的,也不与昨日一同停留。

你们是弓,你们的孩子是从弦上发出的生命的箭矢。

那射者在无穷之间看定了目标,也用神力将你们引满,

使他的箭矢迅速而遥远地射了出来。

让你们在射者手中的弯曲成为喜乐吧。

因为他爱那飞出的箭,也爱了那静止的弓。

——［美］纪伯伦《论孩子》

　　在没有成为父母之前,我们可能从书本或者生活的感悟中掌握了很多如何做父母的知识,可当我们真的成为父母之后,会发现之前所有相关的理论或知识就像空中楼阁,坍塌了——我们经历从未有过的失望和疲惫。养育孩子真的只是一场辛苦的旅程吗? 为人父母,孩子给我们带来了什么? 面对不确定的未来,我们到底又该给孩子什么? 当我们思考做父母的意义和价值的时候,必须先回答一个问题:我们的孩子到底是谁? 解决了这个问题也许我们就能够明白:为人父母,你并非被罚为奴隶,而是被赋予照顾一个孩子的特权以及再次成长的可能。

第一节　我们的孩子,他是谁?

　　我们的孩子,他到底是谁? 当我们把这个问题抛出来的时候,很少有人认真思考过,即便能够回答出来,也是诸如我生我养的娃,是我生命的延续,是我一生中最爱的也是最重要的人……答案真的就是这样吗? 重新认识我们的孩子,才能更好地陪他们成长。

一、儿童是个哲学家

　　为人父母,我们每天都经历着紧张与新奇,一边要面对来自职场的各种挑战,一边要照顾一个全新的生命,既要关注他的吃喝拉撒希望他健康快乐地成长,又不得不为让他赢在起跑线上拼尽全力,生活变成了过山车,每个父母都觉得不容易。

　　　我趴在地上,四处寻找一个小塑料轮子。它是从我五岁的儿子埃米利奥的玩具车上掉下来的。他很不高兴,我呢又累又气。为了这个无足轻重的小玩意儿,我已经找遍了家里所有的地方,现在又得从头再来一遍。埃米利奥真的很想要它。矮沙发后面、家具下面,扶手椅的折叠处和垫子中间,我统统都翻过了。就像一个不情愿的奴隶,我费劲地在这些布满灰尘的地方挪来挪去。

　　这是意大利哲学家、心理学家皮耶罗·费鲁奇在其《孩子是个哲学家》这本书的引言开篇所描述的场景,是不是特别熟悉? 几乎每一位父母都经历过相同或类似的情景:为了一个无足轻重的玩具小配件,他能不休不止地缠着你直到你给他找到为止;不知疲倦地重复一句话、做着同一个动作、听同一个故事、玩同一个玩具,在你看来千篇一律枯燥无味,可他却每次都像发现新大陆一样兴致勃勃而且还邀请你一起加入他的活动,全然不顾你早就筋疲力尽;你刚刚整理整齐的玩具,一回头发现又是一片狼藉……

　　皮耶罗·费鲁奇是两个孩子的父亲，他像多数父母一样，初为人父的时候，觉得照顾孩子是把时间浪费在了平庸无聊的事情上，甚至觉得"家庭是疯狂的冶炼炉"，经历了"刺痛、挤压、受伤、重新整理思路和彻底自省"等过程，却从未真正摆脱困境。他索性放下烦恼，化身孩子的玩伴，却发现与孩子们一起生活是一座充满了惊喜的宝藏，常常被孩子们的智慧惊得目瞪口呆，深切地感受到养育儿女不只是一份辛劳的付出，更是一场精彩的探险，于是有了《孩子是个哲学家》这本书的问世，在陪伴儿子成长的过程中皮耶罗也成为"欧洲当代精神心理学的引导者之一"。

　　哲学在很多人眼里是既高深又枯燥的学问，与儿童毫不相干。事实并非如此，哲学是关于爱智慧的学问，是时时处处向生活发问的精神，是探索人生的重要课题，不仅是人（包括儿童——未来的公民）的能力，而且是一项基本的权利。关于儿童是哲学家的命题由来已久，近年来已经在教育界成为共识。儿童是哲学家主要是由儿童的天性决定的：

1. 好奇好问

　　哲学始于惊奇。从孩子会说话起，几乎所有的父母都会面临同样的问题：孩子围着我们不停地问这个是什么？那个为什么？儿童成长的过程是一个每时每刻都在经历未知、体验新事物的过程，对自己不熟悉不了解的事物觉得新奇而感兴趣是人之天性，儿童对周围的一切都充满着好奇，并有强烈探究的愿望，好奇心是打开周围世界的钥匙，也是学习的起点，破坏了儿童的这个天性，其实就是阻断了儿童的探究欲望，以后花很多的时间和精力都难以修补。好奇心被视为儿童是哲家学最重要的依据，马修斯在其《哲学与幼童》一书中论证了这样一个观点：哲学是人与生俱来的能力。当天真烂漫的幼童对宇宙、人生、周围的一切发出种种疑问的时候，都具有探索真理的意味，哲学便产生了。

2. 活泼好动

　　活泼好动是和好奇好问紧密相连的，好奇心促使儿童去接触自己感兴趣的事物，因此身体和感官成了儿童（尤其是早期婴幼儿阶段）探索外部世界的主要通道，用嘴咬、用手摸、用脚踩、用眼看、用鼻闻、用耳听是儿童获取知识的最基本途径。儿童没法脱离身体的接触去理解一个抽象的概念，杜威认为在儿童进入学校之前，他用手、眼、耳来学习，因为手眼耳是儿童做事过程的器官，他从做事中理解意义，活泼好动是儿童的天性也是儿童借助身体探索世界的方式。这就是后面我们要强调的儿童为什么要"做中学"。

3. 纯真善良

　　儿童作为个体社会化的初始阶段，没有受到社会各种知识和思想的束缚，对任何一个新接触的人或事都保持着最本真的感性直觉，简单又纯粹。明代学者李贽认为童心便是童真；夫童心者，绝假纯真，最初一念之本心也。若失却童心，便失却真心；失却真心，便失却真人。人而非真，全不复有初矣。儿童因为没有受到社会的规训，所以保持了纯真的天性，"真"正是做人和做学问的前提。与纯真紧密相连的是儿童的善良。孟子认为人生来具有"四心"即恻隐之心、羞恶之心、恭敬之心、是非之心，恻隐之心排在"四心"之首，人之初，性本善也是因此而来。"真善美"乃哲学追求的首要价值，"儿童是哲学家"是以儿童的天性为基础的。

4.无功利性心，不惧权威

儿童的纯真决定了儿童专注地做事情只和自己的兴趣有关，不会权衡利弊得失，不会考量这个事能给他带来什么奖励，那件事能让自己多考多少分。儿童的世界里没有成人世界的各种角色，没有上下级之分，没有权威，完全平等。朱永新教授说，当儿童和你争辩，儿童和你讨论，儿童和你坚持，你不要觉得是他太倔强了，而是因为他根本没有把你当权威。当他发现权威、承认权威的时候，他已经不完全是儿童了。

把儿童看作哲学家，是让我们重视儿童所具有的好奇好问、活泼好动、纯真善良、不功利不畏权威的天性，这些都是孩子身心健康成长的基点，教育的成败往往取决于我们是否按照孩子的天性进行，也影响着儿童在成人之后的不同命运和才能的水平。

二、把儿童当作儿童

在一些人看来，把儿童当儿童是一个无意义的命题，但是，在人类历史发展的长河中，儿童的历史非常短暂，也就是说，在很长很长的时间中，我们是"看不见"儿童的，儿童一直被当作小大人，和大人穿一样的衣服、参加一样的活动、和大人一起劳作。美国人劳埃德·德莫塞在关于儿童发展史的研究中指出，他在搜集证据的时候发现，在18世纪以前，有很大一部分儿童，是我今天所说的"受虐儿童"……"一百代做母亲的"被动地看着自己的婴孩承受各种苦难，因为母亲（显然还有父亲）缺乏同情儿童所必要的心理机制。柏拉图在《普罗泰戈拉》中说起收拾不听话的儿童时，提出要用"恐吓和棍棒，像对付弯曲的树枝一样"，将他们扳直，就像我们传统家教谚语一样"不打不成器""棍棒之下出孝子"，惩罚和打骂在中西方传统家教中都占有极其重要的位置，体现了儿童心理学的缺失和儿童养育概念的不足。

提到儿童观，从儿童发展史的角度上讲不得不提到两个人，一个是洛克，一个是卢梭。美国学者尼尔·波兹曼认为，我们今天所持的儿童观和对儿童采取的教育不外乎在两个方向上进行着：一个是以洛克为代表的向度，即儿童是未成年人，唯有通过识字、教育、理性、自我控制和对羞耻感的培养，儿童才能被改造成一个文明的人；另一个是以卢梭为代表的向度，即未成形的儿童不是问题，问题完全出自畸形的成人。儿童拥有与生俱来的坦率、理解、好奇、自发的能力，但这些能力被识字、教育、理性、自我控制和羞耻感淹没了。1693年英国教育家洛克发表了《教育漫画》，对童年概念产生了巨大的影响，尽管洛克已经开始关注儿童身体生长的重要性，一个孩子必须有强健的身体，才能有旺盛的精力，但依然把开发儿童的理性作为目的，身体是为发展理性服务的。他特别强调对儿童羞耻感的培养，使之成为保持童年和成年之间区别的工具，他说："假如你能使孩子珍惜名誉、憎恨耻辱，你就已经在他们心中植下了正确的原则。"洛克有一句至理名言："人类的头脑生来就是一张空白的书写板。"最终在儿童的心灵上写下什么内容，这个重任就落到了家长和学校乃至政府的身上。一个无知、没有规矩的孩子代表着成人的失败，而不是孩子的失败，并进而发展成一个孩子如果没有被培养成精英那就是家庭教育的失败、是父母教育的失败，由此我们可以判断出今天"鸡娃""牛蛙"的动机不仅仅是资源的竞争，还有洛克观念在教育领域潜移默化的影响。当然，中国的情况会更复杂一些，比如来自"光宗耀祖""子不教父之过""万般皆下品，唯有读书高"等传统观念的影响。

而让儿童观发生质的变化的是卢梭——18世纪法国伟大的启蒙思想家，也是近代教育思想史上具有重要影响的教育家，卢梭提出了自然主义的儿童观，杜威把卢梭的儿童观看作教育史上哥白尼式的革命。在儿童经历了数个世纪的摧残人性的教育之后，卢梭的那句"在万物的秩序中，人类有他的地位；在人生的秩序中，童年有他的地位；应当把成人看作成人，把孩子看作孩子"在当时起到了振聋发聩的效果，时至今日，卢梭的儿童观也在影响着全世界对儿童的认识和教育。

卢梭在《爱弥儿》全书的第一句话就说："出自造物主之手的东西，都是好的，而到了人的手里，就变坏了。"这就是说，儿童的本性是纯洁无瑕的，没有原始的罪恶，一切错误和罪恶都是由不良的后天环境造成的。后天环境中的许多不良因素扼杀了儿童的天性，卢梭坚持反对摧残儿童天性的观点和教育方法，主张儿童就是儿童，他不是一个小大人，不应承担成人社会的罪恶，而应该过幸福愉快的生活，对儿童的教育也应当顺应儿童的天性，尊重儿童的人格和尊严，尊重儿童所具有的特点。

在卢梭看来，旧教育之所以导致儿童身心有这样或那样的缺陷，其根本原因就在于把儿童当成人看待，过早地使用了儿童未成熟的心灵，犯了本末倒置的错误。由于把儿童当成人看待，带来了一系列违背儿童身心发展的教育。比如在教育方法上，实行脱离儿童实际的教条主义，导致儿童对教学感到厌倦和痛苦，剥夺了儿童快乐的童年生活；在教育内容上，习惯于把成人的思想观念强行灌输给儿童。对此，卢梭提出了尖锐的批评，"我们从来没有设身处地地揣摩过孩子的心理，我们不了解他们的思想，我们拿我们的思想当作他们的思想"。同样，把孩子当作大人，牺牲掉儿童的现在为将来做准备的行为在卢梭看来同样是愚蠢的，他说："为了不可靠的将来而牺牲现在，使孩子受各种各样的束缚的教育是'野蛮'的教育。"所以，他呼吁人们要好好地研究儿童，要爱护儿童，使他们快乐，培养他们可爱的本能。

卢梭的儿童观可以给我们以下几点启示：

第一，相信儿童有向阳生长的能力，家长不可过度用力。儿童的本性是善的，善良的本性使儿童像向日葵一样能够追逐阳光，向阳而生，家长只需给儿童提供良好的成长环境,力所能及地让孩子在积极健康的环境中成长,适度地浇水施肥即可,过度用力或者用错方向都会损害儿童的健康成长。

第二,尊重儿童的童年,重视儿童现在的幸福。重视儿童的现在就要尊重儿童生活的价值,在卢梭看来,童年是儿童极其珍贵的财富,我们任何人不得以任何方式剥夺这笔"财富",童年的生活是有价值的。几乎所有有真知灼见的伟大学者都洞见到,成年人的幸福和他童年时期是不是幸福有着非常密切的关系。奥地利心理学家阿德勒说:"幸运的人一生都被童年治愈,不幸的人一生都在治愈童年。"苏霍姆林斯基也有一段非常精彩的话:"童年是人生最重要的时期,它不是对未来生活的准备时期。童年是真正的、灿烂的、独特的、不可重现的一种生活。"但是,我们经常打着为了儿童的未来幸福的旗号牺牲儿童当下的幸福。

第三,教育要把儿童放在教育的中心,要充分考虑儿童的利益。不管是家庭教育还是学校教育,儿童始终是教育的中心,教育内容和教育方法要尊重儿童的特点、尊重儿童的成长规律,不要用成人的标准来要求儿童,也"不要急于对他做出或好或坏的评判",要"让特异的征象经过一再的显示和确实证明之后,才能对他们采取特殊的方式"。

无论是洛克还是卢梭,他们的思想中都蕴藏着丰富的关于儿童和儿童教育的真知灼见。近年来,儿童心理学、儿童哲学、儿童教育学以及脑科学的研究为"把儿童当作儿童"的观点提供了充足的依据,让孩子成为孩子已经成为基础教育改革的共识。但是,我们很多家长依然秉持着儿童是小大人的观点,把"我们的思想当作他们的思想"的现象大有越演越烈之势,牙牙学语就开始背古诗词,尚未上学就开始上各种辅导班、兴趣班,游戏和玩耍不是被看作浪费时间就是成为参加比赛赚取荣誉的工具,把自己未曾实现的需求和目标强加给孩子,等等,导致"童年的消逝"成为一种普遍的现象。违背成长规律的教育实际上是一种伤害,重新认识儿童、理解儿童,进而认识我们的孩子、理解我们的孩子,才能给他们合适的教育。

第二节　孩子成长关键词

所有的孩子天生都是纯洁而美好的,同时每一个孩子都是独一无二的,他们都带着自己独有的特质和使命来到这个世界,作为父母,我们最重要的任务是识别、判断、尊重孩子独特且自然的成长过程,为他们的成长提供必要的支持,而不是努力把他们塑造成我们期待的样子。这就好比一粒种子是长成梨树、苹果树,还是参天大树和小草,已经由先天的基因决定了。作为父母能够做的就是给他们提供肥沃的土壤,让他们按照自己的方式长成自己应该有的样子,在这个过程中父母需要处理好几个关键的因素。

一、兴趣与学习

孩子成长的路径千差万别，很大程度上和孩子的兴趣密切相关。发现、培养和发展孩子们的兴趣是父母非常重要的一个责任。

我们常常说兴趣是最好的老师，为什么这么说呢？心理学的研究证明人类有一种"自主性功能"，处于动机的最深水平，它可以驱策人去行动，这就是兴趣。兴趣是一种无形的动力，当我们对某件事情或某项活动感兴趣时，就会很投入，而且印象深刻。早期婴儿对外界新异刺激的反应就是由兴趣这种内在动机驱策的身体运动。兴趣从婴儿出生就以机体的功能表现出来，婴儿的看、听、发出声音和动作都是兴趣情绪所激起和指导着的；兴趣还支持着感觉与运动之间的协调和运动技能的发展，为生长和发育打下基础；缺乏兴趣这类感情性唤醒会导致严重的智力迟钝或冷漠无情。教育家杜威认为"儿童的世界是一个具有他们个人兴趣的人的世界"，尊重儿童的兴趣是培养孩子学习力的开始。

兴趣是怎么产生的呢？在整个生命过程中，遗传和经验相互影响，兴趣的产生和先天的优势能力有关，又与后天的发现、引领、培养密不可分。

多元智能理论认为，我们每个人都拥有八种主要智能：言语—语言智能、逻辑—数理智能、视觉—空间智能、身体—动觉智能、节奏—音乐智能、交流—人际交往智能、自知—自省智能、自然探索智能，这八项智能在每个人身上并不是均衡发展的，而是每个人都有自己的优势能力，比如有人擅长数学、有人擅长语文、有人擅长运动，这都和自己的优势能力有关。儿童在成长初期表现出来的兴趣也是优势能力的体现，喜欢玩积木的孩子不一定对唱歌敏感、喜欢背古诗词的孩子可能学不好数学，每个人都会对他感兴趣的事物给予优先注意和积极地探索，并表现出心驰神往。笔者的孩子小时候喜欢玩乐高，只要新买一个乐高回来，就会迫不及待地拆开拼装，一旦打开就不眠不休非得拼完不可。5岁的时候，拼一个适合10—12岁孩子的乐高，从下午2点多拼到深夜11点，八九个小时连吃饭上厕所都舍不得去，完全是一种痴迷的状态，这意味着空间智能可能是他的优势能力。这个优势能力最初表现为一种行为倾向，只有保持兴趣的稳定性，让这个兴趣持续发展下去才可能在兴趣广泛的背景上形成中心兴趣，家长要注意用这个中心兴趣去带动和激发孩子在其他方面的学习能力，避免丢了西瓜捡芝麻。

兴趣的产生和先天的优势能力有关，也和后天经历密不可分，一个孩子的优势能力在哪里显示出来带有很大偶然性，喜欢宇宙探秘还是海底探险取决于他能否有机会接触它们。而且兴趣最初只是在行为上表现出某种倾向，兴趣若要获得深度并最终发展成爱好就需要来自父母的耐心和无功利的支持，这也是一个考验父母的过程。

下面这个例子是笔者的一次日常生活经历：

一天晚上，我家刚上三年级的小朋友写作业，遇到一个字需要查字典，我顺手把他姐姐的第七版《现代汉语大词典》给了他,这是他第一次接触这么厚的词典(之前用的都是小本的《新华字典》),没想到他对词典发生了兴趣,作业也不问了。从七点到九点就一直抱着词典不放,先是坐在书桌前看,累了又拿着趴在地板上看,边看边自言自语,有时候还站起来手舞足蹈,打一圈跆拳道,接着索性坐在桌子上看。整个过程看似漫无目的,给人的感觉却很投入和快乐,完全忘记了学校老师布置的作业。作为母亲,内心是不淡定的,好几次"别看了,赶紧写作业吧"到嘴边又硬生生地憋了回去,等他终于想起写作业已经9点半了。那天的作业要求写一篇日记,他直接就把看词典的经历写在了日记上。第二天一大早执意抱着这本厚厚的词典去学校了,后来据老师反映,他去给老师和同学分享了他在词典附录里发现的天干地支纪年法,还有后面的化学元素周期表。从此,养成了动不动就翻词典的习惯。直到现在我还庆幸,幸亏当时没说出"别看了,赶紧写作业吧"这句话,不然他那天晚上对词典的关注可能就是昙花一现。作为父母常常遇到写作业和孩子偶发兴趣之间的两难,满足当下的兴趣可能就没法完成学校的任务,实际上,尊重孩子是小哲学家的事实,儿童的学习也起源于"好奇"和困惑,起源于"我想知道",在"我想知道"中探索未知,就是儿童兴趣的起点。写作业是完成老师的任务,翻词典即使是漫无目的地翻,满足的却是孩子的好奇心和求知欲,其中不乏学习的幸福感,比之于完成任务带来的情感体验,好奇心、求知欲以及学习的幸福感对于孩子的成长而言更为重要。

我们现在强调快乐学习,快乐学习被理解成快乐成长,没有压力、无需责任、不要任务,尊重孩子的一切要求,其实,这是对快乐学习的误解。快乐学习是尊重孩子的兴趣、发展孩子的爱好,在兴趣中培养孩子的探究性学习能力、合作能力、交往能力、创造能力。经验表明,当儿童有机会从事各种调动他们自然冲动的身体活动时,上学便是一件快乐的事,儿童管理就不再是一种负担了。发现、培养儿童的兴趣需要家长有耐心,保护好孩子人之初的好奇心,对兴趣的破坏可能就是从毁掉孩子的一个心爱的玩具开始的。

二、游戏与成功

有多少家长说过这样的话:"开学了,就不能玩了!""上学了,这些玩具就收起来吧!""都7岁了,还玩过家家,丢不丢人啊?"在很多家长眼里,玩耍、游戏是浪费时间,甚至把它和学习对立起来。其实不然,玩耍和游戏是儿童最重要的学习方式之一,美国教育家杜威认为,游戏就是孩子在校外进行的主动性作业,是孩子在校外的工作。游戏和玩耍到底有多重要呢,我们来分析一下。

(1)游戏可以丰富孩子的想象力和创造力。有孩子就有游戏,任何日常用品到了幼儿的手中，他们都可以立即开始一场别开生面的表演，一块积木可以被当作卡车在路上跑，一支笔是被施了魔法的公主。在幼儿的世界里，没有什么东西是不能拿来玩游戏的。有游戏就有故事，用折出来的纸飞机带着爸爸妈妈飞向天空；和小伙伴一起过家家，模仿爸爸妈妈孩子将故事里的场景扮演一遍，所有游戏，所有故事，都乘着想象的翅膀，幻化出每一个人的童年。儿童是在游戏和玩耍中去认识、模仿和体验各种常识并进而建构起童年的经历的。游戏是儿童的一种存在方式，剥夺儿童游戏和玩耍的权利，实际上是在剥夺儿童的成长。

（2）游戏提升儿童的"玩智"，为其快乐成长打下生命的底色。玩耍普遍被认为是一种无所事事的状态，其实玩耍也需要智慧和能力，自己满意的喜欢的玩耍能够带来发自内心的快乐和幸福感。尼尔·波兹曼认为"游戏的目的不为别的，只为快乐"；南斯拉夫学者布鲁诺介绍了一些正被用于儿童计划的哲学游戏，认为玩耍是人类的一个特征，是人类的一种仪式，它是用来娱乐的，有趣的，也是为了学习的。根据国外有关游戏理论的文献研究，我们也可以知道，游戏是非常值得发展的，是因为它是"做中学""玩中学"的重要典范。杜威强调，儿童只有在活动中求知，才会有真实的学习目的，才会产生兴趣和努力。让儿童动起来、"玩"起来也是发现、培养儿童兴趣的一种有效路径。孩子不应该只会学习，也应该会玩耍，科技的进步会让以后的孩子有更多的闲暇时间，能否让闲暇时光美好、有意义会深刻影响长大后的家庭生活质量。培养孩子的玩智，为以后孩子的生活打下幸福的底色就得从童年做起。

（3）游戏可以更好地发展孩子的非认知能力。龟兔赛跑的故事可谓家喻户晓，不善奔跑资质平平的乌龟为何胜了极具奔跑天赋的兔子呢？原因很简单，乌龟对自己有着正确的认识，不惧胜败，敢于接受挑战，凭着坚持不懈的努力和毅力最终获得胜利。生活中这样的例子比比皆是，有的人极其聪明，却因缺乏自律、不够努力等原因没能获得旁人期望的成功；而反观另一类人，尽管天赋并不出众，却依靠着不懈的坚持和努力，最终取得了超乎大家期望的成绩。上述寓言故事和现实案例都传递出一个共同的信息：自律、坚毅、专注以及成就动机等"软实力"对个体取得成功具有重要的影响和作用。近年来关于个体成功影响因素的研究揭示了非智力因素的重要性，与非智力因素相关的能力被称为非认知能力。

小贴士

认知能力：认知能力主要是指智力和解决抽象问题的能力，具体内容包含阅读、计算、逻辑推理等。

非认知能力：非认知能力则是指凝聚在劳动者身上，同样会对个体的经济收入、社会地位以及生活行为产生重要影响，且可以通过后期投资和干预行为进行提升和改善的除上述认知能力以外的能力，具体内容可以包括自信、自尊、专注、成就动机、自律、坚毅。

非认知能力的培养和性格、气质类型有关,也和家庭背景、成长经历密不可分,尤其是童年时期的游戏、玩耍经历。小伙伴在一起玩的时候,不仅有快乐,也有冲突和不愉快,如果我们看到,一个孩子和小朋友在游戏中闹矛盾了,不用紧张,在具体的情境中孩子很容易明白,如果想和小朋友继续玩下去就得沟通交流、妥协。在漫画《父与子》中,有一个非常经典的画面,两个父亲因为孩子吵架在那里大打出手,可是两个孩子已经在旁边快乐地玩耍了。这种"一会儿打架,一会儿又和好"其实锻炼的是孩子磨合、沟通、对峙、谈判、妥协等非认知能力。中国的离婚率已经连续 16 年上升,2020 年全国离婚率达 43.83%,虽然没有研究表明,童年时期和小伙伴一起"一会儿打架,一会儿又和好"这种不较真的社交态度对成年后夫妻之间的交往有没有影响,但是妥协已经成为年轻一代欠缺的一种能力。学习上经年累月在竞争中培养起来的不妥协、不认输的精神迁移到夫妻家庭生活中势必会影响夫妻感情。因为生活不同于作业,有固定不变的规律和公式可以套用,它是一个充满变数和不确定的场域,适当的共情和妥协是幸福家庭必不可少的,当年轻人失去了理解、接纳、共情、妥协能力,离婚率升高也就不足为奇了。

（4）游戏有利于孩子未来的职业选择。上面我们已经说过,杜威认为游戏是儿童在校外进行的主动作业,是儿童基于自己的目的所从事的有意义的活动。如果儿童在游戏中期待某种结果,坚持久了就成了工作。角色扮演是孩子最喜欢的游戏,奥地利心理学家阿德勒指出,童年时期从孩子们的游戏和角色扮演中我们就能够看出他们的兴趣所在,如有的孩子喜欢医生,会拿着玩具听诊器给娃娃看病;有的孩子喜欢警察,扮演警察抓小偷的游戏乐此不疲。笔者家的两个孩子都对当老师感兴趣,老大小时候喜欢把几个小朋友召集到家里来模仿小老师讲课,初二的时候去农村当小老师,带领留守儿童读书,给留守儿童讲得津津有味,到了初三就把当老师作为自己的职业理想了。老二在三年级寒假学校布置的体验性作业"今天我当小老师"中体会到了当小老师的乐趣,每到节假日就会做好 PPT 邀请小伙伴来听他讲历史。这两个孩子如果以后没有特殊的经历,大概率会成为教师。绝大多数人即便是成年以后,他们的兴趣爱好仍然受到四五岁时所确立的职业目标的影响,这表明他们难忘初心。但是令人惋惜的是,他们往往迫于父母或经济的压力不得不从事自己不喜欢的职业。

可以说,没有游戏、没有玩耍就没有孩子的成长、成功,但是令人遗憾的是,游戏在儿童的生活中却面临着被边缘化、灭绝化的危险。我们小时候玩过无数遍的过家家、躲猫猫、捉迷藏、折纸、编绳、搭积木,在今天还有多少儿童玩过?过去发生在多个小伙伴之间的游戏正日益被独自玩耍塑料玩具、电子玩具或者各种兴趣班所代替,即使是玩,也被附加了额外的期待,比如参加比赛获得名次,这种现象在世界范围内普遍存在。两位出色的英国史学家彼得和艾奥娜·奥佩专门研究儿童游戏,他们鉴定了几百项传统的儿童游戏,在当今美国儿童常玩的游戏几乎没有一种。就连两千多年前出现的捉迷藏现在的孩子们也很少有机会玩了。尼尔·波兹曼提醒世人,童年正在消失,我们过去认为儿童游戏不需要教练、裁判或观众,只要有空间和器材,儿童就可以玩了。游戏的目的不为别的,只为快活。然而,今天十二三岁的小选手参加棒球联合会,他们不仅由成人来监督，而且以一切可能的方式来效仿成人运动的模式。他们需要裁判、需要器材、需要加油和呐喊。球员们寻求的不是快乐，而是名誉。……儿童游戏，言简意赅地说，已经成为濒临灭绝的事物。

理应与童年共生共长的游戏和玩耍如果不存在了，那么童年还存在吗？童年如果不存在了，儿童还能健康成长吗？

三、秘密与成长

在孩子成长的过程中，有很多值得家长关注的要素，其中一个就是孩子的秘密。秘密有多重要呢，一句话："没有秘密长不大。"

秘密有很多种形式，它们几乎每天都存在于孩子们的生活之中，这些秘密有的是不想让父母知道的、有的是不想让老师知道的、有的是不想让同学知道的，有的是关于捉迷藏可以藏身的秘密场所、有的是带了父母不让带的零花钱去学校、有的是偷偷尝试了父母不让吸的烟……是不是所有的孩子都有秘密体验，这些秘密对于孩子们的成长到底意味着什么？

加拿大阿尔伯塔大学教育学教授马克斯·范梅南与荷兰学者巴斯·莱维林共同完成了《儿童的秘密——秘密、隐私和自我的重新认识》一书。该书以大量生动的访谈记录展示了形形色色的儿童秘密及其对儿童成长的影响，进而揭示出秘密在儿童成长过程中的教育意义。秘密对于孩子成长发挥的作用至少有以下几点：

首先，秘密是人生成长的关键，日常生活中的普通秘密不仅能让孩子们明白和意识到自己逐渐拥有的内心世界和外部世界，同时帮助孩子们形成自我概念。当孩子得知思想和想法可以放在脑子里，别人不会知道时，孩子就意识到在他的世界里有某种"内在"和"外在"的分界线，对自己与外部世界之间的区分有了知觉，心理学称之为"自我领地的形成"。这个"自我领地"是儿童自我概念形成的关键，使儿童成为真正意义的独立个体。所以范梅南说当孩子们意识到自己有了秘密，就意味着他们内心世界的诞生。内心世界是完全属于孩子自己的领地，家长们如果不注意这个，肆意闯入甚至破坏的话，必然会影响儿童独立人格的形成和发展。社会上关注较多的"巨婴""妈宝"很大程度上就是因为成长的过程中儿童的"自我领地"被不断地侵犯，没有机会建构"自我领地"导致独立自我的丧失。

其次，儿童的秘密促进了儿童的自我观察和反省，发展他们的想象力和创造力。自我观察和反省能力被认为是驱动儿童成长的内生力，善于自我观察和反省的儿童有利于自我纠错，会发展得更好。范梅南指出，生活中的每一次秘密体验都是我们对自身的一次多方面的认识：我们可以从中了解到自己的创造力和想象力，可以体会自我角色的不确定性，可以感知自己的内在性情，我们也可以多一份联想和审问，可以看到自己在别人心目中的形象。当别人把秘密告诉自己并被要求保守秘密的时候，会有被信任的体验；当做了不被家长允许做的事情会有羞耻心和罪恶感。自我观察、自我反省是孩子自然生长的一部分,恰恰是秘密促进了这种能力的生成。

　　小学二年级发生的事情至今令我印象深刻。那时候孩子们几乎没有零花钱,只有过年的时候会有几块钱的压岁钱,这几块钱的压岁钱还被家长耳提面命地强调只能买文具,不能买零食。我们小学校门口有一家小卖部卖米花糖,我特别喜欢吃,一毛钱一根。有一次,实在忍不住偷偷拿了两毛的压岁钱去买米花糖,有第一次就有第二次。为了不让父母发现,我常常以写作业为借口,吃完饭就往学校跑,买根米花糖找个僻静的地方偷偷吃掉。每次吃完都很后悔,告诫自己下次再也不买了,每次却都控制不住。很快,5块钱的压岁钱全部用完,也不敢问父母要钱买文具用品。为了不让父母发现,我小心翼翼地将橡皮和铅笔用到不能用为止,甚至有时候问同学借着用,整个学期都提心吊胆的生怕被别人发现这个秘密。也正是那次偷零花钱买零食带来的惶恐不安的体验给我留下了深刻的印象,从此再也没有瞒着大人拿过钱。如果当时被父母发现一顿大骂,恐怕就没有这么深刻的体验了,不知道以后会不会再犯。

作为家长我们应该如何对待儿童成长中的秘密(这里的秘密更多的是日常生活中的普通秘密,而不是重大的、带有畸形的,或者和违法犯罪相关的或者病理的秘密),江苏省教育科学院研究员彭刚教授在一次讲座中指出我们应该这样对待秘密:

首先,尊重儿童拥有秘密的权利。儿童的秘密是儿童在向外部世界探究的过程中形成和建构起来的关于自己、关于他人、关于世界的"恰当的"认识、情感和行为,在发现秘密、保守秘密、分享秘密、体验秘密、表述秘密的过程中,儿童学会了区分自我、他人和世界,并将他人和世界融入自我之中,建构起关于内部世界与外部世界的基本概念与认知,从而走向成熟和成人。

其次,尊重儿童的秘密就要给儿童适当的时间和空间。儿童在发现秘密、保守秘密、分享秘密、体验秘密、表达秘密的过程中,既充满了喜悦、激动、紧张,也充满了矛盾、困惑和迷失,既需要与成人和教师保持一定的距离,在疏远的过程中形成自立,也需要成人和教师的关爱、理解和同情,更需要一种对儿童秘密的尊重,这也是对儿童人格的尊重。成人和教育在家庭和学校的影响"无处不在""无时不在",会干扰和破坏儿童秘密的形成过程,影响他的内部世界和自我的建构。教育影响和措施要与儿童保持一定的距离和空间,形成一定的平衡和张力,既要有对儿童的真正兴趣和真实关爱,又要给儿童建构自身世界的足够时间和空间。

儿童的秘密使儿童走向成熟和成人。但是现实生活中,儿童的秘密和隐私正处在无处可放的尴尬境地。范梅南用"日常生活的机构化"形容今天孩子的生活世界,一方面为了安全的需要,孩子们玩玩具的区域、游戏的场所和住宅区都受到严密的监控,以至于孩子们越来越难有机会体验到离开大人的视线范围自由自在地玩耍,即使是在家里,孩子的生活也被严格的时间表程序化、机械化;另一方面,很多孩子的空闲时间完全被课后项目如钢琴、舞蹈、足球、英语、奥数、大语文等各类兴趣班和辅导班占有,没有时间用来挥霍、思考，"孩子们做自己想出来的事"的能力正在消失，一切都在成人的安排下进行。被剥夺了时间和空间体验的孩子更容易过双重生活，一个是成人期待的、用来给成人看的，一个是自己内心的避难场所。一旦某天，内心的避难场所不堪重负，家长们就会看到令人震惊的孩子的另一面，比如这几年频出的现象"阳光抑郁"。

四、自由与自觉

这两年家教领域有一个大家津津乐道的典范，那就是郭德纲的儿子郭麒麟，被称为国民好儿子，经常因为各种礼貌谦虚、儒雅得体的表现高居热搜榜首。按照郭麒麟拿到的人生剧本，他本该被养成"问题孩子"才对，四岁父母离婚，母亲远赴日本，父亲在北京打拼，跟着爷爷奶奶生活，6岁之前几乎见不到父亲，12岁回到父亲身边，15岁初中毕业辍学开始学说相声，面对的是父亲的挫折教育、打压教育，但是郭麒麟硬是逆行成别人家的孩子。教育是一件复杂的事情，很多细节和偶发的因素都会影响一个人的成长方向，郭麒麟没有被养残，可能有这样几个关键因素。

第一，有自己的兴趣和爱好。我们前面说了，爱好就是最好的学习，大千世界五彩缤纷，每个人的爱好各不相同，一个人喜欢什么受天赋、环境、经历各种因素的影响。父母虽然不在身边，但是他从小生长的环境——天津，满大街都飘荡着曲艺味，又因为父亲的爱好，家里不缺和相声有关的光盘、磁带各种影视文字资料。环境孕育了爱好，郭麒麟小学时就开始给同学们说相声。不管是什么时候，兴趣都是良师益友，推动儿童自发自主地成长，即使在遭遇挫折的家庭，兴趣也能赋予孩子成长的动力和力量让孩子遇见更好的自己。

第二，父亲作为优秀的榜样引领了一个正确的方向。父母是孩子最好的老师，郭德纲的前半生给郭麒麟提供了一个阐释什么是梦想、什么是坚持、什么是挫折、什么是奋斗、什么是责任和担当的真实案例，儿子耳闻目睹了父亲人生中各种可能与不可能，早早地建立了完整的世界观，能够理性地认识处理自己内部和外部世界的诸种关系。

第三，拥有较多的自由，有机会用自由培育自觉。虽然父亲郭德纲信奉挫折教育、打击教育，但是他对孩子的打击主要还是在一些待人接物的生活礼仪上，在一些关键的事情上他都给郭麒麟足够的支持。比如，支持他15岁辍学说相声，16岁帮他开个人专场，最重要的是，不管是穷困潦倒艰难创业期的父亲还是事业发展风生水起的父亲，一直都是非常忙碌的状态，不能事必躬亲地过问郭麒麟的所有事情，和他的成长保持着一定的距离，这恰恰给了郭麒麟一定的时间和空间，让他有机会区分自我、他人和世界，并将他人融入自我之中。这个过程是一个孩子自由选择、自主建构、自我发展的过程，是一个用自由孕育自觉的过程。

不会教育的父母有时候比"胡乱"教育的父母要强得多。北京大学教育专家钱志亮曾在一篇文章写道：比起对孩子不闻不问的家长，最让人头疼的反而是那些对孩子"过度重视"的家长。事无巨细，必须过问，从几点起床、穿什么衣服、吃什么饭、怎么去学校、在学校跟谁玩、怎么做作业、回到家在卧室干什么，恨不得360度，无死角监控，孩子没有任何选择的自由。没有自由的成长换来的就是长不大的巨婴。

巨婴，武志红在其新作《巨婴国》这样解释：依赖、自私、脾气大，而当婴儿成长为成人，心理状态却还处在母婴共生、全能自恋、偏执分裂状态下时，也被称为"妈宝"。每一个巨婴背后都有一个母爱泛滥或者溺爱成灾的母亲或父母，很多家长抱怨带娃真累，实则是剥夺了孩子的独立能力，无意中就把孩子培养成了"巨婴"。

兴趣和自由被认为是孕育成功的土壤，当然我们不能说郭麒麟刚刚开始小有成就的人生就是成功，但15岁辍学的少年一路走来能够获得业内外的交口称赞也是非常值得尊重的。他有幸从小拥有了自己的兴趣，并坚持走了下去。爱默生说过："如果一个人不屈不挠地坚持他的才能，并且一直坚持，那整个世界就是他的。"郭家父子用自己的经历证明了这个观点。关于自由，家庭教育专家尹建莉有这样一个观点：一个没有机会进行自我掌控的孩子，不可能学会自我控制；一个不被信任、总是被当作小偷一样提防的孩子，很难发展出诚实、自尊的品质。郭麒麟身上呈现出来的谦逊、自律、自尊与自己能在一些重大的事情上做选择、自主掌控不无关联。

自由就像空气一样意识不到但又无处不需要，儿童成长中的每一件小事几乎都可以用是否自由来衡量，但是习惯掌控、习惯了立规矩的父母很难能够意识到这一点。卢梭曾感叹："人生而自由，但却无往不在枷锁之中。"孩子成长中需要自由和空暇时间，父母要相信，儿童有一种与生俱来的内在生命力。孩子成长的每一个关键期，都是内在生命力自然展开的结果。当他们准备好获取语言时，他们会自然而然地吸收在生命环境中听到的语言；当他们准备发展某一项技能时，他们会自然而然地从周围环境中学习。在学习的问题上，孩子与生俱来地具备一种自我教育的潜能，父母要学会放手，给孩子适当的自由。菲菲一二年级的时候，妈妈曾经为女儿写作业绞尽脑汁，陪写陪练陪改，结果女儿越来越拖拉，一个小时写完的作业能写三个小时，没有时间阅读、没有时间玩耍，妈妈每天焦虑上火。三年级时，菲菲妈改变了策略，作业交给孩子自己，做完就可以玩耍，做不完自己承担责任回学校接受老师的教育，没想到一年下来，再也不用为作业着急上火了。类似的例子生活中比比皆是。成长是漫长的事情，也是孩子自己的事情，我们不能代替孩子成长，孩子需要独立的机会，通过完整的机会表现自己，从而形成稳定的自尊。

我们需要记住，不给孩子自由，他就不会拥有自觉。

第三节 让孩子成为他自己

就像开篇引用的纪伯伦的《论孩子》所说："每个孩子都有自己的思想，你可以荫庇他们的身体，但是荫蔽不了他们的灵魂。"孩子经由我们的身体来到世界，他们不仅拥有自己的思想和肉体,也会有独特的经历,有自己独特的内心世界,同时也会把他独一无二的能力和智慧奉献给这个世界。如果家长们都用同一个目标、同一个标准去要求孩子,无异于削足适履,损害孩子身心健康。相比于让孩子考上985、211,成为大学里的精英,我们更赞同教育的目的是帮助每一个孩子发展真正的谦逊和对生活的好奇心,并找到自己最深层的自我身份,最终成为真正的自己。换句话说,教育不是为了教给孩子正确的答案,而是赋予他对问题的好奇以及寻找答案的能力。怎么才能让孩子成为自己呢?杜威指出:"一切教育最后的问题是协调心理和社会的因素,这种协调要求儿童能够表现自己,而且在这样的方式中认识社会。"也就是说教育既是心理的,也是社会的,家长们要认识到家庭教育一方面要遵循孩子的心理发展规律,满足孩子个体成长的需要;另一方面孩子还是社会的人,教育要引领孩子走向社会,不能成为一座孤岛。

一、尊重成长规律,允许孩子慢慢长大

我家小朋友刚上三年级的第一周,老师布置了一篇作文,题目"记一件有意义的事",要求:不少于350字。小朋友是这样写的:

> 姐姐要去上大学了,临走时给我说,要好好吃饭,等她放寒假回来我要是能长5斤肉就给我发红包。为了钱,我拼了。

下面是我们之间的对话:

> 我问他:"老师说让写一件有意义的事,你这个事有意义么?"
> 他答:"有意义啊,我喜欢红包,这对我多有意义。"
> 我又问:"要求350字,你这才几个字啊?"
> 他反问我:"我这些字已经把事情说清楚了啊,为什么非得写350字?"
> 我一听他说的有道理啊,就又问了一句:"这篇作文20分,你这么写的话只能得5分。"
> 他回答我:"5分就5分好了。"

这样的事情,估计很多家长都遇到过,从孩子的角度来讲不是没有道理,可是成人会预期这样的结果:他作文可能只得5分。一篇作文被扣15分,让家长接受似乎有点困难,是尊重孩子的行为好,还是出手干预,让他重写好?我选择了前者。第二天接他放学的时候,我就"何为有意义"问了他们班的几个小朋友,孩子们的答案几乎一致,有意义就是好玩、有趣、喜欢,这是孩子眼里真实的答案,他们还无法也不会揣测出题老师的意思,更不会给出成人想要的高尚的答案。另外,对于刚开始学写作文的孩子,要求350字,是否科学合理呢?在没有理解"何为有意义的事"就能有头有尾生动形象地写出这么多字,似乎确实有困难。当然,我们不怀疑早慧的孩子,写出一篇成人期待的文

章并非难事，但是对于大多数普通的孩子而言并非易事。写作的过程也是孩子社会化的过程，需要经验的积累、需要认知的提升、需要情感的认同、需要概念的形成，这些都不是一蹴而就的，家长需要慢慢地等待，等待他有了在生活中积累的素材，等待他经历了只考 5 分带来的体验，等待老师教给他写作的技巧，等待某一天他受到激励……果然，仅仅是 2 个月后，我们家这个小朋友就已经能够写出一篇结构完整，有点模样的作文了。

不仅仅是写作文，任何一种行为都可以这样理解：儿童从一个以自我为中心的世界进入一个由成人设置规则的世界需要经历一个怎样的历程？首先他得理解这个规则，然后接纳这个规则并最终按照规则行事，这都需要时间，需要家长学会等待。家长需要做的就是面对当下，问自己：这孩子现在需要什么？他或她现在必须解决什么问题？儿童的需求必须根据孩子是什么，而不是将来是什么决定，杜威相信只有这样，儿童才会成为对社会生活有意义的建设者和参与者。

等待孩子慢慢长大，实际上是请家长尊重孩子的成长规律，包括尊重孩子的智力发展规律、尊重孩子的心理发展规律、尊重孩子的情绪发展规律、尊重孩子的认知发展规律、尊重孩子的性格特点。

1. 尊重孩子的智力发展规律

孩子的智力发展既有顺序性，又有不平衡性，通常有几个关键的时间节点。0—5 岁，研究表明，孩子的智力发展和他五岁前接收的信息刺激有关。刺激需要一定的强度与重复的频率，信息要饱满，各个方面都要兼顾，前面我们提到了多元智能理论，每个孩子都具备 8 项智能，而且每个孩子又有自己的优势智能。比如，弹钢琴，孩子花大量的时间练琴，如果孩子不具备天赋，从中获得的快乐会越来越少，最后成为负担，如果逼迫他继续练琴，就会阻碍其他智力的发展。现代教育理论认为，刺激够了就可以了，孩子以后会自己选择。

人类的左右脑有不同的功能，人类的科学是以左脑为主来发展的，但是人类的生活幸福感、自尊、现实生活中的自足和社交都是需要右脑来完成的，很多人感觉不到幸福，是因为右脑还没有形成饱满的状态。3—7 岁是右脑高速发展期，7—11 岁是左右脑并行发展期，15 岁以后是左脑的高速发展期，这个时候模型、推理、数学、物理就变得比较容易了，因为儿童已经受到大量存在的物理现象的刺激，可以归纳、分析和逻辑理解了。要想孩子愉悦地学习，关键是让他在 15 岁之前有广泛的兴趣和爱好。能否让孩子愉悦地学习，关键是看孩子能否在 5—15 岁之间体验到学习的快乐感和优势感。

2. 尊重孩子的心理发展规律

心理学家李子勋认为孩子的成长应该尊重这样几个心理发展规律：0—2 岁母爱是中心环节，孩子易和母亲形成情感依赖，仿佛是一种共生的状态。这段时期是孩子深层安全感、亲密能力形成的关键时期，希望母亲用温柔的爱与孩子相伴。2—5 岁，是父爱介入的最好时期，父亲的功能是把热恋中的母子分开，以促进孩子的成长与独立能力，并形成平衡的家庭情感。6—10岁，家庭需要建立良好的家庭规则与代际界限，注意性别角色的培养。由于父母对孩子的关注不同，要注意家庭慢慢发展为三角关系，如父子联盟或母女结盟。在夫妻情感不良的家庭，避免孩子成为夫妻间的替罪羔羊。同样，母亲角色太强、父亲角色太弱的家庭，不利于男孩个性的成长。11—15岁，对于青春期的孩子，家庭的规则和教育要有弹性，父母的情感要变得相对紧密，保持与孩子的界限并留出感情空间，以培养他的社会情感。对孩子的行为不能用简单的是非判断，而要采用积极认同和理解的方法，鼓励孩子对自己的行为负责，切忌代包代办。

3. 尊重孩子的情绪情感发展规律

情绪情感于人的发展而言是一种基膜性的质料，它与生俱来，不断发育成为支持德、智、体、美诸方面素质发展的基础性、内质性的材料，因而情感在人的发展中起基础性的作用，但这却是最容易被我们家长忽略的。悲喜是儿童与生俱来的能力，新生儿除了哭就是笑，这是他们与世界连接的方式。两岁以后的孩子就有了喜怒忧思悲恐惊七情，父母需要帮助孩子识别这些情绪，并对这些情绪命名，但是家长不要告诉孩子哪些是好情绪，哪些是坏情绪，情绪没有好坏之分，适度就可以。进入幼儿园以后孩子会形成社会性情绪，比如羡慕、妒忌、欣赏、怨恨、愤怒、失落、得意等，社会性情绪是孩子社会性情感的表达，家长要帮助孩子体验不同的情感，不必对孩子的愤怒、敌意感到害怕。6岁以后，父母可以帮助孩子建立情绪情感表达的正确方式，并理解有些情绪对别人是不好的。

没有人和曾经生活过、正在生活着和即将生活的其他任何人相同，这就意味着每一个人都是独一无二的，每一个人都有创新能力，如哲学家汉娜·阿伦特所言"每一人都要不断地把自己和所有其他人区别开来，以独一无二的业绩和成就来表明自己是所有人当中最优秀的"，家长和老师都应该给孩子们长成他自己的机会，过多的干涉和控制实际上是在阻碍孩子们长大成人。

二、培养孩子的关怀能力，引领孩子走向社会

人具有双重属性，既是个体的也是社会的，长大成人的过程实际上是个体社会化和个性化的过程。尊重孩子的成长规律，陪伴孩子慢慢长大是孩子个性化成长的需要。如果一个孩子有强大的内心世界、有强烈的自我认同感和归属感、有自己的兴趣和爱好，知道自己与他人不一样，我们可以说这个孩子个性化成长得不错。但是，每个人又都是社会的人，是复数的人，"不是单个人，而是人们，生活在地球上和栖息于世界中"，所以才有了语言和行动。家庭教育应该尊重这个事实，鼓励孩子走出去和他人沟通和交往。奥地利精神病学家阿德勒的研究表明，问题少年、精神病人、自杀者、酗酒者、堕落者有一些共同的特点，如从不寻求他人的帮助，失去了对生活的兴趣，并缺乏安全感。

在这些人心中,人生的意义就是以自我为中心,无法与他人共享他们的个人理想。他们所要取得的成功或要实现的某种理想,实际上也只会产生某种虚无主义的优越感,这种自我满足自我陶醉只对他们才有意义。所以阿德勒犀利地指出:"自我意义没有任何意义,真正的意义是在人与人的交往中体现出来的。"但是,在教育领域,引领孩子走向社会的重要性并没有被家长老师们足够重视。

北京大学心理健康教育与咨询中心徐凯文老师在一次"时代空心病与焦虑经济学"公开演讲中提道:北大一年级新生(本科生和研究生)中,30.4%的学生厌恶学习,或者认为学习没有意义;40.4%的学生认为活着没有意义,活着不过是按照别人的逻辑活下去而已。一时间"空心人""小镇做题家"之类的概念迭出,让我们不得不正视曾经令无数家长羡慕的"别人家"的孩子正在面对的挑战:"人生意义的丧失"。

如何防止长大成人以后出现"空心病",对家长和老师都提出了要求,让孩子拥有爱自己、爱别人、爱世界的能力是比分数、成绩、金钱更重要的东西。培养爱的能力至关重要,爱是在关系中形成的,对帮孩子建立关心、关爱的关系至关重要。美国教育家、哲学家内尔·诺丁斯一再强调"关心是一切成功教育的基石"。关心有多种形式,包括关心自我,关心最亲近的人,关心所有与自己有关系和没关系的人,关心人类的命运,关心人类创造的物质世界,关心环境,关心意识形态的知识。

怎么帮孩子建立起关心关爱的关系并进而形成责任感呢?可以从关爱最亲密的人开始。父母是孩子最亲密的人,爱父母、关心父母具有天然的倾向性,但是一些长大成人的孩子表现出来的只知道向父母索取不知道付出的行为是如何形成的呢?孩子对父母的冷漠情感往往是从拒绝孩子端来的一杯水、亲手做的一件礼物这样的日常小事开始的。当孩子充满温情,花了三个小时的时间折了一束纸质玫瑰花或者做了个不怎么精美的卡片满怀期待地送给妈妈的时候,妈妈迎头一句:"有那个时间,不如多做几道题";本来孩子想帮爸爸做一下家务,结果爸爸说:"赶紧做作业吧,成绩好比什么都好";如果孩子兴冲冲地和妈妈说:"妈妈,我今天在学校交了一个朋友",妈妈马上问:"他成绩好不好,不好咱可不和他玩",如此种种,试想会有什么后果?成绩和分数成为父母的口头禅的时候,我们很难想象能够培养出感恩和有温度的体贴的孩子。爱是相互的,也是在日常小事中培养出来的,爱子女的父母也应该注意培养爱父母的孩子。当父母与子女之间爱的链接稳定的时候,可以引导孩子去关爱关系更远一点的亲友和陌生人,逐步扩大到社会甚至人类命运共同体,这个过程也是儿童使命感和责任感形成的过程,所以阿德勒说:"人生的意义在于奉献并与他人合作。"如果我们从小只给他建构一个只有他自己的世界,那么他的眼里也就只有自己,这个世界对他而言也是一个无意义的世界。

当我们开始陪孩子一起走漫长的人生旅程的时候,让我们一起重温卢梭的经典语录:把孩子看作孩子,是因为"大自然希望儿童在成人以前就要像儿童的样子。如果我们打乱了这个次序,我们就会造成一些早熟的果实,它们长得既不丰满也不甜美,而且很快就会腐烂:我们将造成一些年纪轻轻的博士和老态龙钟的儿童"。

延伸阅读

1. [意]皮耶罗·费鲁奇.孩子是个哲学家[M].张晶,译.上海:上海社会科学出版社,2016.

2. [美]尼尔·波兹曼.童年的消逝[M].吴燕莛,译.北京:中信出版集团,2016.

3. [美]加雷斯·B.马修斯.幼儿与哲学[M].陈国荣,译.北京:生活·读书·新知三联书店,2020.

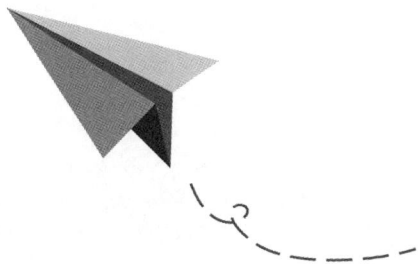

第六章

重新认识家校共育

没有家庭教育的学校教育，和没有学校教育的家庭教育，都不可能完成培养人——这一极其细微而又复杂的任务。

——[苏]瓦·阿·苏霍姆林斯基

　　家庭是儿童成长的摇篮,父母是孩子的启蒙教师。从出生到学前,家庭的培育和浸润会给孩子的人生留下最初的精神底色;学校是教育的主阵地,学校教育为学龄儿童的成长和可持续发展提供源源不断的帮助和支持。家庭教育与学校教育既相对独立又密不可分,二者同样需要遵循人的自然生长规律,乘势而养,顺势而育。家庭、学校、社会应建立互信共生的家校共育关系,为儿童提供最适合的成长方式。通过积极正面的引导,实现每一个孩子都能全面健康地成长,成为最好的自己。

第一节　儿童成长过程中的重要他人

一、遇见伯乐

(一)儿童天生就是诗人

原　创

如果有谁对我说

我爱你

这绝对绝对不是原创

原创在妈妈那里

——姜二嫚　6 岁

月　亮

为了跳到天上

月亮先爬到

树上

——姜二嫚　7 岁

古　诗

我把刚写的一首诗

放在太阳底下晒

想把它晒黄

像一首古诗

假装已经流传了几万年

——姜二嫚　9 岁

这些充满奇思妙想又富有童真童趣的诗歌，都出自一个 00 后小姑娘。出生于 2007 年年底的姜二嫚，六岁时的诗作就入选了 2014 年度"中国诗歌排行榜"，现在已经是一个很有名气的 00 后小诗人。她创作了 1 000 多首诗，出版了两本诗集，获得了 "2018 年度中国十佳诗人""全国鲁藜诗歌奖"等重磅奖项，还和姐姐姜馨贺一起创办了公众号"AA 糖 00 后"。在许多家长眼中，这就是"别人家的孩子"。

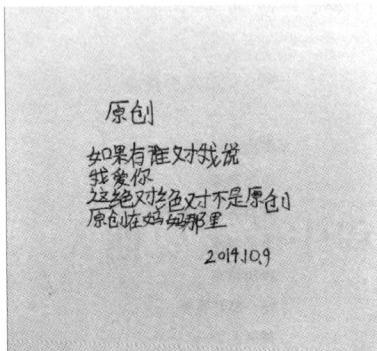

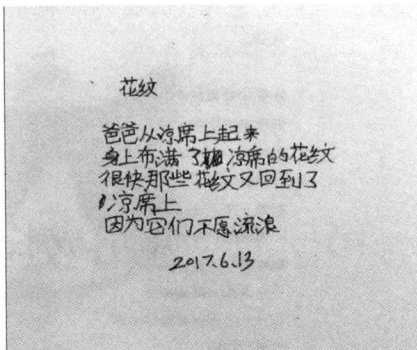

更让爸爸姜普元骄傲的是，姜家不止姜二嫚一个小诗人，大 4 岁的姐姐姜馨贺也同样才华横溢，姐妹俩都是中国诗坛上耀眼的 00 后新星。姜爸说，他的两个女儿，还不认字的时候就已经会"写"诗了，大女儿 1 岁 7 个月、二女儿两岁 5 个月时，就都有了自己的第 1 首诗作，姜爸听到以后就赶紧把女儿的作品记录了下来。许多人都把姜家的两个女儿称作"天才小诗人"，因为听到姜爸说这么小的孩子就已经会作诗了。但是如果真要在姜爸的介绍里去找亮点的话，作为家长，会敏锐地捕捉到并及时记录女儿话语的做法才是重点。

的确，一两岁的孩子牙牙学语时，经常会冒出一些新鲜的字眼儿和奇怪的念头，这些想法和表达会令他们的父母感到有趣和欣喜，父母也会分享给亲友，甚至晒到朋友圈，但是很少有人会把它作为孩子创作的"诗"记录和保存下来。

可是，姜普元对两个女儿无意识且即时的表达却无比珍视，只要听到女儿灵感迸发，他就随手记录下来，别管是旧报纸还是加油票，抓到什么是什么，在空白处记录下来，生怕时间一长就把女儿这些充满灵性的句子遗失掉了。然后再整理到专门为女儿们记录诗作的本子上。女儿讲述，爸爸记录，女儿不停讲述，爸爸不停记录。十年间，这样的只言片语，姜爸为两个女儿整整记录了四十三本。

所以，当有人向姜普元请教培养"诗歌神童"的经验时，他却不认可"神童"这样的称谓，反驳道："我的女儿不是神童，她们都是普通的女孩。"

姜普元为女儿们记录成长笔记，并非出于功利心——培养"小诗人"，而是为了更真切地了解和倾听女儿发自内心的声音，能够分享和感受女儿成长历程中的心情。这令他与两个孩子更加亲密，也由此积累和体验到更多为人父母的幸福感与获得感。所以对于女儿们的未来他也同样豁达，他说：

"我们只想给女儿一个丰富的童年和快乐的成长体验。她们按照自己的兴趣,快乐而自由地长大,以后是不是诗人,又有什么关系呢?"

那些羡慕姜普元"家有神童"的家长,此刻是否会顿悟——与其说,姜爸幸运地拥有两个才华横溢的女儿;不如说,姜馨贺姜二嫚姐妹俩幸运地拥有这样懂孩子、爱孩子的父母……

(二)巴学园里的小豆豆

有一本风靡全球的儿童文学作品,叫作《窗边的小豆豆》,在日本是销量第一的图书,据说每三个家庭就有一本。2017 年 5 月,这本书在中国的销量突破 1 000 万册,同时被翻译成 35 种语言,在全世界被广为阅读。

书中的小豆豆是个特别淘气的女孩子,小学一年级就因为总是捣乱,状况不断,影响到全班同学学习,被学校劝退了。因为没有学校愿意接收,母亲只好把她送到"巴学园"。这是一所特殊的学校,全校只有 50 多名学生,好些都是有小儿麻痹或先天疾病的小朋友。以现在的眼光看来,小豆豆无疑是一个有学习障碍(LD)的小孩。

小贴士

> LD(learning disabilities)——学习障碍的习惯省略用语,意思是儿童在语言、说话、阅读和社会交往技能方面的发育障碍。一般认为,这是由脑功能的轻微障碍造成的。

在巴学园,小豆豆遇到了第一个愿意倾听她讲话的老师——小林校长。第一次见小豆豆,小林校长就微微笑着,听小豆豆不停地讲了整整四个小时的话。没有一丝不耐烦,没有一丝厌倦。

"巴学园"有着与众不同的午餐,每到午餐开始的时候,小林校长就会问:

"大家都带了'海的味道'和'山的味道'来了吗?"

像蔬菜、肉等,只要是生在陆地上的,就归入"山的味道";"海的味道"则是鱼、红烧海味等海中生物做成的食物。巴学园的午餐使孩子们知道了哪些食物源自海洋,哪些生长在陆地上,这样去引起大家吃饭的兴趣,相比有些学校建议家长"注意不要让孩子养成偏食的习惯",或者要求学生"要注意全面和均衡地摄入营养",效果全然不一样。小林校长因为懂得每个孩子都有好奇心,所以每天都能够让孩子们在盼望与分享中开心地度过午餐时间。

"巴学园"还有着与众不同的教育方法,每天的第一节课,老师就把当天要上的课和每一节课的学习重点都写在黑板上,于是小朋友就从自己喜欢的那门课开始,慢慢地老师就会知道每一个学生的兴趣所在。巴学园里亲切、随和的教学方式让小豆豆感到安全和放心，她和其他的孩子一起度过了人生最美好的时光。

这本书的作者是日本作家黑柳彻子女士，她也是书中的"小豆豆"，这本书中记录的故事其实是黑柳彻子自己童年时期的真实经历。

说起来，小豆豆比起上文中的姜家姐妹更加幸运。她原本是一个问题小孩，好在她拥有一位无条件爱她保护她的妈妈黑柳朝，又遇见了对她一生起到积极影响的恩师小林校长，以及充满友善、生机和美好的学校"巴学园"。

在日本，黑柳彻子具有积极的影响力，她是知名作家，也是联合国儿童基金会亲善大使，曾经到访全世界十七个国家和地区，看望和帮助过许多处在生死边缘的儿童。对日本媒体来说，她还是一位殿堂级的人物，被称为 NHK 第一女演员，80 多岁的时候还在主持自己的节目，而且广受关注和欢迎。得以养成这样积极乐观的人生态度，与她童年时期充满温暖与关爱的成长经历有着密不可分的联系。

（三）千里马常有而伯乐不常有

传说春秋时代，伯乐因善于相马而著称。一次，伯乐在路上看到一匹瘦马，拉着一辆沉重的盐车在坡上行走。从马的阵阵嘶鸣，伯乐判断这是一匹难得的骏马。他连忙拦住驾车人说："这是一匹宝马良驹，应当征战沙场。如果只用它来拉车，还不如普通的马有力气。你把它卖给我吧。"驾车人早就嫌弃马儿骨瘦如柴、没有气力，痛快地答应了。伯乐牵走马儿，让人精心喂养，很快，那马便恢复了壮硕神骏，奔跑起来四蹄轻健，迅疾如风。后来驰骋沙场，立下功勋无数。

关于伯乐和千里马，唐朝著名的文学家、思想家韩愈，曾在《马说》一文中提出过自己的观点——"世有伯乐，然后有千里马。千里马常有，而伯乐不常有。"这两句话并不难懂，意思是说：世上先有伯乐，才有千里马。千里马并不罕见，然而能认得千里马的伯乐却不多。韩老先生在这篇《马说》中其实是以马为喻，抒愤世嫉俗之意，是一个有才学有抱负的文人志士，对统治者不能知人善任、埋没人才表达出的感慨和愤懑。在许多人眼中，这句话对于培育孩子也同样适用。

在儿童成长的历程中，每一个孩子都是潜在的"千里良驹"，但能否发现和支持他们的成长，对孩子来说确实是需要机遇的。这样的"伯乐"，有时是父母，有时是老师。

作为家长，如果只是两眼盯着"别人家的孩子"，以"别人"的黄金育儿经验来套用到自己的养育过程，那只会收获失望与困惑。相反，如果能从自家孩子的优点出发，鼓励和放大孩子的优点，支持孩子的个性化发展，注重发展长项而不是一味补短，这样才能成为伯乐型父母。

作为教师，则可能成为儿童在家庭之外的第一个伯乐。作为每一个独立的个体，每个儿童都带着自己独有的成长密码走进校园。每一个小小的心思里都装着不一样的憧憬和希望，每一个小小的身躯里都蕴藏着不一样的能量。他们那独一无二的气质禀赋能否被学校和老师认识、接纳，将决定着他们接下来的学习生活是否顺利且愉快。他们就像一匹匹将要驰骋远方的千里马，经由学校这个驿站，向未来和远方出发……

（四）结论

从以上古今中外的事例中，我们可以获得哪些经验或启发？

1. 每个孩子都具有独特的个性和潜在的才能

上文中的姜家两姊妹除了写诗，与其他孩子并无明显差异；而黑柳彻子在小豆豆时期不仅没有突出的才能，甚至是个有学习障碍的孩子。她们之所以脱颖而出，在于个性得以彰显，潜能得到发挥。中外哲学家研究发现，人因为先天生理因素如遗传的影响，其认识外界的形式本身就是不同的，学者们尽管因理解不同而产生争议，但是都认可"天赋"的存在。1983 年，美国心理学家加德纳提出了著名的"多元智能"理论。他认为智力并不能通过一种简单的测验来衡量，也不是只有少数人拥有。相反，智力不是一种能力而是一组能力，而且各自以独立的方式存在。每个人不同程度地在多方面表现出智力行为，每个学生或多或少具有 8 种智力，只是其组合的方式和发挥的程度不同。因此，对每个孩子来说，天赋和潜能是确然存在的。

2. 父母和老师最可能成为发现孩子天分的伯乐

加德纳的"多元智能"理论在全世界范围内得到了广泛的认同，也开始对家庭和学校教育产生日益深远的影响。"多元智能"理论认为：人的智力发展会受到三种因素的主要影响——先天资质、个人成长经历和个人生存的历史文化背景。先天资质固然无法改变，但对于每个人智力发展水平的高低来说，后两者才是关键。如果在儿童成长的初期或关键时刻，陪伴其左右的父母和老师能够根据孩子的特点或需要给予关注和支持，帮助他们产生兴趣、树立信心，这样每个儿童都能获得某方面的成长优势，能够发展和增强自己在某个方面的专长。

3. 父母培养孩子应摒弃功利与虚荣心

上文中姜家姐妹现在是 00 后小诗人，长大后她们会做什么，还要继续做诗人吗？对于这个问题他们的父母没有长期规划，姜普元接受采访时已经明确说过，希望孩子的未来依然可以循着兴趣自由生长，做不做诗人都尊重她们的选择。真正智慧的父母都会这样，发现孩子的长处，引导兴趣，鼓励孩子用自己喜欢的方式来学习、探索、发现，没有规定动作，更没有功利的目标，在孩子成长的历程中一路陪伴，一路惊喜。在培养孩子长大的过程中，不要只看到眼前的利益，更不要把"成功"作为唯一的目标。须知父母之爱子，则为之计深远。人生是一场长长的马拉松，要鼓励孩子不断地去经历、感受、试错、反思，寻找自己的方向，积蓄走向未来的力量。

二、影响成长

（一）生命中的重要他人

每一位家长都希望孩子得遇良师，一位优秀的老师可能会对孩子的一生产生重要和积极的影响，使他们未来的人生变得大不一样。其实，孩子成长历程中，无论父母，还是老师、同伴，甚至一面之缘的路人都有可能成为孩子生命成长中的"重要他人"。往往他们并不经意的动作、眼神或者评价，却有可能对孩子的成长产生巨大的影响。这些在孩子成长过程中产生重要影响的人，都是他们生命成长过程中的"重要他人"。

小贴士

重要他人

重要他人（significant others）是心理学和社会学都很关注的一个名词。美国学者米德（Mead，G.H.）和社会学家米尔斯（Mills，C.W.）先后提出和明确了这个概念。人生活在社会和群体之中，不可避免地会受到他人的影响。"重要他人"指的是一个人心理和人格形成的过程中，起过巨大的影响甚至是决定性作用的人。

著名女作家毕淑敏少年时期曾有过一段刻骨铭心的经历：

那时，十一岁的她个子挺高，还是大队委员，一次被选拔参加学校的"红五月"歌咏比赛，心里别提多美了！有一天排练的时候，音乐老师突然停止了指挥，走到队伍当中，绕着圈子去听大家清唱。看到老师走过来听，同学们唱得分外起劲，可是正唱得兴起的毕淑敏，却被老师兜头泼了一盆冷水，说她跑调了，说她一颗老鼠屎坏了一锅汤。

音乐老师要把她除名，只是因为身高优势，才把她继续留在了合唱队伍中。可令毕淑敏备受打击的是，留在队伍中的她仅仅只是为了充数，音乐老师对她下了"禁声令"，只许她跟随音乐对口型，不准发出一丝一毫的声音。回想往事，毕淑敏清晰地感受到那种痛楚一直延续至今；而那时，她只能任由泪水在眼眶里打转，却不敢跟老师说不愿做这个傀儡。

这一段经历带给毕淑敏的后遗症就是——她无论怎样努力，却再也不能张开口唱歌。她说："在那以后几十年的岁月中，长辫子老师那竖起的食指如同一道符咒锁住了我的咽喉。"

没有丝毫夸张，除了无法张口唱歌，据她回忆，只要是参加会议需要发言或者当众演讲，都会令她感到心里剧烈的恐慌。有时明明做好了发言的准备，可临到上场，她会找出各种借口——上洗手间、去拿东西……完全顾不得别人的眼光和可能的后果。她也确实听到了一些批评或指责，说她倨傲失礼，但内心深处是只有自己才懂又无法言说的创伤——这种恐惧和不自信的心理正是童年的经历在作祟。

毫无疑问，音乐老师一定是毕淑敏成长历程中的"重要他人"。弗洛伊德精神分析学派认为，有些受到精心照料的儿童同样也会遭遇心灵创伤，因为儿童智力发展的规律如此，孩童没有完全明辨是非的能力，他们会认为确实是自己犯的错。

在人生的初始阶段，父母是孩子生命中最为关键的重要他人；上学以后，老师、同伴都是孩子身边在潜移默化间影响他们成长的重要他人。如何发挥积极的影响，让孩子从这些重要他人身上获取正面的力量？是大人们应当好好思考和掂量的。

（二）期待可以创造奇迹

有一个关于梦想成真的故事。传说塞浦路斯国王皮格马利翁（Pygmalion）是一位有名的雕塑家。他用象牙雕刻出一位美丽的少女并且深深爱上了她，盼望着她能变成真人，接受自己的爱。在爱神阿佛洛狄忒的帮助下，这个愿望得以成真。由这个故事得出的结论是心理学上著名的"皮格马利翁效应"——期望和赞美能产生奇迹。

美国心理学家罗森塔尔通过一项实验对"皮格马利翁效应"进行了验证。罗森塔尔和 L.雅各布森来到一所小学，他们对其中 18 个班级的学生进行了"未来发展趋势测验"，并将其中的"最有发展前途者"名单交给了校长和他们的老师，郑重其事地嘱咐他们要对这些学生保密，以免影响实验效果。而事实上，他们提供的名单只是随意选择的，这些学生并无特殊之处，这项实验只为了验证"皮格马利翁效应"。8 个月后，当罗森塔尔和助手们又来到这所学校，并对当初那 18 个班级的学生再次进行检验时，结果令他们震惊：被指定为"最有发展前途者"的学生，都比原先更加积极、自信、活泼、向上，无论是学习成绩还是其他方面都有不同程度的进步。

针对这一结果，心理学家进行了反思和剖析。他们确信，被列在"最有发展前途者"名单之列的学生之所以会进步，主要原因在于教师的持续关注、鼓励等积极影响。

在罗森塔尔的实验里，教师因受到暗示而对被选中的学生抱有更高期望，一方面会通过态度、言语等给予加倍关注，另外还会通过提问、辅导、赞许等方式进行持续的鼓励，从而将内心的期待通过态度和言行传递给这些学生；学生受到关怀则给老师以积极的反馈，这种反馈又激起老师更大的教育热情，继续保持高期待，并对这些学生给予更多关照。如此循环往复，以致这些学生的智力、学业成绩以及社会行为朝着教师期望的方向靠拢，使期望成为现实。实验的结果证实了这一点——关注、期待、鼓励、赞美等，都会给孩子的成长带来积极正向的影响。

（三）结论

青少年儿童在成长时期具有很强的可塑性，生活在社会、学校与家庭中，时时刻刻都在与外界发生联系，对新鲜事物接受很快，也很容易受到外界的影响。本节从不同方面讲述了"重要他人"在有意无意间带给孩童的成长影响，既有正面积极的影响，也有负面阴暗的戕害。好的教育效果需要多方正确和良好的教育引导，尤其是家校共育，可以通过整合各种教育资源，产生合力共同施加有益的影响，帮助青少年儿童在成长过程中少走弯路，使教育效果呈现出正面导向性和全面一致性，达成积极的育人目标。

1. 以重要他人的角色参与成长

回首我们自己的成长历程可以发现，每个人的生命中都会遇到"重要他人"。尤其是在人生转角的关键时刻，一定少不了重要他人的指引。在长大成人的经历中，也许是我们人生的导师，也许是困苦时刻给予援手的陌生人，总而言之，对我们持续产生着深远的影响。作为儿童成长历程中的重要他人，父母和老师应当做好充分的准备，参与到他们成长的历程中去。作为榜样，作为导师，作为靠山，让孩子能够从这里获取帮助、指引，以及源源不断的力量。

2. 以积极的态度陪伴和引领成长

作为孩子生命成长的重要他人——父母、教师，对孩子都有不可忽视的影响力。如果能以孩子的健康成长为核心，父母和教师加强沟通，持续关注和鼓励孩子，在他（她）需要的时候给予点拨和指导，将源自家庭教育和学校教育的力量统一起来，就可以为孩子创造有利于他们身心健康的温暖而具有安全感的成长环境。

第二节 合作共育是助力成长的应然之举

一、家校共育中的认识偏差及问题倾向

（一）教育最怕"唱反调"

对孩童来说，家长和老师同样都是成长引路人，双方的教育目标是趋向一致的。因此从某些意义上看，教师和家长其实是盟友，对孩子都有指导和示范作用，家校双

方应以真诚和平等的态度，共同探讨最佳的教育方法及路径，以期达到最优的教育效果。

现实中，许多资深班主任谈及"家校教育不一致产生的负效应"这类问题时，毫无例外地都提到由"唱反调的教育"带来的不良后果。有这样一个真实的案例：

> 某学校几年间多次接到过同一位学生家长的投诉，不仅如此，差不多所有教过她家孩子的老师都被投诉过，诉求内容也是多方多面——年轻教师因为缺少教学和管理经验被投诉，年长教师因为教学理念和方法陈旧被投诉，数学老师出差调课，语文老师作业太多，英语老师总布置抄写和背诵的作业……不仅如此，从孩子一年级起，她隔三差五就往班级群发带孩子旅游的照片，经常转发宣扬国外的育儿理念和经验一类的推文。孩子完不成家庭作业，妈妈振振有词："老师布置作业太多，加重了孩子的负担"；孩子放学留下做值日打扫卫生，家长先是电话投诉要求学校雇请保洁人员打扫，后来干脆以各种借口给孩子请假，不让孩子参加值日；更有甚者，一二年级时每每正常上课、期末考试，她却以各种理由给孩子请假，带孩子外出旅游度假。"快乐教育"是这位家长推崇备至的理念和目标，只要是让孩子"不快乐"的学习任务，她一律不让孩子做。可是和她预期不一样的是，孩子并没有因此"快乐"，反而视学习如洪水猛兽，体育活动嫌累，劳动扫除嫌脏，面对学习任务能少则少、能拖就拖，学习态度、方法、成绩都与同班同学渐渐拉开差距。四年级期末考，已经相比其他同伴差了一截；与此同时，孩子对于物质生活标准却一点也不愿将就，衣物服饰都要名牌。看到自家孩子出现的种种问题，家长百思不得其解，硬着头皮给孩子请家庭教师开始补课……

这位家长一直未能走出困局，她不清楚孩子的问题症结所在——当家长与学校教师给了孩子完全相反的教育导向时，作为孩子，无从辨别正误，只会选择相信一方，绝大多数时候，因为亲情，孩子会跟随父母的要求行动；此时，教师的形象、威信乃至于教育效果都将大打折扣。这位家长对学校老师的反复质疑和投诉从一开始就在孩子心里埋下了不信任的种子，孩子在心底里已经把学校生活、老师要求、学习任务全部置于对立面；而家长更是帮孩子屏蔽一切任务，把"快乐教育"演变成"享乐生活"，带偏了孩子的成长方向。孩子的问题往往都要寻找背后的成因，教育"唱反调"势必导致南辕北辙，只有家长和学校相互支持、共同教育才能达成好的教育效果。

（二）家校共育中的认识偏差

20 世纪 80 年代以来，国家颁布了许多指导性的纲要文件，非常重视家庭和学校合作共育的问题，目前"家校共育"已经成为现代大德育观念下教育的一个重要组成部分。家校共育方面存在的问题主要源自理解和认识上的偏差。

1.把家庭教育作为学校教育的从属,对合作共育的认识存在偏差

首先从社会舆论到学校,在一些教师和家长的观念中,家庭教育只是学校教育的从属部分。在他们看来,学校教育对孩子的成长起着至关重要的主导作用,而家庭教育和社会教育应当从属并服务于学校教育。

不少家长都认为"好家长"的标准就是能配合学校,告诫孩子要听老师的话;从教师层面看也存在这样的认识误区,有些教师认为家长的责任就在于配合老师,完成老师布置的任务就可以。以上种种都反映出,对家校共育中家庭教育的理解和认识存在严重不足,对家庭教育的实际内涵和重要性缺乏全面和深刻的认识。

2.把知识教育作为核心,家校共育的价值导向出现偏差

多数家长都有望子成龙、望女成凤的心理,以至于孩子的衣食住行和学习成绩成了父母眼里的全部。而把辅导孩子学习、追求成绩优秀作为家庭教育的核心,成为家校共育中家庭教育的又一大误区。

新闻媒体曝出这样一则消息:

> 湖北襄阳有一位三年级小学生的妈妈,只有36岁,却因为辅导孩子做题时总是讲不通心里特别憋闷,导致突发心肌梗塞,入院抢救才脱离危险。一时间,关于辅导孩子做作业,引发了无数网友吐槽,演员岳云鹏也是其中之一。他在一条微博中提出要找家教,还附上了一则招聘启事:"能辅导我闺女的作业就可以,别的要求没啥。年龄,政治面貌没关系,尤其是英语作业,我崩溃了。工资面议!"

如此种种,家长把辅导作业、追求高分作为家庭教育的核心内容,教师把孩子成绩、完成作业作为家校沟通的全部,家校共育把"成才"而非"成人"作为培养儿童的终极目标,这使得一大批人已经忽略了家校共育是以育人为基本目标的初衷和价值观念。

3.忽略教育主体,家校共育的实效性存在偏差

家校共育中另一个常见的误区是对学生主体地位的忽略。一方面学校教师勤勉工作,一方面家长鼎力支持,二者联系紧密却把学生始终置于被动接受的地位,不关心学生的主体感受及学生是否真正受益。

> 2020年4月,一则14岁男孩高台喊话家长的消息被顶上热搜。这名八年级的男生在湖南卫视的综艺节目《少年说》中,向坐在台下的母亲诉说他的梦想:
>
> "我要踢足球!不管你们如何千方百计阻挠我,我都不会放弃我最初的梦想!"

男孩在五年级时第一次接触足球就爱上了这项运动,他梦想着进入足球俱乐部,梦想着成为专业的足球运动员,可是家人和老师并不看好他的梦想,他倍感失望的同时,声明自己绝不放弃。现今的家校合作中,老师和家长形成合力为孩子"谋划未来"的现象并不鲜见。孩子自己的兴趣、感受经常被无视,有些孩子因此走上了叛逆对抗的道路。

另有些时候,家长为了帮助孩子完成老师布置的各种任务,为了能让孩子得到老师的表扬,干脆完全替代孩子,将孩子的各类实践和体验活动演变为家长的创意比赛。有家长慨叹,要做超级妈妈,必须练就十八般武艺:

> 线上会填表,
>
> 上网查资料,
>
> 陪得了练琴,
>
> 办得好小报,
>
> 作文能教好,
>
> 奥数难不倒。

以上做法,均显示出部分家长和教师对于家校共育的理解及认识仍存在着较大的偏差。

(三)合作共育中家庭教育的问题倾向

当今社会,人们越来越重视家庭教育,也充分认识到家长在孩子成长过程中的引领和影响;社会舆论也在积极营造"家校联系,合作育人"的氛围。站在合作共育的立场审视家庭教育中的问题倾向是非常有必要的。

1. 成长高期待引发社会焦虑

对许多家庭来说,教育就是"鲤鱼跳龙门"的最佳路径。许多家长忽视了教育本身的育人价值,只希望孩子能考上最好的大学,能拥有优越的社会地位,能代替自己实现最初的梦想。于是,对孩子的"成才"有目标有规划,不切实际地投入人力、财力、物力,恨不得倾其所有进行培养和打造。而这种过于功利的成长期待与孩子的实际兴趣、能力等产生矛盾和冲突时,往往家长失落,孩子受伤,实际上欲速则不达。而众多家长为孩子成长"加速"建立的圈子往往又带动了一批家长的投入,每个年龄层、每个阶段都出现了对孩子的高期待引发的"内卷"和随之而来的社会焦虑。

2. "长不大"成为孩子的通病

当前社会由于独生子女进入婚龄和育龄期,许多家庭呈现出倒三角形的结构特点。四位祖父母呵护一对年轻夫妻,新生命更是被高高捧起,许多家庭众多家人围着一个孩子,以孩子的全部需求作为全家的行动目标。孩子不缺关怀不缺物质,以至于长期以来养成了以自我为中心的行为处事方式。许多家庭中，父母家人宁可自己节衣缩食，也不吝惜给孩子的花销。对孩子表达爱的方式更是以物质奖励为主，玩具、衣饰、美食、出游，以至于孩子没有体验过需求感、挫折感，无法面对别人说"不"，也无法面对成长中的困难与挫折，缺乏起码的交往意识和责任意识。

3. 忽视心理健康和养成教育

以成才为目的的家庭教育会关注孩子的身体健康和智力发展，但是因为对儿童的成长规律并不清楚，很多家长对孩子关键时期的心理特征不能理解、不会干预，对于孩子出现的心理问题要么回避、要么高压、要么忽视，造成许多孩子积累了过多的情绪压力无处缓解和释放，直至出现严重的心理问题。

此外，我国自古代就极其重视儿童的养成教育，孔子提出："少若成天性，习惯如自然。"养成教育本身应当是家校共育的一项重点，可是由于方法不得当，很多时候，家长只是采用"说教"的方式，并不关注"养成"的效果如何。

4. 缺少方法意识和情绪管理

家长在育儿过程中遇到困惑和难题时，因为经验不足和缺少方法，经常"一触即发"，导致家庭矛盾产生。有时会陷入夫妻相互争吵、相互指责的困局，有时情绪崩溃、责骂孩子，不仅影响家庭和睦，往往夫妻关系、亲子关系都随之降至冰点。

（四）结论

家庭，从小处说是社会的基本细胞，从大处说是孩子的第一所学校。在家校共育逐步走进人们的视野，越来越受到重视的时候，我们有必要重新审视对家校共育的认识偏差，发现其中普遍存在的问题。通过本章节的介绍，一方面我们可以重新整理并认识家校共育中家庭、学校、社会三者之间的关系，另一方面能够对照我们在家庭教育中的做法来反思和发现问题。

1. 理清关系，全面深入地了解家校共育

青少年儿童的健康成长事关祖国的未来，需要家庭、学校、社会、政府多方面协同一致，相互支持，聚力而为。家庭教育、学校教育、社会教育，既有各自的领域和重点，又互为补充、形成合力，对于培养全面发展的未来人、建设幸福家庭以及和谐社会有着非常重要的价值意义。因此，只有将学校教育、社会教育与家庭教育联合起来，才能集聚更加强大的教育力量，切实为青少年儿童的健康成长与全面发展奠定坚实的基础。

2. 直面问题，拆解家庭教育中的心结

重新认识家校共育，走出功利化的育儿误区，立足家庭梳理现有的问题和困惑。尝

试着管理情绪，尝试着沟通交流，在家庭中，努力建设良好的夫妻及亲子关系。找寻问题的根本原因，将教育引领与生活养成相结合；增加情感体验，注重精神成长，在平常生活中提升全家人的幸福感与获得感。

二、寻求家庭与学校合作共育的着力点

（一）以儿童成长为核心

苏霍姆林斯基是 20 世纪最伟大的教育家之一，他曾经提出这样一个鲜明的观点：

　　"最完备的教育就是学校—家庭教育。"

他认为，学校和家庭是两个教育者，要行动一致，向儿童提出相同的要求，还要志同道合，抱着一致的信念，只有这样儿童才能实现全面和谐的发展。

家校共育要以儿童的全面发展为核心，学校教育、家庭教育以及社会教育相互沟通，形成联动，共同为儿童的成长提供资源，搭建平台，助其发展。

（二）以"新三好"为育人目标

"好孩子、好学生和好公民"是家校共育的培养目标，有专家称之为"新三好"。

在家做个好孩子，有良好的品德习惯，孝敬父母长辈，为家庭、为家人能够主动承担力所能及的劳动，有家庭责任感；在校做个好学生，守纪律爱学习，帮助同伴有爱心，有集体主义精神；做个社会好公民，加强公德意识、法律意识、环保意识、爱国意识以及主人公意识等。

要达成这样的育人目标，需要全家、全校及全社会共同努力。每个儿童都像练飞的小鹰，只有两只翅膀都强大有力，才能飞得更高、更远。家庭和学校是支撑起小鹰飞翔的两翼，社会则是托起双翼的东风，任何一方都难以独立完成培育儿童的重任。

（三）聚力合作，共同育人

1. 明德立志，养正为始

培养儿童良好的品德、树立远大的志向、初步形成正确的价值导向，是学习做人的起点，也是家校共育的重点。"全面实施立德树人"是当今学校教育教学改革的根本目标。作为家长，一方面要更新理念，了解现今社会衡量人才的标准并不局限于"唯学历""唯分数"，充分认识到新时代的发展需要更多全面性、综合性的人才；另一方面，从生活细节入手，引导孩子养成良好的意志品质，支持孩子加强品德修养，努力成长为品德好、素质高、能力强的创新型人才。

2. 尊重规律，顺时而教

我国自古代就非常重视研究"时"，尊重"时"，顺应"时"，代表着人对自然的敬畏，同时也是遵循规律的体现。中西方教育家都倡导对教育规律、成长规律的研究。英国哲学家洛克提出了"白板说"，他认为人的心灵开始时就像一张白纸，而向它提供精神内容的是经验。幼儿的成长正是要遵循这样的规律，在最初的时候以正面教育引领孩童，根据每个孩子的年龄和身心特点，施加必要的影响，助其健康成长。

每到九月开学季，围绕"是否要让孩子提前学"都会引发一波热议。支持提前学的家长认为孩子有基础，可以更轻松；反对提前学的家长认为孩子缺少新鲜感，就像烫剩饭。许多辅导班应运而生，每到周末学生络绎不绝。可这些辅导班并不一定专业，有的甚至本末倒置。以学拼音为例，一些辅导班忽略儿童学拼音的难点在于"拼读"，反而是把拼音字母作为重点教读教记教写，孩子回到家还要用稚嫩的小手一遍遍书写拼音字母。担心孩子起点低、起跑慢，造成了不少儿童被动承受"越位"成长。采用"揠苗助长"的教育方式对孩子会产生什么样的危害，会不会影响学习兴趣……都是需要家长们好好思考把握的。

3. 因材施教，乘势而为

现代心理学及教育实践证明，正常情况下，儿童绝无天才和蠢材之分，每一个儿童都具有潜在的长项，只不过差异显著，不同人身上会有不同的表现。人的独特性表明任何一套教育模式都不可能适用于全部人，教育是为了激发人的潜能。因此，在家校共育中，家长、教师都要注重观察孩子并及时交流沟通、发掘孩子身上的闪光点，遵循孩子的天性，乘势而教，让孩子努力成为最好的自己。

4. 行为示范，不言之教

南北朝时期的颜之推著有《颜氏家训》，是我国古代最著名的家庭教育理论。颜之推特别强调要在家庭教育中采用言传身教的方法：

> "夫风化者，自上而行于下者也，自先而施于后者也。"

这句话意思是说要想通过教育感化别人，一定要自上而下、自先而后，否则没有说服力。事实上，家庭教育和学校教育都特别强调"行为示范"的意义。我国古代就有"曾子杀猪"的故事，强调父母要以身作则、言而有信；著名教育家陶行知的名言——"学高为师、身正为范"，更是被许多师范院校作为校训。家长和教师如果重视自身言行的榜样示范作用，儿童也会受到熏陶和感染，在潜移默化中自然形成良好的品行习惯。

5. 营造环境，育人无声

孩子的健康成长需要营造良好的环境。家庭、学校和社会，都有责任和义务为青少年儿童创造良好的成长空间。古时候"孟母三迁"的故事至今传为美谈,两千多年前,孟子的母亲就能为孩子的成长选择最适合的居住环境,充分认识到"近朱者赤,近墨者黑"的道理。《颜氏家训》中也有类似的观点,同样认为儿童有较强的可塑性,品德习惯都容易受到左右临近之人的影响,必须要为他们创作良好的生长环境,以利于儿童身心的健康成长。

(四) 结论

自家校共育提出以来,越来越多的家长能够与学校加强沟通交流,思想上同频共振,共同为孩子的健康成长服务。本章节立足于学校、家庭、社会三方合作共育的基础,探求家校共育的着力点。

1. 认清合作共育的核心

家校合作共育是基于儿童的全面发展,学校、家庭、社会三方共同开展的一项需要长期坚持的重要工作。儿童的全面发展,是从身到心、德智体美劳五育并举的发展。家长在这项工作中,因为和孩子血脉相连、朝夕相处,有着得天独厚的教育时机。一方面,可以通过与学校沟通联系来加强或帮助引领孩子,另一方面,可以根据孩子的自身特点鼓励引导孩子。分工明责,使家校共育平稳有效地助力孩子的健康成长。

2. 明确合作共育的目标

家校共育可以促进儿童在健康和谐的环境中生活、学习、成长,培养好孩子、好学生和好公民,是合作共育的目的所在。

3. 探求合作共育的路径

家校共育可以从不同的路径进行,由孩子的成长需要出发,集合多方面的智慧,共同培育健康快乐的儿童。

第三节　相同的方向与一致的行动

一、信任是最好的打开方式

(一) 信任之外,别无他途

信任,在任何一种关系中的重要性都是不言而喻的。博尔诺夫在《教育人类学》中谈到教育信任，特别强调了信任的力量。他认为信任具有一种使人振奋和教育人的巨大力量，尽管有时教育存在着某些困难和失望，但教育者对每一个儿童一如既往地表现出那种完全具体的信任，可以培养起儿童对自己能力的自信心并使其心情愉快。不只师生之间，教师和家长之间的互相信任同样可以产生令人振奋、互相教育的力量，而且是双向的力量。家长信任教师，才会更愿意配合学校工作，也会更理性面对孩子回家之后的"告状"，同时还会把这种信任潜移默化地传递给孩子，从而使孩子"亲其师"；教师信任家长，当孩子在学校出现问题时，会更愿意耐心了解背后的原因，从而与家庭协作解决问题。互相信任，必定是互相支持与成全，处在家校之间的儿童所感受到的必是满满的安全感，生命的状态也会更加自然地呈现。

与信任相对的是猜疑。如果家长怀疑教师的能力或是品格，或是怀疑学校的教育理念，必是不愿意接受来自学校的各种反馈信息，也不会愿意和学校教育方向保持一致。两股力量无法合并时，定会是向不同的方向撕扯处于中间的儿童，给儿童带来困扰，让儿童无所适从，不知该如何认识自己所处的世界，也很难建构自己的价值观，从而在认知及行为上出现问题。这时，家校双方难免会互相推脱责任，使家校关系更加糟糕，使儿童更加受累。如果不及时消除其中的疑虑，对于各方面快速发展的儿童来说，这种夹在中间的压迫感会让他们无法体验到学校生活的乐趣，甚至会让他们对周围的世界充满疑虑，影响到健全人格的形成。

（二）信任的力量

《特别的女生萨哈拉》讲了一个叫萨哈拉的女孩的成长故事。父母离婚后，爸爸再也没出现过，跟着妈妈一起生活的萨哈拉在学校里几乎不再讲话，也不再按学校要求听讲、作业，把所有对爸爸的想念和不解，写在一张一张小纸片上。由此被学校判定为问题儿童。直到波迪老师出现，她的命运才发生转变。波迪老师给每个孩子发一个本子用来写作。萨哈拉连续几天一个字都不写。波迪老师也不催促，直到萨哈拉主动写下"我将成为作家"，波迪老师才回复她一句"作家需要写作"。事实上，萨哈拉一直偷偷地写作。经过多次试探和多天的相处之后，萨哈拉发现波迪和其他老师不一样。这才愿意敞开心扉，写了自己名字的故事，用文字证明了自己。

在萨哈拉遭遇家庭变故而无法走出来时，幸运地遇到了波迪老师对她的无限信任，还有波迪老师与萨哈拉妈妈之间的相互信任，才最终等到了萨哈拉破茧成蝶。

（三）信任需要共同维护

当然，我们都知道，信任的建立需要一个过程，需要双方共同经历一些事情，互相完成"考验"。不过，破坏信任却是一件很容易的事。维系信任需要家校双方互相尊重、互相理解，坦诚以待。如果有一方破坏了这一原则，信任的基石将不再稳固。一旦出现猜疑的种子，基于人性中一些不易突破的困境，之后想再重建信任，将会困难重重，甚至难以实现。

2020 年 11 月初,江苏某地发生的家长退出班级群事件,闹得沸沸扬扬。事件直接导火索是老师在班级群点名批评个别家长没有认真批改孩子的作业,引发家长愤怒指责老师把自己的本职工作转嫁到家长头上并退群。从不多的信息中,我们不难发现家长和老师之间关系的恶化并非这一偶然事件,这一次不过是把一直以来的矛盾瞬间释放了出来。究其背后原因,是老师违背了家校双方互相尊重、互相理解的相处原则在先,没能认清各自的职责边界,使得自己乃至整个教师群体的形象轰然倒塌,并严重影响了社会对学校教育的信任。这位家长的极端处理方式在后,面对老师的不合理要求,没能通过理性的渠道去沟通解决。由此,我们也不难想出,无论是事件中的老师还是家长,以后将在家校关系中处于一种怎样尴尬的境况。

某地一初中学生用技术手段处理平时偷拍老师的视频,把老师和学生之间正常的肢体接触演变成"老师狂掴学生耳光"的严重体罚行为,并上传到网上,产生非常恶劣的影响。相关学生家长在没有调查了解清楚的情况下,对事件推波助澜,严重损害了当事教师的声誉及对工作的热情,把自己和孩子置于与学校及老师相对立的位置。家校之间的信任关系被完全毁坏掉。

以上两个极端案例背后其实都有一个指向,即不再相信,也不愿意再选择相信。但凡家长对学校、老师还有一丝信任,都不会这么不管不顾地把事情推向一个不可挽回的境地,使得双方利益俱损,没有一个赢家。

在家校关系中,家长往往是先不愿相信的一方。其中的原因主要来自两个方面。一方面是社会大环境的影响。一些非教育类问题层层转嫁到学校以后,不得不再由学校转嫁到家长头上,引起家长的普遍不满。同时,媒体在报道教育类事件时,往往会苛责学校和教师一方,甚至以特殊来代表一般,忽视一些"熊孩子"及其背后的"熊家长",使得教师整体形象受损,容易让家长失去信任。另一方面是家长普遍认为孩子在老师面前是弱者、"被管理者",加上国内大额班级授课制,也会容易让家长认为孩子在学校难以被关注,一旦孩子回家描述些委屈的感受,家长之前的"认知"很自然地会被进一步强化。作为家长,有必要先弄清一个根本性的事实,即当你选择一所学校的时候,就注定你必须保持信任的态度来面对一切问题。你可以把难以承受的负担或是孩子的问题反馈给学校或老师,来共同商量解决之道,但绝不能没做任何努力就种下猜疑的种子。因为唯有信任,才有把问题解决的可能。

二、畅通联系,正面交流

有人曾经说过,这个世界的许多"战争"都因缺少有效沟通。前面所谈及的家校矛盾升级的例子也不例外。事实上,除个别极其特殊的事件之外,家庭和学校之间的所有问题都需要,也都可能通过正常的沟通与交流解决。只是,不同的诉求,要选择不同的交流渠道和交流方式。

当下，各种便捷的通信、联系方式大大拉近了人与人之间的距离，方便了家校之间的沟通。孩子忘带书本或文具了，只要一个电话或是一条信息，家长就可以快速送达。孩子在学校不舒服了，也可以在第一时间联系到家长，使得孩子能得到及时妥当的照顾。无论是学习上，还是生活上有任何问题，老师和家长都能在极短时间里互通消息，以确定解决方案。无论是从满足儿童学校学习生活需要，还是从促进家校之间互相了解的角度来看，这种随时随地都可联系的便利的确是不可否认的。然而，我们又不得不正视这种方便背后存在对老师和家长的双向打扰甚至是侵犯。老师上班时间向家长反馈孩子情况，有时会让正在忙于工作的家长觉得很有压力；下班之后，不断滴滴叫的班级群或是单独对话框，对老师来说也是巨大的烦扰。所有这些造成的现实是，我们都依赖着无时无刻不在的沟通"关系"网，又都惧怕着这张网。于是，被互联网缩小了的生活空间又正在稀释、疏离各种人际关系中的依赖感、关联感。这个现象同样困扰着家校关系。在这样的大背景下，家长选择合适的渠道和老师沟通交流，越发显得重要起来。综合来看，家校之间的沟通主要指向三个方面：一是为了解决事关孩子的问题，二是为了了解孩子的情况，三是向老师或学校提要求或建议。目的不同，方式也会不同。

（一）基于解决问题的沟通交流

学龄期的孩子，无论是在家里还是在学校里出现问题，都需要家校双方协同解决。因为家庭和学校两个空间对于孩子来说，是一体的，是互相补偿、互相影响的。

有了以上认识，在面对孩子的常见问题进行家校沟通时，会更利于问题的解决。这类交流，最好是以面谈的形式。语音或是文字的遮蔽属性有时候会带来更多的误解，加上人在问题面前易受情绪影响，都可能使得事情变得更加糟糕。当然，见面之前，要和老师约好时间，不是非常紧急的事件，避免突然到访。

1. 去情绪原则

你想解决哪个问题，要把与之有关的事件清楚地向老师或学校描述，既不要遮遮掩掩，也不要夸大其词，更不能受情绪控制，说不该说的话，甚至做不该做的事。

同样是面对孩子之间的打架问题，有的家长会先弄清楚这个现象是已经出现多次，还是第一次发生，再了解此次打架的原因、先动手的一方。以便明确孩子打架是因为不会协商、不会口头表达而情急之下选择的措施，还是因为其中一方强势而带有欺凌性质的行为。这样在和老师沟通时，就能知道解决问题的方向在哪里，需要老师做些什么。而有的家长，面对孩子的这类行为，首先是判断自己的孩子有没有吃亏，如果占了便宜，便听之任之，如果感觉吃了亏，一方面会愤怒孩子不争气、没能力，一方面又会把这种愤怒迁移到对方孩子身上，带着泄愤的情绪去找对方家长或是老师。即使另外两方出于某种同情心理不计较这些，但家长自身的言行已经给孩子带来了非常不好的示范，有时候表面上看事情已经解决了，实则隐患依旧。

　　三年级的林林从小跟着妈妈,据孩子说,爸爸不要她们了。林林每天放学基本都是去晚导班写作业、吃晚饭。一直要到七八点钟,妈妈才能下班带她回家。林林上课很少主动发言,各科成绩都不好。可能是出于一种比较复杂的心理,林林妈妈很少和老师交流孩子的问题。很多时候都是老师主动联系她,建议她在家怎样带孩子读书、哪里的知识还需要巩固等。她每次都答应着,但很少真的去做。林林说,妈妈一给她辅导作业就非常生气,后来干脆就不怎么管了。

　　有一天,林林回家对妈妈说:"同学说我是班级最笨的。"林林妈妈感觉自己和孩子都受到了深深的伤害,压抑在心底的各种情绪火山爆发般冲出,怒不可遏地给老师发信息控诉自己的孩子被歧视了!并擅自把林林留在家里不去上课,还扬言老师要是解决不好,就去找校长等。搞得老师一头雾水。在老师诚恳又耐心的坚持下,林林妈妈才同意去面谈这事。后来经过场景还原,还有其他孩子描述,才弄清楚原因。原来,班会课上讨论勤奋和努力的话题,老师根据孩子们的发言总结说:"同学们在某一方面落后了不可怕,可怕的是不再勤奋努力,那样的话就永远也赶不上别的同学了。"这时候,有个孩子问:"有的小朋友把作业完成得也很好,为什么一上课还是有很多题不会做?考试成绩也不好?"同学的问题让林林怀疑自己是不是很笨。在老师的鼓励下,林林还承认这样告诉妈妈,是希望妈妈每天回家后能关心一下她的学习,陪她读读书什么的。

　　在这件事上,林林妈妈就是因为让情绪控制了理性,差点错上加错。

2. 及时性原则

　　有的家长平时可能由于工作忙或是嫌麻烦,也可能是疏于对孩童世界的了解,对于孩子的一些问题会采取大事化小、小事化了的态度。而一旦问题没有真正解决,积攒到一起,就可能会对孩子造成一些不必要的伤害,同时,也会因积"怨"太多,在面对问题时把"陈芝麻烂谷子"都翻出来,从而影响真正要面对的问题。再者,儿童成长中的多数问题都与某种特定的情境有关,儿童的认知也往往基于具体的情境,一旦没及时抓住,必定会影响最后的效果。七岁的晨晨刚入小学没多久,曾有过一次被同学欺负的经历。他在操场玩球时,球被另一个孩子故意扔到了树丛中,晨晨被迫钻进树丛去找回来,又被那孩子取笑。晨晨妈妈认为男孩子在一起打打闹闹,有时候受点委屈不算啥,虽然也和对方家长反映了这事,进行了批评教育,但对于晨晨所受到的伤害来说,并没有多少弥补,导致晨晨后来畏惧去操场玩耍,不太愿意结交新同学。而正确的做法应该是在第一时间向老师反馈这事,并在老师协助下,让欺负晨晨的孩子为晨晨做些力所能及的事情,以补偿对晨晨造成的伤害,同时也为自己的错误承担必要的责任。

3. 推己及人原则

这一条主要是避免得理不饶人。这里的不饶人,既是指对待老师,也包括别人家的孩子。老师也只是一个普通人,每天面对几十个孩子和一大堆七零八碎,同时,老师的角色和父母有很大的差别。家长不能要求或是希望老师像父母一样对待孩子,更不能要求老师每天在校八小时里都是眼观六路耳听八方地全部掌握孩子的状况。孩子升入小学后,和幼儿园的学习、生活方式有了质的改变。家长要及时正视孩子作为一个独立的个体所拥有的自主空间,正确定位师生关系,在面对需要解决的问题时,才不会苛责老师,沟通才会顺利有效。

每个孩子都是各自家庭的宝,每个孩子都终归是孩子,不管是自家孩子犯了错,还是和别的孩子起了冲突,在弄清事情原委之后,要多站在孩子的角度来看问题,不能完全用成人的心理来揣测儿童的行为。

4. 化问题为契机原则

每个孩子蹒跚学步时,踉踉跄跄甚至跌倒,都是常有的事,然后不知哪一天,就能够稳稳当当地行走甚至奔跑了。在漫长的人生道路上,所有人都是第一次行走,而且没有重来的机会,这意味着摔倒甚至栽跟头都在情理之中。经验也告诉我们,孩子的成长永远是在"问题的出现与解决"这一不断循环的过程中实现的。每一个问题出现时,只要解决得好,孩子都会获得一次成长。所以,永远都不要担心孩子出问题。相反,孩子成长中没有问题才是最大的问题。

《蕾梦拉八岁》一书中有这么一个情节:蕾梦拉在家庭晚宴中被忽略了,感觉妈妈不再爱自己,决定离家出走。对此,妈妈既没有大惊小怪地批评,也没有强硬地阻止,相反,她帮助蕾梦拉一起收拾行李箱,并目送蕾梦拉走出门去,再悄悄地跟在她后面……直到蕾梦拉四处转悠一圈,真正怀念起家的温暖、想起亲人们的关爱决定回家时,妈妈再次拥抱了她。孩子要离家出走,这是一个很棘手的问题,怎么样借着问题化解亲子关系中的疏离与紧张,从而把家庭成员间的感情提升到一个新高度,蕾梦拉的妈妈做了很好的榜样。

前面讲到的林林的故事也是一例。自从林林为了获得妈妈关注、故意撒谎之后,林林妈妈开始重新规划自己的时间,每天再晚都要为林林做可口的饭菜,一起吃饭,一起聊天,还一起读读故事书啥的。林林妈妈以前对老师的很多建议都不以为然,这次事件后,她开始主动联系老师了解林林在学校的情况,也开始和其他家长一起相约带孩子去公园什么的。

(二)指向了解情况或提出要求的交流

孩子上学之后,平时和家长在一起的时间明显减少。虽然每天也会从孩子嘴里知道学校的情况,毕竟儿童的认知有限,而且喜欢报喜不报忧,作为家长难免觉得来自学校的信息不够全面,这便需要定期和老师互通有无。这里需要强调的是"定期"。老师要面对几十个家长,和每个家长交谈十分钟,一个班级下来基本就是一个工作日的时间。这意味着没有紧急的事情,一周或两周与老师联系一次即可,不要太过频繁。如果只是正常的了解情况,通过微信留言即可。如果是向老师反映孩子在家的一些反常情况,以获得老师的某些协助,最好是接送孩子时或者单约时间与老师当面聊聊,以避免文字表达不清带来的误解。如果是对老师有某种要求,一定要慎重提出。首先要考虑这个要求是否必须,其次考虑是否会影响别的同学,最后要考虑这个要求是否会给老师带来不便、是否基于对老师的信任。最为常见的如调换座位、想当班级干部或者是希望经常被老师提问、关注等。调换座位是个非常敏感的问题,所有家长对它都很关注,所以,如果只是不满意孩子的位置而以某种理由提出的话,势必让老师为难,而且难以得到满足。如果孩子自己感到和周围同学难以相处,回家诉苦,则不妨让孩子自己去找老师谈谈座位的问题。如果孩子有特殊原因必须调换,则另当别论。想当班级干部或是被特别关注,在本质上和调换座位一样,只不过一个是显性的空间位置,一个是隐性的班级处境。所要遵循的原则和解决之道也基本一样。比如轩轩妈妈给他生了个妹妹,一家人要分出许多时间照顾小婴儿,爸爸每天陪轩轩跑步的习惯也暂时中断,这让轩轩感觉异常孤独,为此,轩轩爸爸拜托老师近一个月多和轩轩聊聊天,多让轩轩参与班级的活动。在老师看来,这是家长在向自己寻求帮助,对孩子来说,也是必须的,很自然地可以得到满足。

三、因为一个娃,爱上一个班

(一)班级,是孩子的另一个家

不管家长愿不愿意承认,对于孩子来说,学校和班级都是他生活的重要场所,是他作为一个独立的人去应对各种事件的修炼场,会与这个场子里的每个人发生这样那样的关联。即使单单从时间上来计算,除却睡眠,儿童在班级的时间要大于在家时间。由此可以想见,儿童在这个空间中所获得的体验将会多么深刻地影响着他们小小的心灵。作为家长,应该理解到班级空间对于儿童的重要,有必要为孩子在这里获得美好体验而去做些必须之事。

我们都有这样的经验,凡是那些经常关注班级事务、愿意为班级提供帮助的家长,孩子在教室里的体验一般都不会差。因为这些家长在用实际行动真正热爱着班集体,这种爱会传递到孩子那里,让孩子感觉到教室就像是他的另一个家,同学、老师都是这个家的成员。孩子内心很自然就有了归属感。

我们常说感情是相互的。儿童因为热爱着班级,必然也能感觉到来自班级对他的温暖回馈,这种良性的相互作用带给儿童的体验无疑是美好的。留在记忆中的经历也必定是值得怀念的。

当我们把教室看作孩子的另一个家，才可以理解孩子与同学、老师之间互为纽带的牵连，在关注自家孩子的同时，去关注整个教室的场域，真正尊重每一个儿童，以便孩子们在学校生活中有需要的时候，我们可以成为他们坚强的后盾。

（二）为班级做力所能及的事情

现在很多学校开设了"家长进课堂"。目的是想充分利用家长资源，为学校教育注入新鲜事物。如果你有擅长的领域或技能，可以主动向老师申请上课的机会。一方面给全班孩子带去不一样的学习经历，另一方面也给自己孩子立了一个榜样。

班级有大型活动时，最需要家长的帮助。不管老师有没有邀请，只要你有时间都可申请参与做家长志愿者，给孩子化妆、准备道具，或是其他事情。

不断参与班级活动，不断建立与班级的感情，同时也是通过另一条路径维系你和孩子之间的感情。

四、互通共行，助力儿童跨越成长中的"坎儿"

（一）融入新环境的坎儿

对于那些缺少安全感或是不太会交朋友的孩子来说，面对一个全新的环境时，往往不太容易融入集体生活，以入学和转学这两个时间节点的表现最为突出。当孩子出现这样的问题时，作为家长要尽可能详细地向老师描述孩子的家庭生活环境，性格上、生活上有哪些特点，以便让老师更好地判断孩子在学校时可能会有怎样的需求。同时，协助老师在家做好一些辅助工作。

文文是一个不太爱讲话的女孩，父母离异后，跟着爷爷奶奶一起生活。入学报道那天，带着怯生生的眼神、含着泪进了教室。之后很多天的课间，她都只是静静地坐在位子上，甚至连厕所都很少去，从不和任何人说一句话，老师问她什么，也只是瞪着大眼睛，什么也不说。开始时，奶奶只是叮嘱老师要多多关照文文，千万不要让别的小朋友欺负等等。每次接孩子时，奶奶也总是不放心地向老师问这问那：文文写字慢，作业能不能在课堂上完成？午饭吃得多吗？文具有没有都收好？等等。老师通过微信群布置一些关于办学籍、学校就餐方面的事情，文文奶奶也经常会提出这样那样的问题。总之，文文的家长对孩子在学校是一千个一万个不放心，却不愿意告诉老师孩子为什么会这么胆小。眼看着别的孩子已经能互相叫出名字，并且经常在一起开心地玩耍，任凭老师怎样鼓励文文，她都依旧怯怯地摇头。后来又经过老师的多次询问，奶奶才说她看到过太多父母打架摔东西的场景，吓坏了胆子，做什么事都特别小心，特别不自信，上幼儿园时也没有什么朋友。

了解到这些情况后，老师决定先让文文试着接纳自己，再去接纳别的孩子。为了让文文放下戒备，她先是像文文一样，课间静静地坐在教室里批改作业，偶尔会看向文文、笑一笑。直到有一天,文文也羞怯地笑了笑。老师及时接收到这个突破性的信号,邀请文文帮着一起批改作业。之后,文文就和老师成了朋友,再后来,老师又带着她和班里同学交上了朋友。有一天,文文还主动在课堂上读了儿歌。老师悄悄录下孩子朗读的声音,发给了文文奶奶和妈妈。平时不怎么关注孩子的妈妈,也受到了感染。后来,文文的每一个变化都会被及时反馈给家长,奶奶和妈妈都被老师的细致周到征服了,她们通过老师的眼睛似乎看到了一个全新的孩子。在老师的建议下,文文家定了一条没写出来的规则:每天至少要有一个大人当着全家人的面描述文文这一天表现特别棒的某一个时刻,让孩子一点一点感受到自己的成长,重建对周围的人,还有自己的认识。奶奶每天接孩子时,也不再向老师询问文文在学校怎么样了,而是简单描述一下文文在家的开心事。升入二年级的文文主动参加了班级小队长竞选,并成功入选。老师每次布置小组合作类的作业,她都能有条有理地安排好组内小伙伴,齐心协力地完成。孩子慢慢开朗起来,自信起来。在文文变化的过程中,老师的作为固然重要,家长的配合也起到了决定性的作用。

(二)欺凌的坎儿

首先要确定一下怎样算是遭受了欺凌。前面讲到的晨晨的例子,其实就是一起校园欺凌。也就是说,当孩子在事件中感到被伤害、很难过,都可以看作遭遇了欺凌。而不是以成人觉得是不是事儿来决定。一旦孩子在学校被欺凌,家长要第一时间联系老师,不要像晨晨妈妈那样只是向对方家长告了状便不了了之。老师出面,会更好地利用问题情境来安抚被欺负的孩子,同时让欺负人的孩子真正认识到错误,并做出相应的弥补。由老师出面来解决,也可以避免双方家长面对面时的情绪化操作。

孩子遭遇欺凌后,最大的危害是内心的安全感被破坏,无论是家长还是老师,这时都要耐心倾听并感受孩子在事件中的感受,向孩子传递可以被信赖被依靠的信息。在此基础上再做有针对性的回应,包括怎样与另一方儿童面对面,让被欺负的孩子重新感受到尊严和价值。

(三)家庭变动的坎儿

家庭变动包括家庭主要成员的增加或减少,以及父母离婚甚至父母工作的重大变化。

二孩出生带给一孩的影响,已经成为一个重要的问题。很多孩子面对弟弟妹妹的到来不知所措,甚至十分排斥,争宠、求关注已经成了许多孩子心里的一个结。

有一个五年级的女孩曾经在日记里这样记录弟弟出生那天的心情:妈妈打电话回来说弟弟出生了,七斤二两,长得像爸爸。听着妈妈欢快的声音,真为她感到高兴。但是,我却在这一天失去了妈妈。

这个小姑娘后来很长时间都没走出被"抛弃"的心理阴影。后来在老师的建议下，家庭的很多事务做了重新规划，每天下午放学后，依旧由妈妈陪伴写作业或玩耍，周末则由爸爸花半天时间和她一起策划或参与各种活动。同时，也让这姑娘参与到弟弟的成长中。如果学校布置了朗读课文或是其他的读书作业，妈妈就会把她的声音录下来，再放给弟弟听。如果小姑娘在学校获得了表扬或是有其他高兴的事情，妈妈也会把她作为榜样讲给弟弟听。在这个过程中，逐渐消除小姑娘对弟弟的戒备和距离，并让她慢慢体验到因为弟弟的到来，而带给自己的更多的存在感和成就感。

这里需要特别注意的是，有的家长面对家庭的变化，不愿意告诉老师，既怕麻烦，也觉得没必要。事实不然，只有老师及时了解情况，才能在学校对孩子多加关注，才会让孩子感觉到无论遇到什么事，总还有一个"大后方"。

（四）失败的坎儿

有些孩子从小受到的挫折少，潜意识里，自己希望的一切都会自然而然地出现。这样的习惯性思维在遇到失败时，往往会倍受打击。除了平时要关注耐挫力的培养之外，当孩子在某件具体的事情上失败时，还需要做好许多工作，并且要保持家校一致，从而给孩子一个清晰的引导。

在成功学盛行的今天，家长能否树立正确的"成功"观就显得尤其重要。平时不能用成或败来评价孩子，而是要关注孩子在做事过程中所付出的努力，以及和自己相比的进步之处，潜移默化地影响孩子正确地看待成功和失败。

比较困难的是，当下教育处处以竞争来督促儿童，越是这样，越要求家长高度警惕。如果孩子确实因为某件事没有做好而自我否定，家校合作帮助孩子重拾自信，是唯一路径。

俗话说，从哪里倒下就从哪里爬起来，这句话同样适应于儿童。所以，当孩子遭遇失败后，简单的安慰或鼓励固然有用，但不是解决问题的根本。重要的是找到失败的原因，并为之努力，当下一个相似的场景到来时，把这次没做好的事情做好，这才是帮助儿童重建自信的可行之道。苏霍姆林斯基曾告诫老师不要轻易给学生评分，要让儿童通过自己的努力达到他所希望的分数时，再给他评价。面对失败的儿童也是一样，要等他重新站起来时，得到真正属于他的肯定和赞美。这个过程也许很漫长，但必须要有耐心。

五、共育一个完整的人

（一）正确理解"完整的人"

2019 年 6 月 23 日，中共中央、国务院印发《关于深化教育教学改革全面提高义务教育质量的意见》。在这份文件中，从国家层面明确提出新时代的育人目标：一是坚持立德树人，着力培养担当民族复兴大任的时代新人；二是坚持"五育"并举，全面发展素质教育。简言之，就是要培养全面发展的人。尽管这个要求主要指向学校教育，事实上，家庭教育也必须围绕这个核心目标。

全面发展的人是指学生的各个方面都能得到长足的发展，不偏废任何一个方面，概括起来就是要具备六大核心素养：学会学习、健康生活、人文底蕴、科学精神、责任担当、实践创新。

这意味着传统认知里的成绩好、身体好便一切都好的观念需要改变。健全的人格、责任意识、创新能力等将是未来社会衡量人的重要指标。

只有学校、家庭甚至社会联起手来，协同教育，互为补充，共同成长，儿童才可能全面发展。

（二）家校互补，合力前行

家庭和学校对孩子来说有很大的区别。家校双方要明确各自的职责边界，各自担负其应担的责任。学校的事情不麻烦家长，家庭的监管不转嫁给学校（或教育机构）。

家庭是一个用爱维系成员关系、在爱中互相成就成长的地方。在家，孩子更多的是自然人，可以释放各种情绪，甚至可以无理取闹，能获得学校无法比及的包容和放松。这也意味着，孩子在家时，即使有学习任务，也不等同于在教室里。而学校作为一个集体，除了有来自老师和同学的关爱，还有约束所有人的规则。在这里，孩子要以社会人的身份参与各项学习活动、班级事务，要遵守相关的规则，不再拥有家庭中的"特权"。作为家长，分清两者之间的区别，才能用对应的标准来要求孩子，满足孩子的成长需要。

放寒假前，二年级的小悦悄悄和老师说，最讨厌放假了，一放假就是上不完的辅导班，辅导班的作业比平时学校的多得多，而且，辅导班的同学也不如学校的同学有意思。从孩子的话语中不难看出，小悦的家长就没有弄清孩子放假在家时，作为家长该承担起怎样的教育内容，而是简单粗暴地把孩子送到辅导班，引起孩子的反感，甚至可能导致孩子对学习的厌倦。

对于家庭来说，节假日是亲子共处的好时段，应该尽可能地抽出时间陪伴孩子玩耍、共读或是认识家庭学校之外的人、事、物，以丰富孩子的生命体验，而不是把假期简单变成学习生活的延续。

家校双方所处位置、所拥有的教育资源、担当的职责不同，能带给孩子的影响也不同。理想的家校关系是互为补充，产生 $1+1>2$ 的效果，共同培育那一个"完整的人"。

延伸阅读

1. [日]黑柳彻子.窗边的小豆豆[M].海口：南海出版公司,2003.

2. [美]简·尼尔森.正面管教[M].北京：京华出版社,2009.

3. [澳]苏珊·佩罗.故事知道怎么办[M].天津：天津教育出版社,2011.

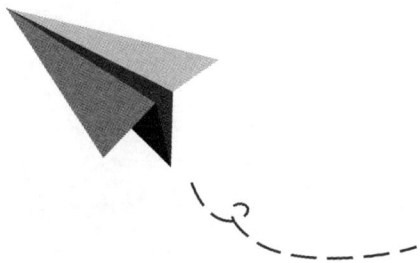

第七章

重新认识我们的阅读

没有一艘船能像一本书　　　　　这条道路最穷的人也能走
也没有一匹马能像　　　　　　　不必为通行税伤神
一行跳跃的诗行那样——　　　　这是何等节俭的车——
把人带向远方　　　　　　　　　承载着人的灵魂

——［美］艾米丽·狄金森

缺少阅读，没有经典书籍陪伴的童年是遗憾的。这并非意味着阅读是为了未来考高的分数、好的成绩、过好的生活，而是待孩子他日长大成人，会面对各种生活的难题，因为成长的过程中通过阅读汲取了穿越千年的智慧和力量，孩子们有更深刻的洞察力和卓越的智慧去理解、接纳，进而解决那些难题。悦纳自己，与世界和谐相处是阅读的真正目的。

第一节　阅读到底有多重要？

一、打破阶层固化的武器

1. 阶层固化：一个不能回避的现实

勤勤妈妈，家住徐州城乡接合处，今年44岁，初中文化，和勤勤爸一起在徐州的一家事业单位做临时工，她看监控，勤勤爸做保安，月收入两人合一起约5 000元。他们有两个孩子，刚职高毕业就出嫁的女儿和一个8岁上三年级的儿子。勤勤妈工作比较轻松，干一天休一天。为了补贴家用，在休息的时间，又找了一份家政的工作。雇主家的女主人和她同龄，是老师，家里有一个和她儿子同龄的孩子，也是三年级。在雇主家干了三年，她越来越焦虑，她发现自己家孩子和雇主家孩子的差距越来越大，尤其是疫情还未返校期间，雇主家的孩子上完网课就坚持运动、练琴、阅读。而她的孩子作业也完不成，每天只想玩游戏。现在更不愿意学了，放学到家，就想捧起ipad玩（姐姐送的生日礼物），对学习没有兴趣了。孩子爸爸也是捧着手机头都不抬，让她很恼火。最近刚刚19岁就做了妈妈的大女儿因为和婆婆闹矛盾回来住了，这些都让她焦虑。在访谈中，勤勤妈妈说：我觉得我和孩子爸打工，俺闺女打工，儿子才三年级，看样子也是打工的料了，一代一代就这样了，真让人发愁。

勤勤妈的担心不是没有道理。近年来，社会学有一个热点词汇"阶层传递"，意思是父母会通过直接或间接的方式影响子女未来的生活，父母的收入、职业、教育背景会直接影响孩子的职业和收入，这几年比较流行的"富二代"、"官二代"、"留二代"（父母是留守儿童，自己又成了留守儿童）、"贫二代"都体现了代际传递的特点。与代际传承直接相关的概念就是"阶层固化"和"阶层流动"。社会学把由于经济、政治、社会等多种原因而形成的，在社会的层次结构中处于不同地位的社会群体称为社会阶层，各阶层之间流动受阻的情况就称为阶层固化，比如父辈是劳工阶层，子女很可能就是劳工阶层，父母是精英阶层，子女也可能是精英阶层。阶层固化体现了子女改变职业角色、阶层地位实现阶层流动的难度之大。

小·贴士

社会分层：社会分层（social stratification）是指社会成员、社会群体因社会资源占有不同而产生的层化或差异现象，尤其指建立在法律、法规基础上的制度化的社会差异体系。

阶层固化：阶层固化是指各阶层之间流动受阻的情况，主要表现为同代交流性减弱，代际遗传性加强，"拼爹游戏""官二代""贫二代"和"蚁族"可以看作阶层固化的产物。

英国 BBC 播出的《人生七年》，历时 40 多年，记录了 14 位出生于不同阶层儿童成长和发展状况。从中大家似乎可以看到这样一个事实：出生在上流社会家庭的小孩他们天生拥有更多机会与资源，未来的生活质量也普遍高于其他人；而中下阶层家庭培养的小孩或多或少因为物质的贫乏而自卑，因环境的嘈杂而缺少规划、自律……当然，不管哪个阶层的孩子要想发展得好都离不开自己的勤奋努力。就像其中一个主人公 Jhon 所说的那样，并非他们生下来就拥有读牛津、剑桥的特权，他们也要挑灯夜读、勤奋苦学才能按照父母规划好的方向前进，没有唾手可得的事。

有没有可以打破阶层的限制实现逆袭的呢？当然有，比如其中的 Nicholas 凭借自己对自然科学的浓厚兴趣以及持续不断的努力，从谷地农民的儿子逆袭成为威斯康星大学电机系教授。虽然他是节目中唯一逆袭成功的，这意味着突破阶层的固化是有可能的。我们看看下面这个实现阶层突破成本最小也是最简单的路径。

2. 从辍学到大学：一个阶层逆袭的案例

1943 年美国作家贝蒂·史密斯出版了一部小说叫《布鲁克林有棵树》，这部小说揭示了阅读的巨大力量，它让一个生活在底层贫民区的孩子成功实现了阶层的跨越。我们先来看看这部小说的主要内容。

故事的主角是一个叫弗兰西的小女孩，作为移民美国的第三代，她和她的祖父辈、父辈一直生活在布鲁克林的贫民区里。他们家的成员受教育程度和职业如图 7-1：

图 7-1 是弗兰西妈妈家的情况，她爸爸家的情况更加糟糕，祖父母从爱尔兰移民到美国，祖父早早去世，祖母一个人拉扯四个儿子艰难度日，儿子都喜好音乐、形貌英俊，但寿命不长，即使是最长寿的弗兰西的爸爸也只活到 34 岁就去世了。

在这种家庭背景中长大的弗兰西和弟弟会怎么样呢？生下弗兰西的当天，弗兰西的妈妈凯蒂似乎就看到了女儿的未来，是不是得和她一样早婚，然后成为一个工厂女工，一直生活在贫民区？她想改变女儿的未来，于是她问弗兰西的姥姥：

男 女

外祖父：托马斯·罗梅利
职业：打零工
文化程度：文盲

外祖母：玛丽
职业：打零工
文化程度：文盲
但知道很多故事

大女儿：茜茜
职业：橡胶厂
女工
文化程度：文盲

前任丈夫
职业：通俗
杂志社职员

二女儿：伊丽莎
职业：终身修女
文化程度：小学

三女儿：艾薇
职业：工厂女工
文化程度：小学

丈夫：威利·弗里特曼
职业：赶马车送奶工
文化程度：文盲

小威利

保罗·琼斯

布洛蔑姆

小女儿：凯蒂
职业：公寓女工
和看门人
文化程度：小学

丈夫：约翰尼
职业：酒吧零工
文化程度：小学

尼雷

弗兰西
文化程度：
大学

蒂丽

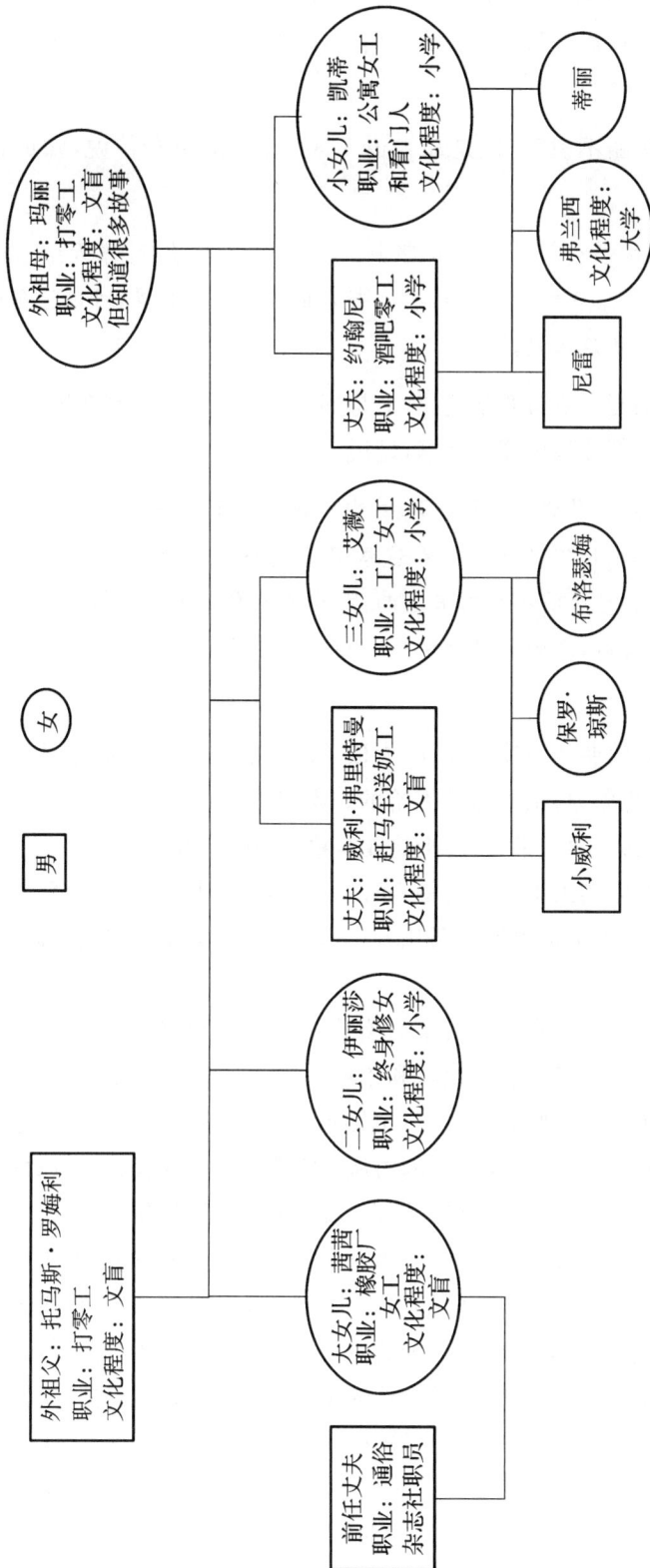

图 7－1 弗兰西家的成员受教育程度和职业

149

"妈妈，我还年轻。妈妈，我刚18岁。我还有力气。我会努力做事。不过我不想孩子长大以后只靠力气挣钱。妈妈，我们应该怎样做，才能改变她的命运呢？从哪里下手？"

弗兰西的姥姥玛丽不识字，但是却知道1 000多个故事和传说，知道各种民间谚语，她说：

"秘诀就是读书会识字。你识字啊。你可以找本好书，每天给孩子读一页。一天不落，一直读到孩子自己能读书为止。到了那时候，可以让孩子自己读。我知道这个就是秘诀。"

可是什么是好书呢？凯蒂非常迷惑，但是玛丽在原来的国家曾在地主家帮过佣，看到过地主家的有钱人都让孩子读什么书，她说：

"莎士比亚的书是好书，听人说，书中写进了人间百态。人类知道的所有的美，所有的智慧，所有的生命都在这里记着呢……就看这个，你每天给孩子读一页，哪怕你自己也看不明白书上的话，或者是发音错误。你必须坚持这么做，这样孩子长大后，就会见过世面——知道世界并不是布鲁克林的出租屋那么大。"

妈妈还建议凯蒂给弗兰西读圣经，因为孩子得有信仰；还让凯蒂给孩子们讲神话故事，因为孩子们得有想象力，想象力是无价的。家里没有这两本书怎么办呢，于是全家总动员，茜茜姨妈给弗兰西找来了《莎士比亚全集》和新教用的《圣经》。于是，婴儿期的弗兰西以及一年后出生的弟弟尼雷就每天听一页《莎士比亚全集》、一页《圣经》，上学识字后就开始自己读，除了爸爸去世的那几天，一天不落地读，十四岁的时候，莎士比亚全集已经读了4遍了。

孩童期的弗兰西和布鲁克林穷人家的孩子一样，和弟弟尼雷一起在外面捡些布头、纸张、金属、橡胶等破烂，每逢周末，她就和弟弟一起去垃圾站卖掉他们捡来的垃圾，换得几枚硬币。她熟悉每一种废品的价格，也知道如何买到廉价的发霉面包。因为捡破烂卖破烂而被其他同龄人和成人嘲笑；因为从小听着莎士比亚长大，所以她说话会用书上的精致语言而被小朋友排挤。她没有朋友，没有人愿意同她玩，常常是坐在院子里看着别人玩耍，或者自己和自己玩游戏。虽为家中的长女，但是妈妈更爱弟弟。上学后的弗兰西在学校里同样不受待见，"老师们喜欢头发清爽，穿着整洁的有钱人家的孩子"，见到她们就满脸堆笑，把她们安排在最好的位置。老师和她们讲话的时候话音轻柔，而见到邋里邋遢的孩子，就放声大吼。最可怕的是，学校里每天都被各种羞辱、霸凌、丑闻和体罚所充斥。弗兰西在学校里就属于被欺凌和吼叫的孩子。

但是她又有明显与布鲁克林贫民区的孩子不同的地方。她每周都去图书馆借一本书，周六的时候借两本，每个周六下午她就拿着一本书，守着一碗零食，独自一人在家，"看着树影摇曳，任下午时光溜走"；上学后，她有丰富的想象力，不仅帮她快速识字，甚至学数学的时候她也能通过编故事的方式让数学学起来毫不费力。她进入小学没多久就能够自己看书,从此以后,只要翻开书本,她就坐拥全世界。她再也不会孤单,不管什么心情,总有一本书与她相伴。她的写作能力也非同一般,11 岁的时候就给自己设定了人生未来的目标——成为作家或者是剧作家。她与众不同,用作者的话说,就是:"她身上有她在图书馆里看过的书。"

正是她看过的书为她后来指出了一条走出布鲁克林贫民窟走向新世界的路。14 岁那年爸爸去世,弗兰西被迫辍学,去工厂做一名扎花女工。到这里为止,基本上弗兰西要走上和妈妈一样的路了,遇到一个喜欢的男孩,然后就是结婚生育,开始生命的另一个轮回。但是转折发生了,因为有着非凡的阅读能力,不满 15 岁的弗兰西成功应聘上了文摘局的首席阅读员,每周挣的钱比周围的成年男人挣的还多,足够养活全家。因为阅读有了更广阔的视野,她决定考大学,一边工作一边自学,终于在 17 岁那年,在优秀男孩本的帮助下,弗兰西成功走进了自己理想中的大学,最终成了一名作家。

3. 结论

如同我们前面所言,弗兰西并不仅仅是小说中的人物,更是作者贝蒂·史密斯的(1896—1972)的成长经历。贝蒂·史密斯是德国移民的女儿,成长于纽约布鲁克林的威贝蒂·史密斯廉斯堡。她十四岁便辍学去帮助母亲维持家庭生计,做过小工、"花枝工"、收银员等诸多工作,也是靠自学完成了初步的知识积累,后来进入大学学习新闻、戏剧、写作和文学。她还是一位剧作家,一生写过多部独幕剧和完整的长篇戏剧,曾获洛克菲勒基金会和戏剧家协会基金会资助。古今中外通过阅读改变自己身份地位的例子举不胜举,从这些例子中我们能学到哪些经验呢?

第一,阅读至关重要,它是我们实现阶层跨越成本最低的途径。弗兰西的妈妈在比较了有钱但贪婪刻薄的麦克加里蒂夫人和贫寒但善良优雅的杰克逊小姐之后,得出一个结论:摆脱污浊肮脏的底层只有接受教育,她的孩子必须离开这个污浊肮脏的底层。这个结论不仅被无数成功的案例所证明,随着科学技术的发展,也被来自脑科学的研究所证明。脑科学研究表明:成人的脑中确实存在着用于阅读的大脑神经回路,也就是说识字的脑具有专门的皮质机制来精巧地适应书面文字活动,阅读可以改变脑,它是对神经网络的再利用。换句话说就是阅读可以改变大脑,让大脑变得更智慧。

第二,阅读能力和阅读兴趣要从小培养。为什么孩子的阅读能力和阅读兴趣要从小培养呢? 脑科学的研究表明:婴儿在出生的第一年已经获得了阅读中会用到的两个能力"言语理解"和"恒常的视觉识别",但是阅读能力背后大脑运作机制如时钟般精巧,要达到自动化的阅读水平,需要很多年的努力,要持续 10 年或者更长的时间。弗兰西的姥姥当然不懂脑科学,她凭着自己的人生经验和智慧给弗兰西妈妈出主意,从出生的那一天开始就给孩子读书,无意中在第一时间激活了弗兰西大脑中专门用来阅读的盒子区,后来弗兰西和弟弟在阅读和文字方面非凡的理解力恐怕就与此有关。

小·贴士

《脑与阅读》:作者是欧洲脑科学研究领域的领头人、法兰西学院认知心理学教授、著名认知神经科学家斯坦尼斯拉斯·迪昂。这本书深入人类阅读的起源和进化,从史前符号到文字的产生,通过大量的实证研究,提出并论证了他的阅读是"神经元再利用"的假说。本书对人脑阅读能力的形成、发展与教育进行了深入的思考,证明了阅读是促进人类社会发展、提高人类智慧、增强国家竞争力的重要路径之一。

第三,读书要读好书,读经典的书。所谓经典就是那些超越时空局限,对人类社会引起持续震撼力的伟大著作,换句话说经典就是伟大心灵留下的伟大著作。人类有着悠久的与长者共生共处的经验,因为在人类历史的长河中,长者被认为是智慧的代表,比如弗兰西的姥姥。在没有互联网的时代,我们很多人都是听着爷爷奶奶的故事或者长者的教诲长大的。人总是要活到一定的年龄才有足够的经验阅历,才能认识到自己以前的愚蠢。智慧不只是来自个人的经验阅历,更是来自集体的经验累积和总结,用徐贲教授的话说就是"经典书籍就是人类集体经验的积累和总结,经典可以说是人类这个大家庭中的年长者"。阅读经典可以让孩子接触到许多人类在不同的群体生活中形成的源远流长的传统、记忆、经验、教训。弗兰西的姥姥推荐的《圣经》和《莎士比亚全集》正是人类发展的某个阶段形成的经典。

二、塑造精神长相的重要力量

1. 美不美看精神长相

洛洛妈的两个孩子,一个13岁刚上初一,一个5岁在上幼儿园。作为一个二胎妈妈,洛洛妈妈常常觉得疲惫不堪,非常厌倦。先生经常出差,无暇顾家,虽然有婆婆帮忙洗衣做饭整理家务,依然感觉力不从心,每天不是飞奔在上班的路上,就是飞奔在接娃送娃的路上,老大的成绩、老二在学校和小朋友的相处都让她担心,每天伺候两个娃睡下,已经是深夜。在访谈中,洛洛妈说,虽然一天非常忙,但是我依然觉得非常空虚,我不喜欢现在的自己,非常怀念以前能够读书的日子。这也让我开始思考,我们到底为什么活着?

当我们在思考我们为什么活着、怎么活着才有意义,其实就是在追问我们的精神世界,我们需要审视一下每个人的世界。每一个心智正常的人都生活在两个世界之中,一个是物质的世界,这个世界和吃穿住行有关,我们要吃得好,住得好,有优渥的物质生活;另一个世界就是精神世界,精神的满足、幸福的体验不一定非得拥有足够的财富,但它能让我觉得活着有价值有意义。

同样,人也有两副长相,一个是我们的外表,比如我们的五官、身材、皮肤等看得见的体貌;另一副长相是我们的内在心灵和外在的气质修养,我们把它称之为精神长相,主要表现在心灵的成长上,是我们对生活的认同、对自己的欣赏、对他人的接纳所带来的体验和感觉。漂亮的五官和先天的遗传密不可分,当然也需要后天的保养,心灵的成长则完全靠后天修炼而得。人的体貌长相无法抵挡岁月的侵蚀,而精神长相有可能经过涵养变得越来越有吸引力和震撼性。年轻的时候我们评价一个人美不美多数说的是她的五官:她长得很漂亮,他很帅气;到了三四十岁我们评价一个人通常会说:这个人很优秀,那个人气质很棒。五官的因素在逐渐边缘化,内在的因素在逐渐凸显,这个过程几乎可以延伸到生命的最后,比用五官来评价一个人的时间要长得多。所以美不美关键看精神长相。

我们怎么塑造自己的精神长相呢?美国历史上伟大的总统亚伯拉罕·林肯说:"阅读比起任何其他行为都更有力量释放你的潜能。在这个过程中我们的本性会得到更好的展现。"莎士比亚也说书籍是全世界的营养品。阅读对于一个人精神长相塑造的重要性是不言而喻的。教育家朱永新教授说,一个人的阅读史就是一个人的精神发育史,没有阅读就没有一个人心灵的成长,没有一个人精神的发育,"人的精神可以因阅读而蓬勃葱茏,气象万千。阅读的意义在于,它在超越世俗生活的层面上,搭建起精神生活的世界。在大地上生活的人类,若只是为了生存而奔波,而不能在精神上仰望星空,灵魂就会逐渐被尘埃遮蔽"。所谓腹有诗书气自华,岁月不会败美人,说的就是这个道理。

如同洛洛妈妈一样,我们很多为人父母的成年人每天在柴米油盐酱醋茶的生活中艰难奔波,心灵如同被蒙上了尘埃,如何能够在繁忙的生活中呼吸一些自由新鲜的空气,安抚自己躁动不安的心灵呢?恐怕最有效的方式就是阅读了。

2. 范雨素:一个让人敬仰的灵魂

2017 年,有一句话火遍全网,"活着就要做点和吃饭无关的事,满足一下自己的精神欲望"。说这句话的是范雨素,一个 12 岁就辍学,目前在北京做育婴嫂的 44 岁的女人。范雨素的这句话很容易让人想到《夏洛的网》那句经典语录:"生命到底是什么啊?我们出生,我们活上一阵子,我们死去。一只蜘蛛,一生只忙着捕捉和吃苍蝇是毫无意义的,通过帮助你,也许可以提升我的生命价值。谁都知道人活着该做一点有意义的事情。"美国作家 E.怀特通过《夏洛的网》传递的"生命到底是什么"的主题影响了一代又一代人。范雨素,一个只有初中文化的育婴嫂,作为一个单亲母亲,一边要养育两个孩子,一边在残酷的现实中讨生活,生活的重压并没有影响她思考关于怎么活着的哲学命题。

比这句话更火的是她的一篇文章《我叫范雨素》,评论家把这篇文章称为"社会学写作的范本"。

> "我的生命是一本不忍卒读的书，命运把我装订得极为拙劣。"

这是文章的开头，到底有多拙劣呢？我们来看一下。范雨素出生在湖北襄阳的一个偏远的农村，兄妹五人，她最小。父亲在她的眼里软弱无能，对家里没有什么贡献，全靠母亲一人撑起全家，两个姐姐还有残疾，和弗兰西的母亲一样，范雨素的农民母亲勇敢、坚强、爱孩子，并在自己的能力范围内全力支持孩子们做想做的事情。范雨素在成长中最为骄傲的事情就是6岁能读书，她读了所有能读的书，包括《鲁滨逊漂流记》《神秘岛》《孤星血泪》《雾都孤儿》《在人间》《雷锋叔叔的故事》《欧阳海之歌》《金光大道》。通过看小说，对中国地理、世界地理、中国历史、世界历史了如指掌。因为有书看，所以不曾觉得每餐只有两个红薯吃的日子是苦的，少年的她就得出一个道理：

> 一个人如果感受不到生活的满足和幸福，那就是小说看得太少了。

范雨素在书中建构了一个自己想象的世界来抵抗生活的艰难，12岁辍学后敢于出去流浪多是因为这个想象的世界的诱惑。之后在村小学当了一名代课老师，在看完了那个乡村所能看的所有书之后，想要去看看更大的世界，于是20岁去北京打工，端过盘子，在城中村打工子弟学校带过课，因为看不到"理想的火苗"选择了结婚。结婚五六年生了两个女儿，经受了男人的酗酒和家暴，她离开了丈夫，带着两个女儿自己打工过活。

生活已经像一条破烂的船，即使这样，读过书，在书中见过大千世界的范雨素依然有自己的航向，她去参加农民工的读书会，学习阅读和写作。她做育婴嫂的家庭是上了胡润富豪榜的家庭，女主是男主的小室。她在富豪家里带别人的孩子，每周回家一次，在五环外的出租屋里，她的大女儿独自带小女儿，两个没有大人照顾的孩子相依为命。即便如此，每当她夜里起床照顾婴儿，碰到"女雇主画好了精致的妆容，坐在沙发上等她的老公回来"的时候，她并不觉着这种豪华的物质生活有什么好，而是觉得这样是"刻意地奉承男雇主，不要尊严，伏地求食"。

范雨素的没有妈妈照顾还得帮妈妈照顾妹妹的大女儿特别让人心疼，原以为她会和妈妈一样过着艰难的生活。但是在范雨素的文章里，我们看到了美好的一幕：

> 我的大女儿跟着电视里的字幕，学认字，会看报看小说了。后来，大女儿
> 在小妹妹不需要照顾后，在14岁那年，从做苦工开始，边受苦，边学会了多项
> 手艺。她今年20岁，已成了年薪九万的白领。

没法上学，没关系，跟着电视的字幕学认字；会读书后，她"陆陆续续去潘家园和众旧货市场废品收购站，给大女儿买了一千多斤书"，女儿也是靠着自学、阅读进行文化积累，20岁那年就成为一个白领，并且成为一个温暖善良的姑娘。

小·贴士

生命控制理论：一种针对人的一生发展的动机理论，旨在解释基本的动机现象及其对人的一生的生长发育的意义。其基本假设是无论个体年龄、社会经济地位和所处的历史条件有何不同，都需要掌握两类基本的发展性调节任务：做出选择和应付失败。发展性调节包括两方面：一是个体做出各种努力以促进自身的发展；二是必须适应限制发展的生态环境。

3. 结论

（1）阅读是对抗生活苦难的力量

每个人的一生都可以被看作一个做出选择和应付失败的过程。为了去看看外面的世界，12 岁辍学的范雨素选择离家出走，很快经历了失败，回家做一名小学代课老师；为了去看看更大的世界，20 岁时再次出走北京，努力了一段时间依然"看不见理想的火苗"，生活举步维艰；为了追求新生活，嫁了人，生了两个孩子，现实依然还是失望，选择离婚成为两个孩子的单身妈妈……如同她自己所言"我的生命是一本不忍卒读的书，命运把我装订得极为拙劣"。对于范雨素而言，前半生的很多选择都是失败的，但这并没有成为她放弃的理由，而是在 44 岁那年人生大放异彩。难能可贵的是，逆袭时的范雨素时刻在荣誉面前保持强大的冷静，继续做月嫂、坚持阅读和写作。

我们每个人的一生都要面临各种目标的选择，目标具有选择性，如何选择目标和每个人独特的经历密不可分，比如我们接受的教育，我们生活中遇到的人和发生的事件，我们读过什么书，等等。选择是必不可少的，问题在于只要有选择就不可避免地面临失败，我们如何才能获得做出选择和应对失败的能力？为了解决这个问题，心理学家们提出了终生控制理论来解释每个人一生必须面对的两项任务：做出选择和面对失败。人在一生当中总是面临着目标的选择，而行为结果的不确定性令失败的机会增加。因此人类必须能够应付由失败带来的挫折及对自尊心和动机资源的各种潜在威胁。控制是理解人类发展的核心概念，它有两种形式：初级控制和二级控制（secondary control）。初级控制旨在应付外部世界，代表的是控制环境的尝试。二级控制则与此相反，指向个体的内部世界，代表着影响内部过程的尝试（如目标的优先次序、归因、自我评价）。初级控制在生命中出现得较早，但是随着年龄的增长、生理机能的下降和社会文化的束缚，越来越需要二级控制。年轻时的范雨素似乎并不知道如何应对失败，而是通过一次次的选择去寻找方向。随着年龄的增长，她找到了对抗生活苦难的武器："每个人都需要精神的力量，没有精神力量的指引，怎么活下去呢？怎么对抗生活的苦难啊？"这个精神力量的源泉就是阅读和写作。在范雨素这里，阅读不是获得功名利禄的阶梯，而是对抗生活苦难的精神力量。

（2）阅读是父母能给子女的优质家庭教育

令人吃惊的是，比母亲辍学还早，辍学后在家带妹妹，14 岁后开始出去做苦工的大女儿，并没有同她同样辍学的一起玩耍的小伙伴一样成为"世界工厂的螺丝钉"，而是成为一个善良有爱的白领。是什么原因让没有接受过正规教育的大女儿走上与母亲不一样的路？范雨素没有提，但是我们可以从她关于第三代女性极少的描述中判断出原因"大女儿会看小说后，我就从旧货市场上买了一千多斤书"。读完"一千多斤"书的大女儿即使不能"学富五车"也可以有一定的文化底蕴了，这可能是大女儿与其他打工子女不同的原因之一。所以，"最好的教育是家庭教育"是经得起实践检验和时代推敲的。繁忙无暇照顾子女的范雨素甚至连正常的正规教育都不能提供给女儿，但是却给了女儿一个优质的教育资源——"阅读"，而且是自己读并带动了女儿读。阅读似乎成了类似于基因的传承。

三、避免成为最熟悉的陌生人

1. 我和孩子为什么越来越陌生？

月月的妈妈怎么都不能理解她从小一直带大的女儿到了初二怎么就成了一个陌生人，每天回到家就进自己的房间，把门一锁再也不出来，甚至吃饭恨不得都在卧室吃。母女俩的交流一天不过寥寥几句，而且每一句都让她无比扎心，从开始的"知道了"到"别说了，烦"，到现在几乎到了水火不容的地步，月月妈刚想张嘴，月月就出来一句："够了，不想见到你。"每一次月月妈都有扇女儿耳光的冲动，考虑到女儿的学业任务重，就硬生生忍下了。

月月妈说这些的时候哭得非常伤心。月月四岁时开始弹钢琴，从小就乖巧听话的女儿让她非常省心，老师说月月有学琴的天赋。月月三年级第一次在一个市级比赛获奖后，为了有更多的时间陪女儿练琴，妈妈辞职做了全职妈妈，开始了每天往返于家、学校、钢琴老师家、菜市场的生活。月月家并不富裕，爸爸在一个企业上班，为了多挣琴费，选择了常年在外驻守工地的岗位，家里就母女俩，妈妈将全部身心都放在了女儿身上。女儿也争气，琴技越来越好，获奖也越来越多，最终走上了专业的路。如今女儿已经上了高二，眼看陪读生活就要结束了，母女俩的关系却越来越糟糕，更让她痛苦的是月月甚至有几次说不想活了。

小贴士

> **熟悉的陌生人**：艺术学理论专有名词，出自俄国哲学家、文学评论家别林斯基。别林斯基特别强调典型性在文学创造中的重要性。每一个作品中的典型人物对读者来讲都是熟悉的陌生人，熟悉是因为人物来自生活，其身上的一些典型特征很容易和自己或者身边的人联系起来。陌生是因为其身上的一些鲜明、独特的个性、行为方式、语言特色等启人深思，引人向往。

　　月月和妈妈的关系不是个案,有多少父母常年处在"不说怕他错,说多了怕他不听"的纠结中?又有多少父母和子女正在经历由亲密无间到熟悉的陌生人?熟悉的陌生人是俄国文学评论家使用的文学评论术语,朱永新教授在《我的阅读观》中用它来形容当下的一些亲子关系。

　　亲子关系是家庭中最重要的关系之一,教育家甚至认为亲子关系决定了孩子的一生、决定了孩子与世界的关系。这个说法不是没有道理,孩子和父母的关系是儿童社会化过程中经历的第一个人际关系,孩子在观察父母的反应、模仿父母的言行的过程中建立了自己的世界观、人际观,与父母的相处方式会影响或者迁移到她和其他人的交往方式上,所以亲子关系至关重要。不是剑拔弩张就是"共处一室,无话可说"的亲子关系问题到底出在哪里?前面我们已经详细地分析了原因,比如落后的教育理念、简单粗暴的教育方法、对成绩的过分关注忽视了孩子的情感需要、过分强调家长的权威缺少对孩子必要的尊重、不能正确认识孩子对孩子缺少足够的信任、缺少同孩子有效沟通的方法等。但每一个孩子都是独特的,都有其独特的生命历程,如同樊登所言:"教育孩子是一个典型的复杂问题。在孩子成长的过程中,我们无从判断孩子受哪一件事、哪一个画面、哪一句话、哪一段旅行、哪一种体验的影响,刷新了他的价值观。无法追溯,也难以验证。"即使列举出各种原因也不一定是自己孩子的原因,我们到底怎么做才能避免和孩子成为最熟悉的陌生人呢?全民阅读的发起人朱永新教授给我们开了一个处方:共读共写共生活。

2. 共读共写共生活:避免成为熟悉的陌生人

　　朱永新教授认为,共读共写共生活,是过一种幸福完整的教育生活的必由之路。

　　共读,是一个班级、一所学校、一个家庭、一个社区、一个国家乃至整个人类通过阅读继承共同的文化遗产,拥有共同的语言密码,从而能够共同生活的最重要的途径之一。

　　共写,是指同学之间、师生之间、亲子之间、社区成员之间,乃至整个社会通过反复交互的书写,彼此理解,并在不断的自我反思中加深认同,体认存在的过程。

　　共同生活,是指同学之间、师生之间、亲子之间、社区成员之间,乃至所有公民之间,通过共读、共写、共做等途径彼此沟通,相互认同,在保持差异性的同时不断消除隔阂,并逐渐拥有共同的愿景、共同的未来。共同努力的生活,也是整个社会逐渐民主化的过程。

　　在朱永新教授的倡导下,同学之间、师生之间的共读共写在很多学校已经开展得有声有色,但是在亲子的共读共写上还需要引起家庭教育的重视。孩子的成长是一个复杂的过程,学校的每个老师都要面对几十个学生,不可能掌握这个过程中的诸种因素,父母作为最亲密的人应该责无旁贷寻找正确关爱子女的方法。直面今天我们每个人的现实生活,很多父母们整日为了生计而奔波,家只是一个宽敞一点的房子和宽裕的经济状况,他们很少能够沉静下来和家人孩子聊聊天、读读书,给孩子提供一些精神上的给养。尤其随着孩子长大，说教不再起作用的时候，父母发现自己和孩子已经没有共同的话题了。我们需要父母陪伴孩子长大，但是这个陪伴绝不是身体在一起，更重要的是精神在一起。父母子女精神在一起最好的链接就是亲子共读。北京大学教授、儿童文学家曹文轩在 2019 年"书香中国·全民阅读大讲堂"的演讲中指出：我们作为人，没有一个不想成为有境界的人。但你必须通过修炼。而修炼的重要途径——甚至说是唯一途径，就是阅读。为人父母也需要境界，有境界的父母才能使亲子关系获得思想、情感、情趣和思维方式上的升华，才能扛得住生活、工作带来的各种焦虑，亲子共读共写是一个有效的路径。

　　妈妈导读：想象一下，在一条船上生活三个月是什么感觉，尽管有各色美味佳肴、有欣赏不完的美丽风景，但是脚步可以丈量的极限不过长 70 米，宽 8 米（实际上要远远低于此），如此拘束之处，估计很多人都会厌倦吧。没错，尼德·兰就一直谋划着如何逃脱。但是教授不一样，他对此简直是着了迷，于是跟着他，我们就可以欣赏红海的美景了。

　　你知道红海为什么叫红海吗？看看尼摩船长给我们的解释吧，你一定会增加不少知识。从红海到地中海，除了苏伊士运河，明明是无路可走的啊（看看地球仪就知道了）。可是没关系，尼摩船长发现了一个海底通道——阿拉伯海底通道，虽然惊险，但是比绕道非洲而言，只用 20 分钟的时间简直是天堑变通途啊（我想知道，现实中是否真有这个通道，求答案）。途中尼德·兰还过了把瘾，捕获了一头重达 5 000 公斤的海牛，5 000 公斤啊！在希腊群岛，阿龙纳斯教授又发现了尼摩船长的一个秘密，他居然把满满一箱子金条（注意，四个健壮的水手抬都很吃力哦）送给了当地的一个渔人。尼摩船长真是一个神秘的怪人啊。接下来，他们只用 48 小时就穿越了地中海，在这个过程中我们再一次体会到作者高超的文字驾驭能力，他笔下的地中海真是令人无限向往。

　　女儿心得：在第六章里，给我影响最深的不是阿龙纳斯，也不是尼摩船长，当然，更不是康赛尔。是的，是尼德·兰，在多数人眼中，他脾气暴躁，一直有着被囚心理，可是在他看到海牛时，激动的声音都在颤抖，所表现出来的是带有想要征服海牛的血气和欲望，读到这，不禁感叹一句，果然，捕鲸大师依旧是捕鲸大师，在"被囚"环境下，还是不忘自己的老本行。在海底两万里中，称赞最多的是阿龙纳斯，他乐观、敬业、严谨、好学，很快可以随遇而安，把这当作一次很好的旅行。尽管尼德·兰做不到这些，尽管他一次又一次地计划着逃跑，尽管逃跑计划一次又一次地失败，可是他从来没有放弃过，这种坚持不懈、不轻言放弃的精神也是值得我们学习的。

这是我和女儿在她初二时共读共写《海底两万里》的片段。正读初二的女儿成绩平平，对学习也没有多大的兴趣，又爱上了追剧，常常瞒着家人追剧到凌晨。为了让女儿重视学习,家里也是鸡飞狗跳地斗争了一段时间,在求助了学校的老师和各种说教无果的情况下,我组织几个家庭启动了父母导读、孩子写心得的亲子共读共写模式。在长达一年的读书写作过程中,经典书籍中的经典思想提供了父母子女的共同话题,最终打动了孩子,引发了其成长的动力,不仅解决了母女之间的矛盾,女儿也顺利进入了自己理想的高中。

理想的父母子女关系如同法国哲学家缪卡所言:

请不要走在我的前面,

因为我不喜欢去跟随;

请不要走在我的后面,

因为我不爱充领导。

我只期望请你与我同行。

与子女同行,请与子女一起共读共写共生活。

第二节 我们读得怎么样

一、全国读得怎么样

1999 年至 2019 年中国新闻出版研究院组织实施了 17 次全国国民阅读情况调查,2020 年 4 月 20 日针对 2019 年全国国民阅读情况的第十七次调查在线发布,从中我们可以看到我国国民的阅读情况。

1. 2019 年国民阅读花费的时间

随着网络技术、信息技术的发展,人们的阅读方式越来越多样化,传统的以书本、期刊、报纸为主的纸质阅读转向了电子阅读(包括手机阅读、平板阅读),尤其最近两年各类听书 App 迅猛发展,听书成为一种新型的阅读方式。国民阅读调查显示,2019 年成年国民人均每天手机接触时长为 100.41 分钟,人均每天电子阅读器阅读时长为 10.70 分钟,人均每天接触 Pad(平板电脑)的时长为 9.63 分钟。在传统纸质媒介中,我国成年国民人均每天读书时间最长,为 19.69 分钟,超一成(12.1%)国民平均每天阅读 1 小时以上图书,人均每天读报时长为 6.08 分钟,人均每天阅读期刊时长为 3.88 分钟。值得注意的是纸质阅读较 2018 年呈现下降趋势,国人在使用手机上的时间急剧上升,比 2018 年增加了将近 16 个百分点。如图 7 - 2 所示。

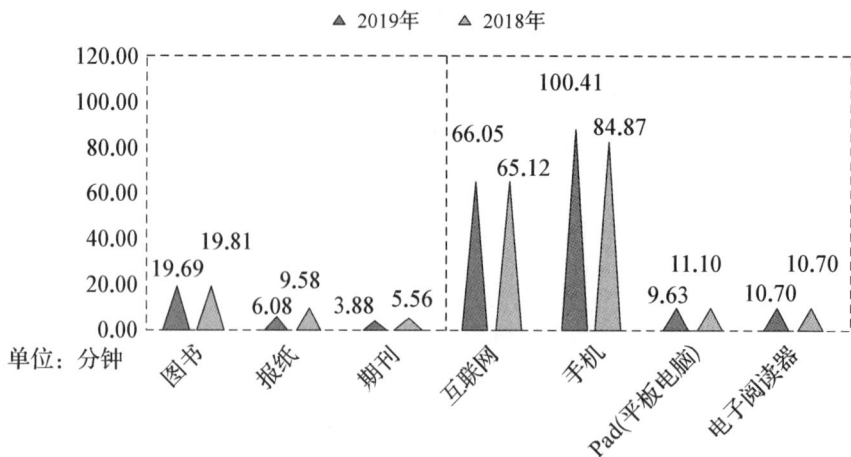

图 7 - 2　2018、2019 年国民阅读时间对比

2. 2019 年国民各类出版物阅读数量

2019 年我国成年国民人均纸质图书阅读量为 4.65 本，人均电子书阅读量为 2.84本。纸质报纸的人均阅读量为 16.33 期（份），纸质期刊的人均阅读量为 2.33 期（份）。我国成年国民中，11.1％的国民年均阅读 10 本及以上纸质图书，7.6％的国民年均阅读10 本及以上电子书。

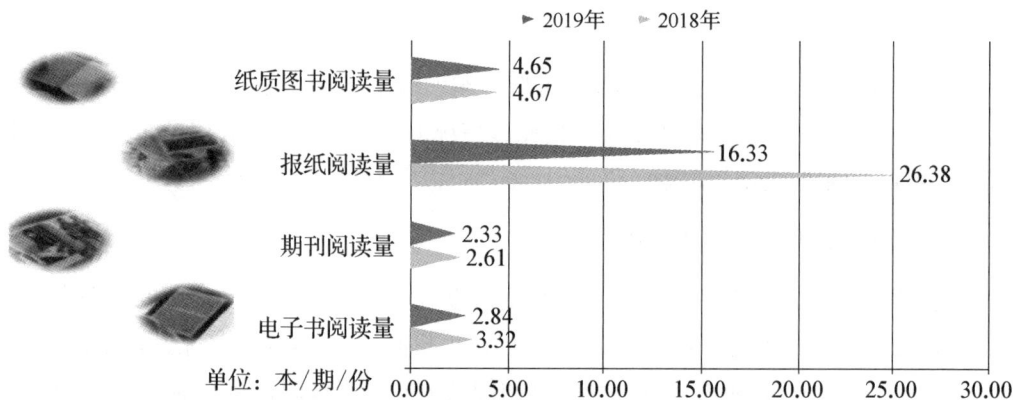

图 7 - 3　2018、2019 年国民各类出版物阅读数量对比

3. 2019 年城镇居民阅读数量对比

通过对我国城乡成年居民不同介质阅读数量的考察发现，2019 年，我国城镇居民的纸质图书阅读量为 5.48 本，农村居民的纸质图书阅读量为 3.73 本，相较于 2018 年的阅读情况，在纸质图书的阅读量方面，城镇居民在下降，农村居民在上升。2019 年城镇居民的报纸阅读量为 23.28 期（份），高于农村居民的 8.10 期（份）；城镇居民的期刊阅读量为 2.58 期（份），高于农村居民的 2.02 期（份）；我国城镇居民在 2019 年人均阅读电子

书 3.27 本,较农村居民的 2.25 本多 1.02 本。从总的阅读量来说,城镇居民要远远多于农村局面,城乡差距比较明显。

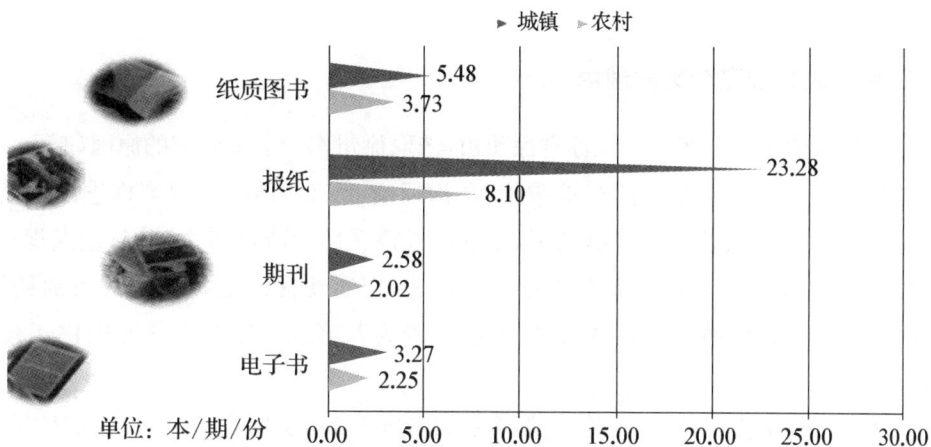

图 7 - 4 2018、2019 年城镇居民阅读数量对比

4. 我国未成年人阅读情况

根据第 17 次全国国民阅读情况调查,从未成年人的阅读率来看,2019 年 0—8 周岁儿童图书阅读率为 70.6%;9—13 周岁少年儿童图书阅读率为 97.9%,;14—17 周岁青少年图书阅读率为 89.1%。2019 年我国 0—17 周岁未成年人图书阅读率为 82.9%,较 2018 年的 80.4% 提高了 2.5 个百分点。从阅读量上来看,2019 年,我国 14—17 岁青少年阅读量最大,为 12.79 本,较 2018 年的 11.56 本增加了 1.23 本;9—13 周岁少年儿童人均图书阅读量为 9.33 本,略低于 2018 年的 9.49 本;0—8 周岁儿童人均图书阅读量为 9.54 本,比 2018 年的 7.10 本增加了 2.44 本。2019 年我国 0—17 周岁未成年人的人均图书阅读量为 10.36 本,比 2018 年的 8.91 本增加了 1.45 本。

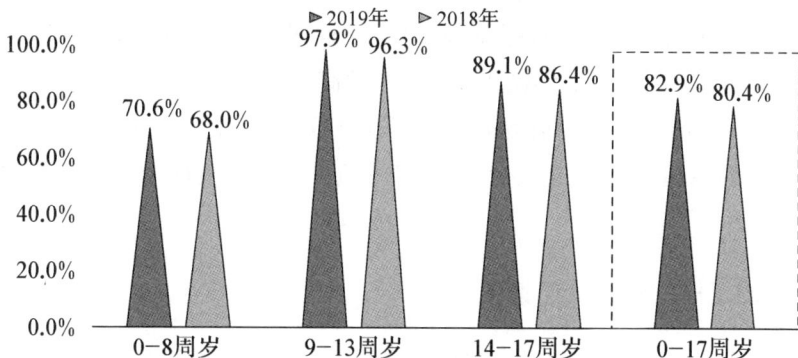

图 7 - 5 2018、2019 年我国未成年人阅读情况对比

二、徐州读得怎么样

1. 徐州成为研究个案的理由

本书选取的研究个案源自江苏省徐州市，选取徐州作为个案研究的原因如下：

重要的地理位置。徐州拥有承东接西、沟通南北、双向开放、梯度推进的战略区位优势。地处苏鲁豫皖四省接壤地区，是淮海经济区的中心城市，江苏省重点规划建设的四个特大城市和三大都市圈核心城市之一；交通便捷发达，素有"五省通衢"之称，是全国重要的交通枢纽。重要的地理位置为其经济、文化的发展提供了便利条件。

悠久的历史文化。徐州，古称彭城，有超过 6 000 年的文明史和 2 600 年的建城史，是两汉文化的发源地，有"彭祖故国、刘邦故里、项羽故都"之称，因其拥有大量文化遗产、名胜古迹和深厚的历史底蕴，也被称作"东方雅典"。截至 2019 年底，徐州拥有从职业院校到 211 不同梯次的大学 12 所、艺术表演团体 8 个、文化馆 11 个、博物馆 18 个、美术馆 3 个，共有公共图书馆 11 个，公共图书馆总藏量 3 864.85 千册，电子图书藏量 6 715.25 千册。先后获得国家历史文化名城、中国优秀旅游城市、全国双拥模范城、国家环保模范城市、国家卫生城市、国家生态园林城市、全国文明城市等称号。这些历史渊源和现代环境为徐州重视人文素养提供了便利的条件。

显著的经济地位。2020 年 11 月由城市局和中国城市研究院联合打造的 2020 中国城市发展水平排行榜显示徐州前三季度 GDP 为 5 170.8 亿，位居全国第 27 名，与北上深等一线城市相比，徐州的经济实力比较弱，但放眼全国依然处于领先的地位。生产力是影响文化水平的重要因素，徐州作为新入选二线城市的末位一名，在全民阅读方面既有全国最强城市的先进性，也有二三线城市的共性。

庞大的小学生数量。最新数据显示，2019 年徐州常住人口高达 882.56 万人，人口增长率排名江苏省前三，2018 年徐州小学生人数高达 95.58 万，排名江苏省十大地级市小学生人数第一，小学阶段是阅读的基础阶段，也是阅读量迅速增长的时期。

基于徐州的地理位置、历史文化、社会经济地位、小学生的数量，我们将调研城市选在了徐州。

2. 五张图了解徐州孩子阅读现状

2020 年 12 月，我们在徐州全市（含三县、两个县级市的城镇和农村）开展了阅读情况调查，本次调研对象是徐州市全市小学生家长，采取问卷星和访谈相结合的形式，共52 571 名家长参与了本次调查，其中母亲占比 81.03%，父亲占比 18.97%；城乡比例分别为 53.17%，46.83%，我们选取其中五个问题做介绍。

（1）2019 年徐州居民阅读类型

与国民阅读调查不同的是，我们的调查对象是小学生家长。为了发挥调研的引导作用，考虑到电子阅读、手机阅读具有碎片化、娱乐性特点，与我们倡导的经典阅读、深度阅读、整本书阅读理念不一致，所以本次调研没有将电子阅读作为一个选项专门呈现出来，只针对家长的纸质阅读。从图 7 - 6 可以看出，徐州居民阅读的类型占比最高的是家庭教育类图书，占比 38.89%，可见徐州家长比较重视家庭教育，但是由于其不足一半的数字，家长通过阅读书籍来提高家庭教育水平的空间还比较大。

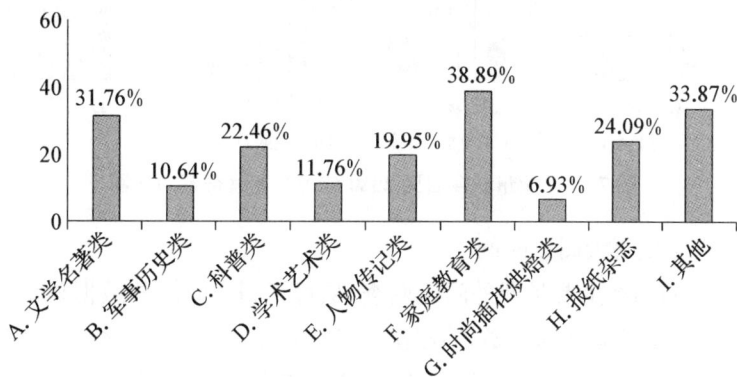

图 7 - 6　2020 年徐州居民阅读类型柱状图

（2）2019 年徐州居民各类出版物阅读数量

在问题"您平均一个月能读几本书？"中，我们设置了四个选项，其中"1—2"本选项最高，占比达 56.38%，这意味着 56.38% 的家长们一年平均读 12—24 本书，这个数字远远高于 2019 年国民阅读的年平均数（城市 11.33，农村 9.02 本，均不含报纸）。针对这个不寻常的数据现象，我们又进行了大量访谈，发现徐州各个小学都发起了系列阅读活动，每个月都推荐阅读书目，很多家长也会跟着一起看看，另一方面也反映了小学家长是一个比较重视阅读的群体。

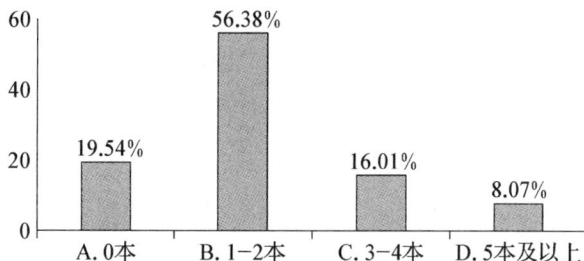

图 7 - 7　2020 年徐州居民每月阅读情况

（3）2019 年城镇居民阅读数量对比

为了更清楚地了解居住区域对阅读量的影响，我们将居住区域划分为市区、城镇、城乡接合部、农村四个部分。由图可见，城乡接合部和农村不读书的比例远远高于市区,其他选项表明无论是阅读时间、阅读数量,农村和农村接合部的居民都远远低于市区和城镇居民,这和国民阅读调查的数据结论一致。无论城乡,都有超过一半的居民每月阅读1—2本书。

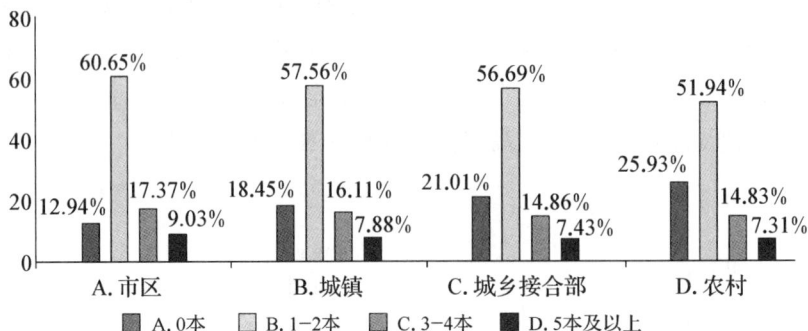

图7-8 徐州城乡居民2020年每月阅读数量对比图

(4)徐州小学生每天阅读时间

针对小学生的调查主要是课外阅读调查,从每天阅读时间的数据显示,8.39%的学生几乎不读书(成人不读书的人数占比是19.59%),辅之以居住区域为因变量发现这8.39%学生几乎都在农村。每天读20分钟以内的最多,占比46.53%;20—60分钟的比例也比较高,占比40.51%,60分钟以上的最少,占比4.57%。结合访谈发现,小学生作业、课外辅导班占据了大量的时间,很难有足够的精力保证半个小时以上的读书时间。

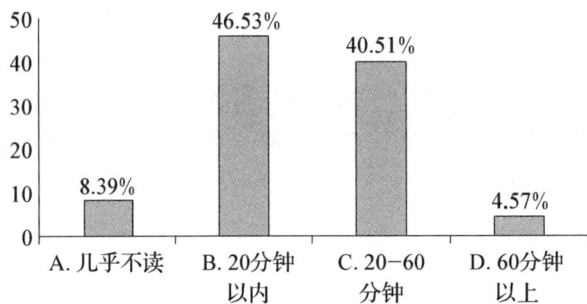

图7-9 徐州小学生每天阅读时间

(5)徐州留守儿童阅读情况

参与本次调研的有一个特殊的群体——留守儿童,共有5 343名留守儿童参与了本次调研。数据显示,在阅读时间上留守儿童不阅读的人数占比是非留守儿童人数占比的两倍。每天阅读在20分钟之内的人数占比上,留守与非留守儿童没有显著差异,但是在每天阅读时间超过20分钟的占比上,非留守儿童(41.51%)明显高于留守儿童(31.63%)。但是每天阅读时间超过一小时的留守儿童(6.03%)占比要超过非留守儿童(4.41%),这表明在阅读时间上留守儿童的阅读两极分化比较明显,一点不读和读的时间更长的占比都比非留守儿童高。

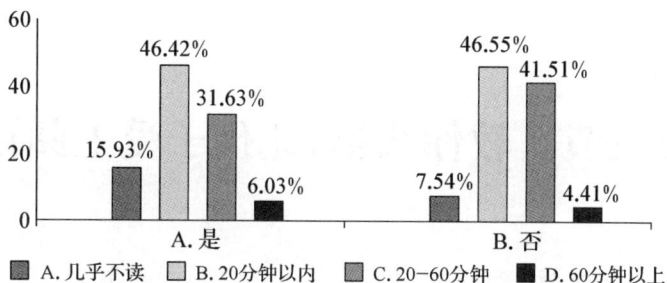

图 7 - 10　徐州留守儿童与非留守儿童阅读时间对比

综合比较徐州市民阅读和国民阅读情况可以得出如下结论：

其一，无论是成人阅读还是小学生（由于徐州的调查是根据学段而非年龄，只能模糊推算），徐州市民的阅读时间和数量都要高于全国平均水平。这一方面反映了家有小学生的家长比较重视阅读尤其是家庭教育方面的阅读，另一方面也反映了家长阅读和孩子阅读成正相关，家长愿意读、读得多，孩子也愿意读、读得多。

其二，多数小学生阅读时间均衡分布，城乡在阅读时间上的差异不大，但阅读时间都不够充裕，农村孩子被动阅读明显，城市孩子则呈现功利性阅读。数据表明无论是农村还是城市，绝大多数孩子都能够坚持每天 20 分钟的阅读时间和每学期 5—10 本的阅读量。这个数据差异与调研之前的预设明显不同，经过访谈，发现影响城市和农村这个数据变化的主要原因也不一样。在农村小学，阅读已经引起教育行政部门的高度重视，老师们已经将阅读作为家庭作业布置；另外为了提高阅读量，一些学校举办了各类活动，比如放学后没有家长及时接的孩子就在学校读书。农村孩子的阅读主要是在学校进行的，回到家的阅读则堪忧，更多的孩子沉迷于手机和网络，所以难以保证阅读质量。对于城市的孩子，学校和家长都比较重视，甚至用阅读 App 每天阅读。但是在权衡作业和辅导班的上课时间上，阅读则让位于前者，这就导致了徐州大多数小学生每天只能阅读 20 分钟左右的时间，阅读时间明显不足，后者阅读只是为了完成打卡任务。功利性阅读引发了一个直接的后果，由于没有足够的时间投入阅读，孩子难以体会到阅读的乐趣，也不利于阅读兴趣的培养，大大降低了阅读的质量。

其三，留守儿童需要特殊关注，这个群体呈两极分化的状态，一本不读的孩子比较多，读书时间每天超过 1 小时的占比也比较多。这表明少数留守儿童依靠图书来代替父母不在家的陪伴，影响这部分留守儿童阅读时间和阅读质量的因素有哪些，是否值得推广，值得研究。

另外一些数据表明，父母的文化水平、父母的职业、父母是否陪伴孩子阅读都直接影响小学生的阅读时间和阅读质量，提高孩子的阅读能力仅靠学校是不行的，父母必须投入其中与孩子共读共生长。

第三节　教你几招，让孩子爱上阅读

打开手机就没法回避这样的口号或宣传，"不会阅读的学生是潜在的差生""多亏×××，我的孩子才上一年级，阅读量和五年级的孩子一样""某某孩子，幼儿园毕业读的书已经比自己的身高还高了"。看到这样的宣传，家长们很难淡定，阅读这么重要，别人的孩子都那么爱读书，我家的这个怎么办？怎么样才能让孩子们爱上阅读、正确阅读呢？我们需要找到孩子不爱阅读的原因并对症下药。

一、谁在毁坏孩子阅读的"胃口"？

中学生不爱阅读，往往是小学时期形成的问题；小学生不爱阅读，往往是因为学前或上学后没有被调动阅读的兴趣，甚至是被坏了"胃口"。

1."你要这样做"的压力型阅读

现实中，不少家长会以自己认为对的方式，去考察孩子"记住了什么"。他们希望孩子看课外书，但总是很担心"读了记不住"，于是就让孩子读了一本书，甚至读了一个章节后，复述这个故事，说一说书中的主要情节，甚至急功近利地让孩子"背诵书中的优美段落""摘抄好词好句"，有的还会要求孩子写读后感。如果孩子做不到这些，就认为一本书白读了。其实，家长这样做，影响了孩子广泛阅读的速度，也是在给阅读制造绊脚石。一旦孩子意识到读一本书还有那么多任务等着去完成，他的阅读欲望就会大打折扣。试想，如果我们在去和朋友聚餐前，被要求记住每道菜的名字，餐后再写一篇有纪念意义的文章，那么这样的活动，你是否还有兴趣前往？就算去了，你又如何能够放松地享受相聚的快乐呢？

2."果脯取代水果"式的功利化阅读

不少大人觉得孩子不会写作文，读课外书不能立竿见影，于是一厢情愿地给孩子买来各种作文选、好词好句好段，认为这样的书"有用"。这种想法，无异于给孩子补充维生素，不让吃新鲜的水果，而是把腌制好的果脯放在他面前。客观地说，有些作文杂志刊登出来的文章富有童真童趣，文通句顺，但它们写得再好，也不过是学生的学习之作，无论思想上还是语言上，充满稚气。更何况，很多老师或编辑，为了刊登的需要，人为拔高作文的思想性，补充一些言不由衷的话，甚至有些矫情做作之举。这样的东西给孩子读，其营养成分能有多少呢？

3. 漫画类、爆笑类的娱乐化阅读

有位家长的朋友圈曾晒出了他孩子读过的高高一摞书,并配文字:读了这么多,作文水平差,都读哪里去了? 放大照片才发现,孩子读的基本上是漫画书和爆笑、搞怪系列的书。说得通俗一点,这些书和当下的一些娱乐节目一样,使用带有刺激性的图像和故事情节来吸引人,孩子就好像坐在电视机前一样被动接受,不需要任何思考,不需要任何转换和互动,就可以达到愉悦的目的。这些书对于智力启蒙,作用微乎其微,甚至还会损害。可以说,总是读这一类书的孩子,学习能力和理解能力低于那些经常读文字书的孩子,也就不足为奇了。

二、阅读方式:我们可以和谁一起读

1. 听家长读,唤醒沉睡的耳朵

有一位年轻的妈妈,在一次家庭教育分享会上,讲述了这么一个真实的案例:孩子从小特别喜欢听故事,而她只要有空就会给孩子读一些绘本书。孩子两岁多的一天,突然钻进了妈妈的衣服里,说:"妈妈,你的衣服又肥又大!"还有一次,他在床上喝水,非要自己端杯子,妈妈担心他把水洒到被子上,他却说:"放心吧,妈妈,我会小心翼翼的。"这些,都让第一次做妈妈的她非常惊讶,从来没有教,孩子那么小,怎么就表达得那么恰当呢? 后来,她才发现,原来"又肥又大""小心翼翼"这些词汇,都是她常给孩子读的故事书中的。

相信很多人看到这里,会有一种似曾相识的感觉,甚至会想起自己的孩子小时候不也这样吗? 如果真的如此,那么我要恭喜你——你做了一个正确的选择:给孩子"读"书,而不是"讲"书。事实上,有些家长总担心孩子太小,听不懂,于是就把故事内容转化成口语或"儿语",甚至还用上矫情做作的声音,完全没有必要。"它是一条又肥又大的毛毛虫"和"它是一条大大的毛毛虫",对于刚学语言的孩子来说,并不存在哪个难懂哪个容易。大人认为的困难,是因为自己一开始接触的太简单,后来遇到难一点的,就有点不适应。要知道,小孩子的世界像一张白纸那么纯洁,你给他读书,就像用一根根彩笔在白纸上作画,画成什么样就是什么样。书上的语言是更加规范的表达,而家长的口语很难做到这一点。对于孩子来说,家长声情并茂的朗读,会以一种神秘的形式"存进"他的记忆中积淀下来,丰富他的语言词汇。时间久了,故事和文字就逐渐联系到一起了。当他想要说话表达时,就像到银行提现一样,往往可以找到恰当的词语来表达,而不会出现那种想要表达却说不出来的困境。

著名家庭教育专家尹建莉认为,好的阅读尽量使用书面语,坏的阅读抛开书面文字大量使用口语。家长的正确的做法是,从一开始,就应该尽量使用标准的、词汇丰富的

语言给孩子读故事，让他们尽早接触有情节有文字的图书，是最简单最有效的方式。

2. 和大人读，共享温馨的时刻

近年来，统编小学语文教材的普及，让我们感受到的重大变革就是阅读量的增加，还有阅读方式的丰富，这其中，低年级"和大人一起读"的项目设置，不得不说是一大创举。"和大人一起读"其实就是亲子阅读，是在以教材的影响力，助推家庭阅读氛围的形成，助推家长成为儿童阅读"有协助能力的大人"。

黄老师常年带中低年级，她班里的孩子和家长都热爱阅读，究其原因，原来她有两大法宝。第一个法宝是全班小朋友开展"班级共读"。在班里，她引导学生天天诵读积累，从一首首童谣古诗，到一篇篇小韵文，教室里常常传来天籁一般的童声，阅读成了一种习惯。第二个法宝就是用好语文书中的"和大人一起读"。怎么做呢？一年级选的都是有趣的童话童谣，如第一单元的《小白兔和小灰兔》，小朋友们很喜欢，可是回家读就不认识字了。她先请家长帮忙给孩子读一遍，再让孩子跟着大人读几遍，等孩子熟练了，大人就在一旁配合着读，孩子的信心一点点就找到了。当孩子入学时间长了，认识了更多的字，有了一定的理解能力，读到第五单元《拔萝卜》时，黄老师就开展"亲子共读"比赛，并通过上传的视频，组织评选"优秀读书家庭"。最后，当孩子有了一定的阅读能力之后，黄老师就建议家长和孩子你一段我一段比赛读，当读到《狐狸和乌鸦》的时候，有些家庭还准备了道具、服装，把表演读的视频发到群里，一时间欢声笑语不断，孩子们的读书热情高涨，家庭氛围因此变得更加美好。

事实证明，很多孩子的阅读乐趣来自家庭，有良好阅读习惯的孩子，积累丰富，表达更具自信。聪明的家长都知道，孩子的阅读水平提高了，对语言更具敏感性，在学业测试时，对于题目的理解能力强，在成绩方面也往往胜人一筹。

3. 跟伙伴读，分享阅读的快乐

除了老师和家长，对孩子阅读学习有影响的另一个重要的角色就是同伴。如果你让一个初中生，或者小学高年级的学生选择阅读的图书，他很有可能会告诉你："同龄伙伴推荐的书更有吸引力。"

作为老师，或许每周可以安排一个固定的时间段，让孩子们畅所欲言，聊聊他们所阅读的书，以及他们最喜欢并希望其他同学也能去阅读的书；作为家长，我们只需要在每个周末安排一个时间，让三四个孩子有机会介绍他们想跟大家分享的书就可以了。大人做什么？不需要太多准备，就充当讨论会的主持人吧，你的任务就是尽量让每个想发言的孩子都有机会发表讲话。孩子要准备什么？也不需要刻意准备，只要问上一句"你读过这本书吗"，再把自己觉得最吸引人的地方分享给同伴，比一比，谁介绍的书，最受大家的欢迎。

三、阅读环境：我们可以在哪里读

我们可能会看到，无论是什么样的人，在脚步踏入宗教建筑的一刹那，一下子会变得一本正经起来，即使他并不是其中的信徒。因为，人们的心态会随着不同环境而发生调整。阅读，也是这么一回事，我们必须要有一个让人心无旁骛的场所，专心融入书本中去。

1. 图书馆是一个极佳的阅读场所

阅读，是需要有个场所的。为孩子办一张少儿借阅卡，是一个不错的主意。周末到了，带着孩子到书店或图书馆里，泡上半天一天，孩子在那种让人专心而不被打扰的场所中自由阅读，在固定的时间里心无旁骛地阅读，不得不说是一种高贵的选择。在这种场所中，因为环境的影响，每个人都会不由自主地选择安静下来。孩子拿着自己的借阅卡，去注意书架上的书，是一个步骤；能从书架上选出一本自己想读的书，是另一个步骤；决定手上的书正是自己想看的书，或者放回去，又是一个步骤；最终，他打算坐下来好好阅读手中的这本书了，这也是一个步骤。无形之中，孩子学会了如何选择一本书，这是难能可贵的。

一个真正的读者，应该知道如何着手去选择他所想要阅读的书籍，知道该如何有效地浏览群书。

2. 在家庭里营造一个宁静的"阅读区"

更多的时间，孩子是在家里读书的。在家庭中阅读，大人和孩子最好有一个"阅读区"——以书架和墙隔出一个小小的空间，里面可以放置软垫、小沙发、桌子，让这个小天地显得更加舒适宜人，墙上还可以贴一些书的海报，四周摆放一些书。即使没有这样的条件，也无多大妨碍，就算是客厅的沙发上、凳子上，只要整个房间里是安静的，灯光是柔和的，在这个区域里，读者们安安静静地看书，不走动，不说话，每一个人都可以轻松、愉悦地享受着阅读好时光。

为了营造这样的阅读氛围，电视、手机等设备，应该处于"默默无闻"的状态，家长也拿着一本书，或者杂志，轻轻地翻着，跟孩子共享这段难得的时光。书的放置，要让可读的书触手可及，而不是规规矩矩地整齐摆放在书柜里。因为，当孩子想看书的时候，应该是随时可以找到想看的书，并在他需要的时候，可以顺利地拿到想要的书，而不是在房间里跑来跑去，再到书柜里翻找半天。

当然，家庭中阅读还有一个更美好的地方，那就是睡觉前，泡好了脚，坐在床头。柔和的灯光下，轻轻打开一本心仪的书，或者一个人静静地读，或者和家长一起分享书中的喜怒哀乐。这一刻，整个世界都是安静的。至于阅读时间的长短安排，从年龄角度出发，7—8 岁的小朋友，一次大约 15 分钟，每天可以安排两次；9—10 岁的小朋友，一次大约 30 分钟；11—13 岁的小朋友，一次大约 40—45 分钟。时间一到，轻轻合上书，放在床头，就可以带着一份宁静走进梦乡。

3. 读书群里的阅读充满仪式感

一个人独自静心阅读，当然是家长最希望的方式。然而，如果能够有一个集体性的组织通过共读带动，更容易激发阅读的兴趣。这个组织可能来自同一个班级的学生，也可能来自志同道合的几个家庭。

大家要共同约定一个合适的时间，如晚上 7:30，孩子们应该都完成了当天的作业，这时就可以尽情遨游在书海之中。在这个神圣时刻到来之前，每一个人都洗净双手，坐在书桌旁。时间一到，读书群里传来小主持人的美妙童声："共读的时间到了，请大家双手放在书上，轻轻闭上眼睛，静心 30 秒。"接着，在小主持人的带领下，每个孩子都吟诵小诗：没有一艘船能像一本书，也没有一匹骏马能像一页跳动的诗行，把人带向远方……简短的共读仪式后，主持人公布今天读书的内容，所有人同步开始阅读规定的页数，读好的孩子可以在群里敲"1"，当最后一个"1"出现后，主持人组织大家交流当天读书的点滴收获。小小的仪式，让晚上 7 点半成为一个令人期待的温馨时刻。

四、阅读内容：我们可以读什么

作为家长，我们都期望自己的孩子是喜欢阅读的，因此，会给孩子买上整屋子的书。接着，就是被动地等待着孩子们"自动自发"地去阅读，如果他们没有这么去做，我们就会很失望地说："我的孩子不喜欢阅读。"事实上，阅读是需要引导的。什么样的书是他们喜欢的？什么样的书才是该读的？作为大人，我们能否做好协助呢？

人们常说，兴趣是最好的老师，孩子在阅读初期，务必要将"兴趣"放在第一位，不要一厢情愿地强逼孩子去读我们认为该读的书。用一个形象的比喻来说，就是"不要让孩子在吃奶的年龄去啃营养丰富的排骨"，排骨虽好，但对于小孩子来说难以消化，也是要坏了胃口的。

我们暂且将书分为图画书、桥梁书和文字书三类。上小学前，优质的绘本书是最佳选择，因为这个时候，孩子还不认得多少字，读图能力便可以在这个时候进行培养。好的图画书，绘画是重要的组成部分，它可以为孩子打开一扇明亮的窗，引导孩子看到世间一切美好。宫西达也系列绘本有趣又温暖，常常让孩子读得热泪盈眶；谢尔·希尔弗斯坦系列绘本中，简约的文字和图画给人带来哲思；大卫系列绘本，让孩子在书中找到自己，发现自我，突破自我……

初入小学，孩子开始接触更多的文字书，这时的"桥梁书"就成了必需品。它介于图画书和文字书之间，图没有绘本那么多，字是注音的，也没有文字书那么多。在家长的帮助下，孩子们基本上可以尝试着自己阅读。

到了中高年级，孩子的选择就多了。既可以根据语文学习的需要同步阅读（如徐州市教研室推荐的"必读""选读"书目），也可以根据孩子的喜好进行选择。从童话故事到神话故事，从科幻读物到历史人物，只要孩子能读进去，一开始不要设限，先从兴趣入手，让他们先读起来，千万不要一开始就把《钢铁是怎样炼成的》这样的经典名著摆在孩子面前，那样会让孩子望而却步，适得其反。阅读需要慢慢来，这就是古人说的"开卷有益"。

阅读的意义不仅在于让孩子具有良好的语言文字能力，还在于它能丰富孩子的心灵世界，提高认识水平。著名诗人歌德曾说："读一本好书，就是在和许多高尚的人谈话。"因此，随着孩子阅读能力的提高，还要逐渐引导到"好书"上来。

古今中外，那些流芳几代的经典作品，无论内容是什么，其中一定包含着真善美的东西。这些真善美影响着一个人思维方式，当然也影响着一个人的价值观和人生观的形成。

五、阅读方法：我们可以怎么读

不同年龄段的孩子，阅读的方式是不一样的；同样年龄，面对不同类型的书，阅读的方法也不尽相同。下面推荐几种比较常见且简单易行的方式。

1. 字斟句酌式的精读

从三年级开始，因为积累和表达的需要，孩子在学习上就要关注"有新鲜感"的词语和表达生动的句子了，所以对于像课文那种百里挑一的好文章，就需要反复读，逐字逐句深入钻研读，对重点的语句和章节还需要透彻理解，甚至背诵积累。

首都师大有位博士做过一个调查，她收集了四年级、六年级学生的作文若干篇，分析低水平、中水平、高水平作文有什么相同的特征。最后研究出一个结论，词汇量是区分学生作文水平的最明显标志。一篇三四百字的文章，低水平作文用的实词仅 85 个，中水平作文用的实词 150 个，高水平作文实词使用量超过 230 个。可见词汇量决定了作文水平的高低。那些写"水汪汪的大眼睛、樱桃小嘴"的，基本就是低水平、中水平学生写的作文，因为他们积累的语言经验太少，即使观察到人的外貌特点，也没有合适的词语来表达，这些学生遭遇的主要是语言痛苦，是茶壶里煮饺子倒不出来。

中国古代文人总把积累视作"童子功"，让孩子在很小的时候就多读多背，丰富词汇量，也就是在做"厚积"的工程；等到后来写作，创造性表达，才会有"薄发"。因此，对于有些"千淘万漉"的好文章中一些词语句子，有必要进行品读、精读。

2. 囫囵吞枣式的跳读

著名儿童文学家冰心，在回忆童年读书经历时，讲过这么一个小故事：7 岁时，每天晚上，都会等着听舅父杨子敬讲半个钟头的《三国演义》，可每次都是正听得津津有味的时候，舅父就停下去干公事了。后来，她实在忍不住了，就偷偷拿起一本《三国演义》来，自己一知半解地读了下去，居然越看越懂，虽然字音都读得不对，比如把"凯"念作"岂"，把"诸"念作"者"之类，因为就只学过那个字一半部分。

其实，冰心说的就是一种"跳读"的方法，尽管把有些字读错了，但毫不影响她对整本书的理解，更重要的是，她可以不依赖大人，自己读书了，这是多么快乐幸福的一件事。读名著，就可以像她一样，遇到一些生僻字不认识没关系，不需要停下来翻字词典，看看字形，连估带猜，跳过去继续读后面的情节，才不至于打断情节的连贯，也不会影响阅读的兴趣。在生僻字和阅读兴趣之间，显然孩子的阅读兴趣更重要。

3. 走马观花式的速读

在一个公益读书会上，小齐妈妈向老师倾诉了她一直以来的困惑：孩子读书太快，往往从书店买来的一本书，一个多小时就被翻完了。她担心孩子这样读书，什么也学不到，就问孩子里面讲了什么，没想到孩子总是说得头头是道。阅读推广老师告诉小齐妈妈，孩子已经掌握了"一目十行"的速读本领。

我们知道，世界上的书籍可谓浩如烟海，而人的精力是有限的，不可能读完所有的书，更不能对每本书都逐字逐句地去读，但为了获取更多的知识、更多的信息，又必须读大量的书，最好的办法就是粗略地读，快速地读，一目十行地读。翻开一本书，看看目录，找到你想了解的那一部分，打开后可以几行几行或整段整段地浏览，也可以整页整页地翻看，找到了关键的内容，就可以放慢速度去读。这样，我们就能够在较短的时间内，查找到自己需要的信息了。

阅读的方式因人而异，但有一点是要引起注意的，那就是"读了多少"比"记住了多少"更重要。衡量一个人阅读能力高低有三个方面：理解、记忆和速度。其中，速度是阅读能力非常重要的一个方面，一个字一个字读书的人阅读能力最低，能达到"一目十行"最好。尽管上面提到了"字斟句酌式的精读"，那只是针对一部分来说的，真正的阅读中，请不要让孩子念出声来，不要一遇到生字就停下来查字典，不要总是去打断他，不要总是让他去复述故事、背诵优美段落，甚至要求写读后感。阅读的功能在于"熏陶"而不是"搬运"，眼前可能看不出什么，但只要读得足够多，丰厚底蕴迟早会在孩子身上显现出来。

延伸阅读

1. [美]贝蒂·史密斯.布鲁克林有棵树[M].南京:凤凰出版传媒集团,2009.

2. 朱永新.我的阅读观[M].北京:中国人民大学出版社,2015.

3. [法]斯坦尼斯拉斯·迪昂.阅读与脑[M].杭州:浙江教育出版社,2018.

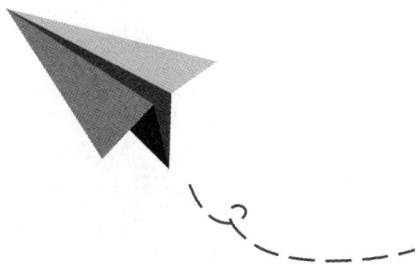

第八章

重新认识科学素养

每个孩子都有他自己在某一方面的积极性，都有某种特殊的禀赋、某些自然的素质和某方面的倾向性。我们应该发展孩子们身上的这一切，应该给他们创造条件，让他们身上最美好的东西得到最充分的、最理想的施展。每一个儿童身上都有许多"根"，这些"根"向全身输送养料，滋养着他们精神上的美质。我们应该保护这些"根"，对它们爱护备至。

——苏霍姆林斯基

对于孩子的成长而言,科学素养很重要。在父母的潜意识中,语数外三科的学习很重要,科学课程的学习、科学素养的提升,如同点缀,锦上添花很好,但不是必须。经常听到父母之间交流:为什么要花时间学习科学课程? 为什么要花时间参加科技大赛? 这些时间留给孩子学习语文、数学、英语多好! 以上三科固然好,但孩子科学素养的提升尤为重要。有了科学素养,孩子会用科学的视角看世界,变得更加睿智,身心也会更加健康。

第一节　为什么要培养孩子的科学素养

一、科学素养到底是什么

许多家长都听过"科学素养"这个词,在《义务教育小学科学课程标准(2017 年版)》中提道:"科学素养是指了解必要的科学技术知识及其对个人与社会的影响,知道基本的科学方法,认识科学本质,树立科学思想,崇尚科学精神,并具备一定的运用它们处理实际问题,参与公共事务的能力。"科学素养可以理解为学生通过科学学习与训练,将科学知识、科学探究的方法、崇尚科学的精神不断地整合使其成为自己做人做事的一种态度或一种价值观。科学素养大体上可以分成三个方面,分别是科学知识与观念、科学探究的能力和科学情感与价值观。

孩子的科学素养具体体现在哪些方面? 科学素养到底是什么呢? 我们梳理了不同的学者对科学素养的定义发现科学素养不仅需要孩子掌握一定的科学知识,还要具备问题意识,这并不是一件简单的事情。许多孩子在学习科学的过程中能够掌握科学知识,但缺乏问题意识,不能及时发现问题。爱因斯坦曾经说过:提出一个问题往往比解决一个问题更重要。说明有效提问是培养孩子科学素养的重要途径,也是影响孩子科学学习成绩的主要原因之一。孩子有了问题,才能够对问题的答案做出假设,制定计划去验证假设,解决问题。孩子要想顺利解决问题还需要有搜集整理信息、对信息分类整理、独立思考、与别人交流表达等方面的能力,这些都是孩子科学素养的体现。

孩子的科学素养并不能够简单地以有或没有来评判,每个孩子都具有一定的科学素养,但是由于孩子身处的环境不同,每个孩子科学素养的水平不同。科学素养会随着孩子的成长而不断地从低水平到高水平发展。以"蝉"的故事为例:

有一个小朋友从 3 岁起就开始关注蝉,蝉是我们日常生活中常见的昆虫,但对于孩童,却是神秘又奇特的,于是这位小朋友开始了持续 10 年的关于蝉的科学观察与研究。

3岁时，孩子提出的问题是"蝉为什么会叫？""怎么区别雌性与雄性？"于是他开始捉蝉，观察蝉，并顺利地发现了蝉鸣叫的奥秘。

6岁时，他开始思考"蝉有哪些种类？""它的幼虫生活在哪里？""蝉是如何从幼虫转化成成虫的？"于是他除了捉蝉，观察蝉，画蝉，还开始阅读拼音版的昆虫记，并顺利地得到答案。

图8-1 蝉

9岁时，他开始琢磨"蝉能不能在家里繁殖？""什么样的大树适合蝉的幼虫生长？"于是他捉来雌性蝉，放在家门口的各种类型的大树上，并静静地等待，这一等就是1—2年。

12岁时，他开始尝试着写了一篇关于蝉的科普小文章，内容如下：

论蝉的排泄物

众所周知，当我们用手捉住蝉时，蝉会有排泄物。

原因是什么？

为了得到答案我用了查资料、做实验的方法。

有文献说在我们抓住蝉时，蝉会产生排泄物，这是为了减轻重量，以便快速逃跑。

有文献说这是蝉在遇到危险时的应激反应。

有文献说这是蝉的武器。

如果是武器，说明排泄物对我们有威胁。

为此，我做了实验，发现没有伤害。

至于其他解释，我觉得有道理，但还没有用实验结果证明。

随着学习的不断深入，孩子对于日常生活中的现象的解释也会逐渐完善。例如，铁在潮湿的空气中会生锈，孩子刚开始只是知道这个知识，但是随着孩子学习的深入，接触到化学，他就知道生锈的原因是铁与空气和水发生了化学反应，生成一种叫作氧化铁的物质，这种物质就是铁锈。随着认识的深入，孩子也会尝试动手去解决问题。例如，夏天孩子去买冰激凌，看到冰箱上盖着厚厚的被子，孩子对这种现象产生好奇，并自己查找资料、做实验，从而知道原理，能够根据学习到的原理自制保温杯，从发现问题到解决问题的过程就是孩子学会思考的过程。随着知识的增长、学习的深入，孩子开始质疑和思辨，这就是科学素养提升的过程。我们家长与老师要做的就是为孩子提供探究的空间，帮助孩子成长。

二、科学素养体现在哪些方面

1. 独立思考

孔子说"学而不思则罔，思而不学则殆"，在孩子学习过程中如果不能够独立思考就意味着对知识的理解不够深入，对知识一知半解，又怎么取得好成绩呢？独立思考，是任何一位优秀的、成功的人都必不可少的品质，是创造、发明的源泉。孩子的独立思考能力要从小开始培养，能够独立思考的孩子会对事物有自己独特的见解，有自己的思想，能够辨明是非对错。以伟大的科学家爱因斯坦的故事为例：

> 小时候的爱因斯坦不喜欢与孩子们嬉笑打闹，更多时候他喜欢一个人安静的冥想，去思考大自然的奥秘。爱因斯坦的叔叔雅各布，是一个非常热爱数学的工程师，有一次雅各布给爱因斯坦讲了关于希腊数学家毕达哥拉斯经过自己刻苦钻研，不懈努力终于发现了一个重要的数学定理的故事，并告诉爱因斯坦这个定理在数学领域非常重要，希望他能够证明出来这个定理。当时的爱因斯坦虽然还没有学习过几何，但是他对这个问题很感兴趣，此后的几个星期，他把自己所有的精力都投入这个问题的探索中，早上一睁开眼睛就开始思考，晚上大家都睡了，他依旧在考虑如何证明这个定理。虽然经过了无数次的失败，但是小爱因斯坦没有放弃，终于在不懈努力下他在十二岁的时候证明出了毕达哥拉斯定理。正是因为有了独立思考的能力，他才能在物理学方面取得巨大的成就。

爱因斯坦的故事表明，一个具有独立思考能力的孩子，在生活学习中即使遇到困难也不会轻易放弃，他们会通过自己的思考，对问题进行分析处理，然后自己去搜集信息，进而得到问题的答案。在孩子成长过程中，独立思考能力是他打开世界之门的钥匙，孩子能够独立地思考，在思考过程中通过观察做出自己的判断，找到自己认为对的答案，这样他的思维就被打开，他的视野会更加开阔，他所获得的知识就更加丰富。具有独立思考能力的孩子的想象力、创造力也会非常丰富。没有独立思考能力的孩子，老师家长说什么听什么，对于学习只会死记硬背，不会举一反三；但是题目不会一成不变，考试也不会只考一种题型，这样的话没有独立思考能力的孩子又怎么能取得好成绩呢？因此，孩子要学会思考，自己思考题目有哪些可能的变化，对于不同的变化要有怎样的解决策略，这样才能够获得优异的成绩。

2. 质疑与批判

陆九渊说"学贵有疑，小疑则小进，大疑则大进，不疑则不进"。在学习过程中，孩子需要有质疑和批判的勇气，有质疑批判的精神才会反复思考，这样思维才能更加活跃，才能获得深刻的见解。以诺贝尔物理学奖获得者杨振宁为例：

> 杨振宁的父亲杨武之是留学美国的数学博士，回国后曾在厦门大学和清华大学任教，杨振宁从小深受父母的影响，他高二的时候就考上了西南联大。1942年，杨振宁大学毕业，获得了理学学士学位，随后考入清华大学研究生院，两年后顺利毕业并获得了公费留美读博资格，1945年，杨振宁远赴美国芝加哥大学读博，并拜著名的物理大师费米教授为师。后来杨振宁到普林斯顿"高等学术研究所"同李政道合作进行粒子物理研究。在当时，物理学家普遍认为：在任何情况下，任何粒子的镜像与该粒子除自旋方向外，具有完全相同的性质，即宇称守恒定律。可是，在做研究时，他们发现了许多宇称守恒定律无法解释的现象，于是就开始怀疑宇称守恒定律的正确性，直接向权威发起了挑战。但他们一时也拿不出有力的证据证明自己的观点。那时候，杨振宁和李政道经常坐在普林斯顿研究所的草地上，一起讨论、争辩。经过长时间的研究，在1956年，他们终于找到了证据。于是，两人共同发表文章，提出宇称不守恒的理论，推翻了宇称守恒定律，一举轰动了整个物理界。

杨振宁在发现一些现象与人们普遍认为的规律不相符的时候勇于质疑宇称守恒定律的正确性，并向权威发出挑战，更重要的是他在发现问题以后自己努力钻研，最后才有了伟大的成就。他的这种质疑精神、批判精神、努力钻研的精神正是科学素养的体现。

我们日常生活中孩子也会产生质疑，如果家长善于引导，往往会获得新的发现。以小螳螂的故事为例：

> 有个小朋友在看"黑猫警长"时，发现母螳螂与公螳螂交配后，会把公螳螂吃掉。他产生了怀疑，于是他养了两只螳螂，等它们交配后发现，母螳螂没有吃掉公螳螂，于是他翻阅书籍寻找原因，并获得合理的解释。

这种质疑、求证的过程，不正是科学家探索科学问题的过程吗？孩子的质疑批判精神很重要，但是许多家长并不懂得如何去培养孩子的质疑精神。其实，培养孩子的质疑精神并不难，只要我们做好以下几点：首先尊重孩子，孩子正处在对一切都很好奇的年纪，他们总是会有很多的问题，家长要做的就是尊重孩子的兴趣，保护孩子的好奇心，正视孩子提出的问题。如果对于孩子提出的问题家长一时回答不上来，要鼓励孩子自己去寻找资料并帮助孩子一起去寻找答案。其次，家长要引导孩子思考，激发孩子自己去寻找答案的欲望，家长除了要解答孩子的问题，也要主动创设问题情境，经常问孩子为什么，从而引发孩子的思考。

3. 坚持和不懈努力

坚持是一个科学家的必备素质之一，不论是从事科学研究还是在日常的生活学习中,坚持都是通向成功必不可少的钥匙,爱迪生为了发明白炽灯做了成百上千次的实验,经历了十余年最终才能够成功。诺贝尔奖的获得者屠呦呦默默研究了几十年,反复做了一百九十多次实验才从草药中提取出了青蒿素。以李比希为例:

> 李比希出生于德国黑森大公领地的达姆施塔特城,他家里经营着一家药房。小时候,李比希就经常看父亲做各种化学实验,其中形状各异的器皿和五颜六色的化学反应都让他觉得非常惊奇。李比希从小就生活在化学的世界中,除了经常看父亲做各种实验之外,他的邻居有的会用盐、碱、香料做肥皂,有的能够给棉布染色,这些都深深影响着他,也使得他爱上了化学。李比希对化学的热爱到达了痴迷的地步,但是他的学习成绩并不好,老师在多次批评无果后,对李比希采取了漠视的态度。终于有一次,李比希因在学校做实验导致爆炸而被学校开除。虽然离开学校,但是李比希没有放弃做化学家的理想。最终,他获得资助,去波恩大学读书。后来转到埃尔兰根大学并获得了博士学位,再后来,他实现了小时候的梦想——成为著名的化学家,创办了有机化学这一学科,被称作"有机化学之父"。

李比希经历了退学、转校、出国留学,他的梦想从未改变,他一直坚持求学和自学化学,坚持做实验,正是坚持和不懈努力使他成为著名的化学家。坚持和不懈努力,是科学素养的重要体现,孩子的坚持和努力会使他们不断向着目标前进,有句话"念念不忘,必有回响",只要孩子一直朝着目标的方向前进,总有一天会有令人满意的结果。

4. 动手实践

动手实践的能力是科学素养的重要体现,只有自己动手验证才能够对科学事实有更加深入的理解。孩子正处于活泼好动的年纪,单纯阅读枯燥的科学知识难以提起孩子学习科学的兴趣,如果能够动手实践,孩子就能够从实践中获得成就感,就能够激发他们学习科学的兴趣。以钱学森为例:

> 钱学森先生是我国著名的航天科学家,他被称为"航天之父""两弹一星元勋",为我国航天事业做出了巨大的贡献。钱学森与航天结缘要从一个小小的纸飞机说起。纸飞机是钱学森小时候爱玩的游戏。孩子们经常会聚集在一起比谁的纸飞机飞得高,飞得远。每次比赛,钱学森的纸飞机总是比其他小朋友的飞得远,小朋友都不服气纷纷要去找钱学森比赛。就这样,钱学森一次又一次地赢得比赛。这时候老师过来,笑着问他能不能把纸飞机飞得远的奥秘分享给大家,钱学森不好意思地说,他只是注意到了折纸飞机的纸不能太轻也不能太重,太轻了飞机飞不起来,太重了飞不动;飞机的翅膀不能太大,也不能太宽;飞机的头部要小一点。这些看似是很简单的小技巧,其实是钱学森自己动手做了很多很多次实验,经过不断的实践才发现的,这些小技巧都揭示了航天的规律。

每一项重大发明产生的背后都是科学家无数次的实践，"杂交水稻之父"袁隆平，三十多年来坚持实验；孟德尔为了解开遗传学的规律整整做了八年的实验；童第周说"一切都要通过实验打破前人的学说"，这些事例足以说明动手实践的重要性。而且在实践中，孩子通过自己观察、分析、总结，从而获得知识的过程更能够锻炼孩子的思维能力与动手操作能力，从而避免出现高分低能的情况。

5. 探索与创新

在孩子成长的过程中，创新必不可少，创新精神往大了讲是一个国家和民族发展的不竭动力，只有不断创新、不断探索才能够应对世界的不断变化，只有在不断创新的前提下，社会才能进步；对孩子而言，创新精神可以使他们的思维更加活跃，不局限于某一点，对于生活和学习中的变化能够很好地适应。以威斯汀豪斯为例：

> 威斯汀豪斯，是美国仅次于爱迪生的伟大的发明家，他出生于美国纽约州布里奇农村的一个小工匠家庭，他的父亲是一个农具制造商。从小威斯汀豪斯就可以在他父亲的工厂里进行自己的创造。有一次威斯汀豪斯在列车上亲眼见证了由于列车制动问题而导致列车撞上了马车的惨祸。这件事情发生之后，威斯汀豪斯仔细询问了工作人员，了解到由于列车的制动都是分离的，在需要停车的时候司机利用汽笛发出信号，然后各车厢人员通过拉动机械阀来进行停车，但是由于是人力来进行搬动机械阀，人对信号反应快慢不同，而且力气也不一样大，因此会导致惨剧的发生。经过这件事后，威斯汀豪斯就决定发明新型的连动制动器以减少这样的惨剧发生。后来在他的研究下，他想到用蒸汽来带动火车奔跑，于是他制作了蒸汽制动器，但是在实验的时候发现蒸汽根本无法推动火车行走。经过多次研究他终于找到原因，由于天气太冷蒸汽到达车厢的时候大部分已经变成水了。威斯汀豪斯又进行了许多次的实验，但是他还是没有跳脱蒸汽的圈子，依旧是从蒸汽入手，所以他陷入了用蒸汽推动火车的怪圈中。直到有一天，他看到报纸上法国人利用压缩空气来带动凿岩机工作的事件，他茅塞顿开，从压缩空气入手，发明了用压缩空气推动火车运行的制动器。

当威斯汀豪斯没有跳脱原有的思维的时候，他的实验一次又一次的失败，但是当他从另外的角度开始思考问题的时候，困扰他许久的问题迎刃而解，从这个故事不难看出创新性的重要性。具有创新意识的孩子在解决科学问题时会从不同的角度思考解决问题的方法，从不同的角度出发做出尝试。

6. 实事求是

求是，就是实事求是，一切以事实为依据，不以个人的猜想为中心。求是的科学精神，正是现在许多孩子所缺少的科学精神。高速发展的信息时代，信息来得太快，孩子无需做多大的努力,只需上网一搜,许多答案就一目了然,因此许多孩子容易心浮气躁,不能脚踏实地地做一件事。

竺可桢是我国著名的气象学家,在他生命的最后一天他打开收音机仔细倾听天气预报,然后在他的气象日记上写上一行小字"气温最高零下一摄氏度,最低零下七摄氏度,东风1~2级,晴转多云",写完之后又突然想起一件要紧的事,在那行小字下边加上了两个字"局报",这是竺可桢留下的最后一篇科学记录。"局报",指的是天气局预报,因为竺可桢一直随身携带温度计,会亲自测量天气的温度,几十年如一日,风雨无阻。竺可桢的笔记本上记录着每一天的变化,他就像是大自然的哨兵,一丝不苟地记录着大自然每天的变化。

竺可桢的这种实事求是的精神是每个孩子应该学习的。求是的本质是永远追求真理的信仰,这种排除万难也要获得真理的精神可以培养孩子理性的思维,是科学素养的重要体现。追求真理,才能获得真理。

小贴士

> **人文素养**:人文素养是个人在人文知识、人文修养和人文精神三方面的素质修养,它以人为对象和中心,以人的尊严、人的价值为尺度,主张思想自由和个性解放的精神。人文素养与科学素养是相对的,科学素养是求真、求实,人文素养是求善、求美。人文素养与科学素养是相互促进的,只有共同提升,才能形成完整的人格。

三、家庭教育对培养孩子的科学素养有哪些优势

1. 优势一:潜移默化

父母是孩子的第一任老师,父母在孩子成长过程中的作用是非常重要的,有时候父母一个不经意的举动就会对孩子造成重大的影响。事实上,父母自身具备科学素养,对孩子会有潜移默化的影响。例如,居里夫人培养女儿的故事:

居里夫人,著名的科学家,1903年发现了放射性物质"镭"震惊世界,成为世界上第一位获得诺贝尔奖的女科学家。居里夫人的女儿伊雷娜·居里和艾芙·居里在母亲的影响下也成为著名的科学家与艺术家,伊雷娜还因为合成了新放射性元素获得了诺贝尔化学奖。居里夫人非常重视对女儿的教育,她从小就注重培养孩子独立自主的人格,在孩子刚学会走路的时候就教育他们不怕黑,不怕强盗,不怕雷声,在孩子十一二岁的时候就能够独自旅

行。在第一次世界大战期间，居里夫人鼓励孩子去参加救护队，为战士织毛衣，为伤员服务，以此磨炼女儿的意志。居里夫人在孩子小的时候就仔细地观察孩子的天赋，还用纸笔记下她们的特点，经过居里夫人的观察，发现大女儿比较擅长数学，对化学也表现出了极大的兴趣，二女儿则是对音乐比较感兴趣。居里夫人科学地分析了孩子的特点，并且制定了详细的教育计划，对孩子因材施教，最终使得两个女儿在各自领域都有了比较大的成就。

伊雷娜和艾芙之所以能够有这样的成就与居里夫人自身的素养有密切的关系。正是居里夫人以身立教，她的社会责任感、勤恳认真的态度、淡泊名利的个性使孩子的心灵得以熏陶，素养不断提升。

再如屠呦呦的成长经历：

屠呦呦是第一位获得诺贝尔奖的中国本土科学家，是全中国人的骄傲。屠呦呦自幼生活在书香门第，母亲知书达理，父亲屠濂规酷爱读书且通晓医术。在小阁楼上的书房里有许多医药藏书，中药书上画着草药的插图，这些小草使屠呦呦着迷。书房成了童年的乐园，她经常好奇地向大人问这问那。那时病人都爱找开堂坐诊的中医。医生为病人把脉、问诊、开方、抓药，病人熬药、喝药、病愈。屠呦呦自幼耳闻目睹中药治病的奇特效果，对中医中药有了深刻印象。也就是从这时起，屠呦呦爱上了医学，长大也想当一名医生。1955年大学毕业后进入中国中医研究院工作（现更名为中国中医科学院）。她大学四年一直对植物化学、本草学有着极大的兴趣，也在努力钻研这方面的知识，在研究青蒿素的过程中，她经过了一百九十多次的反复实验，从来没有想过放弃，正是她这种坚毅以及多年来的积累使得她终于从草药中提取出了能够治疗疟疾的青蒿素，挽救了几百万人的性命。

由此可见，家庭教育对孩子的重要性，父母对孩子的影响甚至比老师对孩子的影响还大。因此，要想培养孩子的科学素养，家长首先要关注科学，提升自身的科学素养。只有家长意识到科学素养的重要性，并提高自身的科学素养，才能够使孩子在潜移默化中获得成长。

2. 优势二：陪伴与鼓励

父母是孩子最忠实的陪伴者，因此父母要鼓励孩子解决成长过程中的问题，帮助孩子摆脱困境。父母要用发展的眼光看待孩子的成长，他们的支持与鼓励，不仅能够帮助孩子完成挑战，提升素养，还有利于孩子健康成长。以鲁白教育孩子的故事为例：

在一次演讲中鲁白教授讲述了他在教育他的子女的过程中发生的小故事。鲁杰明就读的高中每天早上七点半上课，由于每天需要坐公交去上课，因此他每天六点半就要起床。因为睡眠不足，杰明跟他的同学们早上的第一节课都是昏昏欲睡，基本上听不进老师说的内容。杰明觉得这样的时间安排并没有那么合理，他找到老师说明了情况，但是老师回答说这是学校规定的，一直以来就没有变过，因此杰明决定自己来证明，每天早起学生的学习效率并不高。他先找到他的父亲，著名的神经科学家鲁白，但是由于鲁白是研究神经的，对于记忆并没有那么深入的研究，因此他的父亲给他推荐了另一位教授，让杰明自己发邮件跟他说。杰明给这位教授发了邮件说明了自己的困惑并希望能够得到他的帮助。教授答应了，并给了他相关的文献，杰明看了以后与教授一同设计了几个小实验去测量人的记忆，他还自己制作了在电脑上可以操作的记忆检测仪并用这个仪器为同学们做检测。最后杰明将自己检测的结果做成了研究报告交给了学校。杰明也因他的"睡眠缺少实验"而获得了大奖。

鲁白教授的女儿读中学时，当选了学校环保委员会的主席。环保委员会有一个任务就是要捐款，用于在内蒙古种植百万棵树木。以前的方法是鼓励家长们进行募捐以此来购买树苗。但是她觉得各种做法并没有让更多的人参与其中，也没有达到宣传环保的作用，于是她想到了一个方法就是在周末的时候举办一场义卖活动，邀请具有环保意识的公司和周围的市民参与，活动获得的钱全部用来买树苗，参加这个活动的人也在这个过程中提高了环保意识。这个活动能够顺利进行绝不是依靠鲁白女儿一个人就能够完成的，需要全班孩子的共同努力，在这个过程中，要做别人没有做过的事情，要承担失败的风险，孩子要有责任心，要有周密的计划，不仅要能够说服同班的同学，还要说服参加的市民、公司、学校。孩子的领导力、组织力、号召力都得到了锻炼。

在孩子进行各种实践活动的时候，有一些家长会觉得这是在浪费时间，但是鲁白在儿子和女儿参加活动的过程中一直都在鼓励、支持他们。鲁白老师关注孩子的成长，信任孩子，鼓励孩子进行研究，及时为孩子的工作提供帮助，在鲁白老师的鼓励下，孩子学会了如何证明自己的假设，如何阅读资料，如何设计方案，如何选择研究对象，如何做科学实验。通过这一系列的工作，孩子理解了科学探究的过程，体会到了探究的乐趣，这些都为以后的素养提升奠定基础。作为家长，不妨学着信任孩子，放手让孩子探究，促进其健康成长。

第二节 徐州及其他区域中小学生 的科学素养现状分析

为准确了解徐州及其他区域中小学生的科学素养现状，本研究借鉴了李雅颖《小学生科学素养的家校共育研究》中的调查问卷并进行了适当的调整，改编成了适用于当前情况的"小学生科学素养调查问卷"。这份问卷中，我们主要从三个方面，即科学探究、科学情感态度价值观、科学知识与观念来对学生的科学素养进行考察。学生科学探究能力的调查从九个方面进行，科学情感态度价值观的调查从好奇心、责任感、批判性、务实性、参与性、合作性、创新性七个方面进行，科学知识部分主要是依据学生的科学教材从生命科学、物质科学、科学技术这三个方面进行。选取徐州市及县区的275名小学生展开调查，并结合赵世玮在《北京市通州区小学生科学素养培育调查研究》中对北京通州的497位小学生的调查研究，曾梦怡在《重庆市主城区小学生科学素养现状调查研究》中对重庆的481名小学生进行的调查研究及宋小毛在《小学生科学素养现状调查研究》中针对167名武汉学生的调查，分析结果如下。

一、科学知识

调查问卷中涉及的科学知识大多数是学生在科学课程中学习过的，也有少部分是需要小学生在日常生活中通过自己看一些科学杂志或者是科技栏目积累的知识。主要涉及三个方面，分别是生命科学、物质科学、科学技术。

徐州小学生：对于比较简单的生命科学与物质科学的问题孩子们正确率较高（$n \approx 70\%$），但是一遇到稍微复杂的科学问题时孩子们正确率较低（$n < 50\%$）。

北京通州小学生：对于生活中常见的比如"太阳"相关的问题小学生回答准确率较高（$n \approx 80\%$），对于较为抽象不太好概括的比如"昆虫""克隆"等问题学生回答的准确率不太高（$n < 70\%$）。

重庆小学生：对于地球与宇宙类题目学生回答正确率很高（$n > 90\%$），几乎所有的学生都知道保护地球、保护环境的重要性。关于物质科学的问题准确率约为75%，学生对于生命科学问题的正确率相对较低（$n \approx 60\%$）。

武汉小学生：简单的生命科学、物质科学知识、保护地球与环境等题目小学生答题的正确率很高（$n > 70\%$），但是对于比较复杂的需要深入思考的题目，如地球公转一周需要多久等问题，正确率相对较低（$n \approx 50\%$）。

通过对比徐州、北京、重庆、武汉地区的小学生科学知识的掌握情况，我们可以看出，现如今学校对于小学生科学素养的培养越来越重视，学生对于科学知识的掌握也是比较好的，但还是存在一些比较普遍的问题，孩子大部分学习到的科学知识都是从学校课堂上得来的，对于科学知识仅仅是记忆，知道一些简单的知识但对一些复杂的知识就没有头绪，不会思考。

二、科学探究能力

对学生科学探究能力的考察，我们从提出问题，猜想与假设，制定计划，观察、实验、操作，科学探究方法，测量，收集整理信息，思考与结论，表达与交流等九个方面进行，设计调查问卷并组织了 4～6 年级的小学生填写调查问卷,并对学生作答的结果进行了分析。

徐州小学生:好奇心较强,喜欢开展实验探究,并能够运用简单的实验仪器和实验方法。大多数小学生($n>90\%$)对于感兴趣的问题想要获得真相,但是能够自己动手,尝试解决问题的小学生比较少($n<40\%$)。在解决问题的过程中大多数小学生($n>80\%$)能够依照书上的内容开展实验或改进实验,少数学生($n<20\%$)能够大胆尝试与创新。科学知识的主要来源:从课堂学习习得($n\approx60\%$),从网上或者书上获得信息($n\approx40\%$)。对于实验结果:大多数的小学生能够坚持自己的结论($n\approx60\%$),少数人相信书本或老师的答案($n\approx40\%$)。

北京通州小学生:好奇心较强,喜欢开展实验探究,但能够坚持自己的发现和结论的小学生较少。在遇到比较有趣的问题时,大多数小学生想探究原因($n\approx60\%$),少数学生仅感觉有趣,但并不会进一步探究($n\approx30\%$)。大多数小学生能够自己制定计划($n\approx90\%$),但是在探究的过程中,能够坚持依照计划执行的小学生比较少($n<50\%$)。大多数的小学生($n>90\%$)能运用简单的测量仪器,能够使用复杂的测量仪器的小学生较少。科学知识的主要来源:从课堂学习习得($n>50\%$),从网上或者书上获得信息($n\approx30\%$)。对于实验结果:能够坚持自己的结论的人较少($n<20\%$),近一半人自己产生怀疑或者直接否定掉自己的结论($n\approx40\%$)。

重庆小学生:少数人能制定计划($n<40\%$),科学知识的主要来源是网上、杂志、课外书等途径($n>90\%$)。对于实验结果:在自己的结论与其他人的结论不同时,能够坚持自己观点的人很少($n<20\%$)。

武汉的小学生:大多数小学生能够制定计划($n>80\%$),但是少数小学生($n\approx20\%$)能够坚持执行自己的计划。大多数的小学生($n\approx80\%$)能运用简单的测量仪器,能够使用复杂的测量仪器的小学生较少。科学知识的主要来源:从课堂学习习得($n\approx50\%$),从网上或者书上获得信息($n\approx40\%$)。对于实验结果:能够坚信自己的结论的学生不多($n\approx40\%$),盲目相信老师的学生较多($n\approx60\%$)。

通过对比徐州、北京、重庆、武汉小学生科学探究能力的现状,我们可以发现小学生们对于他们感兴趣的问题能够去进行探究,大部分小学生是具有提出问题的能力的,他们也能够知道假设需要经过实验来证明,能够自己制定计划,对于简单的实验能够自己去动手操作,一些平时教师经常说到的生活中可以用到的探究方法也能够掌握,测量方法掌握得比较好,小学生们也知道搜集信息整理信息的途径。在科学探究能力方面学生的不足之处也是较为明显的,小朋友通常是对于感兴趣的事情能够动手探究,但是对于他们不太感兴趣的就不大愿意动手,而且缺乏毅力和对计划的执行力。生活中、课本中讲到的用到的,教师强调的,他们就掌握得好,但是学习不能仅仅局限在课本中,学生需要自己观察,自己去寻找探究的项目。很多学生不会对观察到的现象进行深入思考,对自己的结论缺乏深入的思考与交流。

三、科学情感、态度与价值观

徐州小学生：大部分小学生具有责任感（$n \approx 90\%$），面对困难不放弃（$n > 70\%$），愿意与同学合作（$n \approx 80\%$），能够意识到创新的重要性（$n > 90\%$），但是具有创新意识的小学生相对较少（$n < 70\%$）。

北京通州小学生：少数学生具有批判性思维（$n < 30\%$），自主性（$n < 50\%$），愿意与他人合作（$n < 50\%$）。

重庆小学生：少数学生具有批判性思维（$n \approx 40\%$），自主性（$n \approx 40\%$），责任感（$n < 50\%$）。

武汉小学生：大部分小学生具有批判性思维（$n \approx 80\%$），责任感（$n \approx 60\%$）。

通过对比徐州、北京、重庆、武汉小学生科学情感、态度与价值观的发展现状，我们可以发现小学生具有创新意识和责任感，但缺乏自主性和合作能力。

第三节　家庭教育如何提升科学素养

一、选择科学读本，开展家庭读书会

吉姆崔利斯的《朗读手册》上有这样一段话："你或许拥有无限的财富，一箱箱珠宝与一柜柜的黄金。但你永远不会比我富有，我有一位读书给我听的妈妈。"书是帮助孩子看世界的"眼睛"，读书可以让孩子了解生活中并不常见的知识，拓宽学生的视野，构建正确的价值观、人生观、世界观。培养孩子的科学素养，阅读科普类书籍是不可缺少的，我们身边的、在生活中应用到的科学知识只是科学的冰山一角，想要培养孩子的科学精神、科学态度就需要了解各方面的科学。科普类的书籍大多是抽象枯燥的，因此很少有孩子一开始就喜欢读有些晦涩难懂的科普类书籍，想要培养孩子阅读科学读本的兴趣就需要一些小技巧，比如亲子共读，开展家庭读书会，家长的参与陪伴更能够让孩子爱上阅读。亲子阅读已经受到了越来越多父母的重视，那么家长要如何进行亲子阅读呢？要注意什么问题？怎样让亲子阅读发挥最大的作用呢？

1. 创设温馨舒适的"家庭书吧"

温馨舒适的阅读环境是提高学生阅读兴趣的重要因素，亲子阅读最重要的不是让学生学习到多少知识，而是让孩子享受阅读，愿意阅读。父母可以与孩子一起布置"家庭书吧"，选择光线充足，温馨、舒适的地方放置图书，让孩子觉得读书是一种享受。孩子在阅读科学读本的时候家长不要打扰孩子，也不要说评判性的话，强调不以学习为目的的阅读,将阅读当作游戏。

2. 选择适合的科学读本

孩子阅读的科学读本的选择非常重要,很多家长对孩子阅读书目的选择具有很大的盲目性,无计划性,总是依照自己的意愿为孩子选择科学读本,没有考虑到孩子的智力发展情况和孩子的兴趣。

家长在选择科学读本的时候要注意根据孩子的心理发展、智力发展情况以及孩子的兴趣选择适合孩子的科学读本,选择的科学读本讲述的科学知识既不能太抽象也不能太高深,如果科学知识太晦涩难懂,那么孩子就会有抵触的情绪。除此之外,家长要注意科学图书的全面性,不仅涉及生命科学,也要涉及物质科学、宇宙等方面。亲子阅读并不局限于在房间里,家长还可以带孩子去公园,去图书馆,到大自然中感受自然中的科学,大自然也是非常宝贵的"无字天书"。

3. 定期开展家庭读书会

亲子阅读之后家长需要与孩子进行交流,家长要站在孩子的角度看待问题,引导孩子积极思考,家长要引导孩子将书中的内容用自己的话复述出来,这样不仅帮助孩子理解书的内涵,还锻炼孩子的交流表达能力。亲子阅读需要有计划地进行,在阅读之前家长与孩子共同选定一个主题,家长与孩子就选定的主题选择书籍,亲子共同阅读书籍后进行交流,针对书中的内容讨论。家庭读书会的开展,有利于孩子养成阅读科学书籍的习惯,在阅读的过程中,孩子与父母的讨论,能够增加智慧,有利于提升孩子探索科学知识的兴趣;交流讨论的时候家长要注意引导孩子说,并与孩子共同思考科学知识在生活中有哪些应用,对于一些装置简单的实验家长可以与孩子共同动手操作,验证科学知识。

科学教材受篇幅的限制,对于某一科学现象,不可能事无巨细地都呈现出来,它只能是起到点睛的作用,好多科学道理往往需要学生去阅读大量相关的内容才能有比较深刻的理解。科普类的书籍不仅蕴含科学知识,还体现了科学研究者的智慧,有着丰富的科学态度、科学精神、科学方法。科普类书籍将复杂高深的科学知识、科学原理以图片的形式展现出来,通过通俗易懂的语言说明科学原理,可以激发学生学习科学的兴趣,体会到学习科学的乐趣,有了兴趣学生就能够更加愿意学习科学。学生通过阅读科普类的书籍在学习科学知识的时候就获得了一定的知识背景,在学习过程中就更加容易,也能够获得成就感。同时阅读科普类书籍能够培养孩子的阅读能力,阅读能力提高了对其他科目的学习也会有很大的帮助。

在学校,学生每节课都有学校安排的课要上,不可能一直学习科学,而且学习的空间有限,因此学生对科学的学习就更需要在家庭中进行。在家庭中开展读书会,家长陪孩子一起读书,交流读书心得,不仅可以增进亲子间的情感,而且能够促进孩子读书。父母的亲身示范让孩子愿意读书,在读书交流的过程中深入了解科学知识。有时候能够把自己学到的知识说出来才是真正的理解,这样还可以锻炼孩子交流表达的能力。

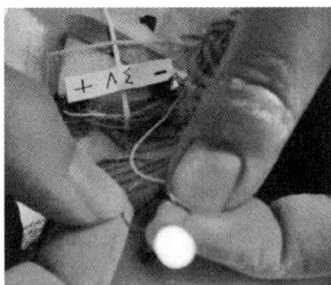

图8-2　制作化学电源

在我们家里，很重视亲子共读，只要是孩子感兴趣的事情，我们都会支持他进行仔细的阅读和深入的研究。有一次，儿子在读书的过程中，无意间关注到了伏打电堆。他很好奇其中的原理。开始查阅大量的资料，并与我讨论，论证能否通过自己的推断，制作出可以持续供电的化学电源。他画出电路图，尽管不规范，但基本正确。于是开始尝试制作化学电源，经历了多次失败。每次遇到问题，他都会查阅资料，思考解决问题的方法。终于在多次尝试之后，成功制作出化学电源，尽管不能维持太长时间，但二极管的发光，让儿子兴奋不已。从此，他喜欢上了科学文章，不断地阅读、分享、讨论，提升自己对科学知识的理解，提升了探索科学知识的信心。

二、接触大自然，学会观察与思考

大自然是孩子最好的老师，听到的知识远远不及学生亲身感受到的，让孩子走出教室，探究大自然的奥秘，并且在大自然中学会观察与思考。大自然中有丰富的动植物，学生们在学习生命科学时，大自然可以提供给学生丰富的学习对象。比如学生学习蚂蚁的时候，在科学课堂中教师大多是让孩子观察关于蚂蚁的图片，但是这样的学习方式不如让孩子自己观察的效果好，这就需要家长在课后带小朋友到大自然中让他们观察蚂蚁，通过自己眼睛观察到的蚂蚁的特征能够给学生留下深刻的印象，并且还能够锻炼学生的观察能力。以"昆虫"为例：

小区里的花园，是孩子观察昆虫的乐土。每到夏天，夜深人静时，儿子总是会带着空瓶、手电筒，走进花园，听虫鸣，辨别不同昆虫的方位，并尝试捕捉回家，观察研究。随着儿子的观察，我惊奇地发现，草丛中原来藏着这么多我从未看过，却貌似听过其鸣叫的稀奇的昆虫。为了解每一种昆虫，儿子查阅资料，亲自饲养，不仅能准确叫出不同昆虫的品种，还熟悉其习性。这些知识，仅仅依靠书本，很难获得，这是实践中积累的经验。

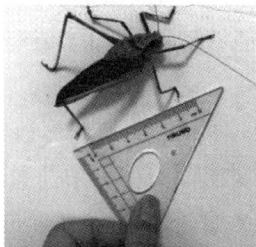

图8-3　观察昆虫(1)

图8-4　观察昆虫(2)

走进大自然,让孩子们观察自然生物,能够提升他们学习科学的积极性。在观察的过程中,孩子会积极思考,提出很多问题,有利于提升科学素养。

三、创建家庭实验室,鼓励探索与创新

科学只有贴近生活,才能激起孩子们对科学的兴趣,发展他们与生俱来的探索未知的好奇心。化学是以实验为基础的自然科学,实验是学生获取知识、验证知识和进行知识创新的重要手段。建立家庭实验室可以激发学生的好奇心,提高学生的学习兴趣,锻炼学生的动手操作能力,培养学生的探究能力、创新精神、创造能力。所以说建立家庭实验室是很有必要的。随着网络购物的发展,购买家庭实验箱成了可能。小学的科学教学内容丰富,对于学习能力有限,注意力又比较容易分散的小学生来说,仅仅靠课堂教学和校内实验教学并不能很好地达到教学目的,还需要家庭教育的配合。我们可以从下面的一个小故事来看家庭实验室的优势。以"生物饲养室"为例:

> 为了解昆虫生长周期,儿子创建了家庭生物饲养室。他购买了饲养笼、饲养箱、攀爬网、景观石等。在小屋的一角,是昆虫的乐园,各种季节,迎接不同品种的昆虫。冬季有蝈蝈、螳螂、果蝇等;夏季有蝉、蚂蚱、螳螂、纺织娘等。饲养成功的时候,会有螳螂卵,也会有螳螂孵化出来。就这样,一个简单的食物链生成,螳螂吃蚂蚱,蚂蚱吃花草,螳螂吃果蝇,果蝇吃厨余垃圾等。随着生物饲养室的创建,许多珍惜的品种,也通过淘宝购买进来,先是非洲刺花螳螂、兰花螳螂,后有眼斑螳螂,这些品种都是从刚孵化出的幼虫开始饲养,每当它们蜕皮长大时,儿子都喜悦地分享着螳螂的变化。生物饲养室的创建,看似简单,实则需要精心的照料、仔细的观察,这些都是科学素养的一部分。

图 8-5 家庭生物饲养室(1)　　图 8-6 家庭生物饲养室(2)

四、打造科学日记本,培养记录与写作

日记是一种非常好的学生学习的方式,科学日记是学生对平时生活中一些科学现象的记录和学生对于科学知识、科学现象的感悟,记科学日记使学生的科学观察不局限

于课堂中而是涉及生活中的点点滴滴。通过记科学日记学生能够注意到他们平时不会注意到的现象,学生的科学日记也能够体现学生的科学态度和科学精神。科学日记包括养殖类的长期观察日记、研究调查日记、探索经历日记、实验日记、思考日记、创新日记六种。对于科技创意小文章,也可结合课内外所学科学知识,多看看青少年科技教育辅导类杂志,并展开想象的翅膀,隔三岔五写一次小日记。这样日积月累,学生的头脑会越来越灵活,学习科学的劲头也会越来越足,写作的水平也会越来越高。

以下是一位七年级的学生根据自己的观察所做的科学观察日记。

观察目的:

1. 了解蝴蝶蛹蜕变。

2. 等待破茧成蝶后,观察新生蝴蝶。

观察时间:2021.1—2021.2。

观察记录:蝴蝶蛹的形态——外观多变,多拟态成树叶,蛹的颜色随季节而改变。冬蛹多拟态成枯叶,为棕黄色,这表现为生物对环境的适用。

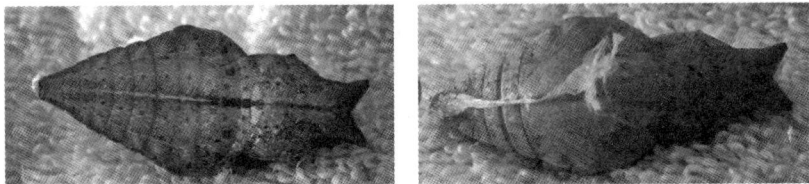

图 8-7　德罕翠凤蝶蛹

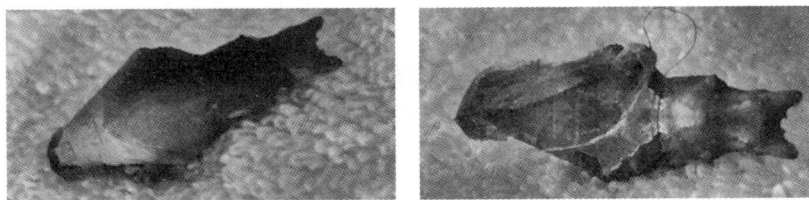

图 8-8　玉带凤蝶蛹

为了写这份观察日记,这个孩子用了大量的时间查阅资料,观察蝴蝶蛹蜕变的过程,相信通过这次观察,他也一定对蝴蝶蛹蜕变的过程有了深刻的理解。

延伸阅读

1. B.A.苏霍姆林斯基.要相信孩子[M].汪彭庚,译.北京:教育科学出版社,2009.

2. 郑士波,魏志敏.改变历史的科学故事[M].北京:中国华侨出版社,2017.

3. 魏红霞.游戏中的科学[M].北京:北京教育出版社,2014.

4. 周忠和.100 位科学家的中国梦[M].武汉:长江少年儿童出版社,2019.

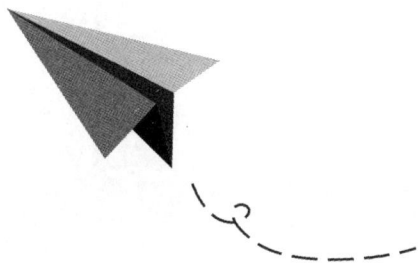

第九章

重新认识互联网：网络时代亲子的家庭教育

科技不算什么。重要的是要对人有信心，人们基本上是善良而聪明的，如果给他们工具，他们就会利用这些科技做美好的事情。

——[美] 史蒂夫·贾伯斯

根据中国国家统计局 2018 年《中国儿童发展纲要(2011—2020 年)》统计监测报告,以及中国青少年宫协会儿童媒介素养教育研究中心《2016—2017中国儿童网络素养状况系列研究报告》,儿童接触网络上网的年龄下降,且人数剧增,同时也注意到儿童上网能力呈持续上升的趋势。现代社会儿童的社交活动与学习都与网络息息相关。父母虽然担心负面的影响,但是也继续让儿童使用。而网络的使用对家庭生活到底有何影响,家长们需要有正确的认知。

第一节　互联网的功用

一、什么是互联网

互联网主要是英文"Internet"的中文翻译,且"I"为大写英文字母,是"internetwork"的简称,为 1974 年所制定的第一个传输控制协定,或传输控制协议(Transmission Control Program,TCP),以及 1980 年代制定与发展为商用与教育用途的网际协定(Internet Protocol)。至此,TCP/IP 成为互联网的国际联网标准,并因应互联网在近代更进一步的发展,扩充互联网位址,或简称网址空间,仍然持续改进中。其中网际协定 IP 已有 v1 至 v9 九种协定,但只有 IPv4 与 IPv6 被广泛使用。在中国,互联网也称为音译的因特网或是网际网络。

设备联网种类众多,互联网(因特网)只是联网种类的其中一种。依照网络连接规模,至少可分为局域网(Local Area Network,LAN)以及广域网(Wide Area Network,WAN),而互联网或因特网即是属于广域网的一种,透过 TCP/IP 来沟通运作。

不同装置在互联网协定内的沟通,有其特点。就结构来说,客户端一服务器连接模式为目前常见的。透过 TCP/IP 的通讯协定,不同的装置都可以透过互联网连接,成为其中一部分。而不同装置在互联网的连接,也是先从连接至某一区域网络,像是互联网服务提供商(Internet Service Provider,ISP)的网络,然后再连接至各地高速骨干网络(Backbone Network),并与全球各地连接。简单来说,互联网是一种装置间连线的通讯协定,也是一种联网的基础设施。终端使用者并不会直接接触。终端使用者会透过网络浏览器、应用软件、嵌入式程序,透过装置不同的作业系统(Operating Systems)驱动联网装置达到联网的目的,包括文字信息、图像、语音、视频、程序等不同的资料交换。

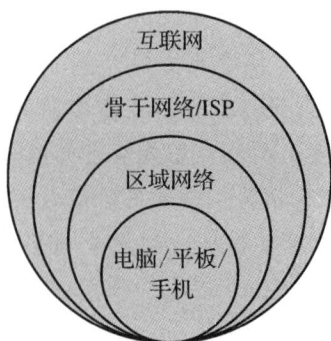

图 9 - 1　设备联网概念示意图

二、互联网的迷思

基于互联网通讯协定而联网的行为能力,在移动装置持续高速化与普及化的趋势下,成为现代社会中每个人必备能力,它影响到了事业、学业,以及家庭。的确,互联网因联网方式多元,已是无所不在(ubiquitous)。除了便利性之外,线上服务商更是想尽办法让使用者的黏着度增加。儿童与青少年因为使用装置联网的时间过长,或是联网时的不当使用行为,造成家庭与社会问题。当大家一致对互联网指责时,似乎只是一种"便宜"的甩锅卸责的作为,忽略掉互联网中人际网络的成分。也就是说,互联网虽然为一种科技,但是为人们使用,其应用应为强化人际网络功能的工具。而真正影响到人们使用行为的,往往都是各种联网软件、程序与装置,但却非互联网本身。我们今天在这边探讨认识互联网与网络时代家庭教育,其实更是探讨在软件与程序/设备应用中,互联网中介的人际网络关系。就像贾柏斯所说的人性与科技的关系,一切问题的源头都是使用的人,与借由设计软件与程序/设备给人使用的"人"。至于互联网本身?它从来不是个问题,至少对家庭来说。因为就像我们之前所述,我们其实并不直接使用"互联网",而是透过各种软、硬件协助的中介行为(mediated activity)。所谓上网行为更不是那么理所当然了。

图 9 - 2　人与互联网的距离

三、儿童的网络使用

网络对儿童来说,是生活与生命密不可分的一部分。儿童在网络上的生活行为,有娱乐、教育、消费等目的。学习常常不是主要目的,而是娱乐。在儿童成长过程中越来越重视社交沟通的功能。在社交沟通功能使用中,儿童运用生产工具,将思想在网络中传播,以期达到引起共鸣与自我实现。

即使如此,长时间使用网络,会对儿童的生理、认知、现实社会社交发展产生影响。影响可以是良性的,也可能是负面的。以学习来说,儿童自己或许会说网络上的学习有帮助,虽然研究显示也确实有利,但也是在适当使用的基础上。失去使用网络的警觉心,很容易就过度使用而成瘾,学习成效就会变差了。还有研究显示,长时间使用网络,对成绩好的儿童影响不大,但对于成绩中低者,却是会变得更差。

网络与软件,为儿童提供交友与社交活动的场域。但在其中交友,无法深入且互动有限,与现实生活交朋友与人际互动不同,网络交友反而会增加儿童的寂寞感,此外,与家庭生活的关系也因此弱化,减少了与家人的互动,家庭成员间的沟通时间也会减少,成员间也益形孤立。

四、网络的不当使用与网络霸凌

虽然我国对于网络有一定的管控,但是在网络上传播的资讯中,仍然有色情与暴力的现象。也因为网络中匿名的特性,网络资料有时具有伤害性,包括网络霸凌的问题。即使遇到问题,儿童也不见得告诉父母,也不知道自我保护的方法,而让情况持续发生,造成儿童成长过程中的阴影。

网络过度使用会使人成瘾,干扰正常的生活、学业与人际关系。儿童极容易受到社群媒体与软件的吸引,以致失控。"再一下下就好"就变成了无限回圈,永远跳不出来了。如此,占用原本读书时间,课业表现下滑,身体状况变差,更糟糕的是,会有相当比例出现忧郁症与自杀的倾向。

网络成瘾不仅造成儿童身心发展严重损害,严重的造成认知、感觉、行为障碍,出现各种负面情绪,甚至自杀问题。涵盖认知、人格、行为、家庭等方面的综合原因。成瘾的特点是认知低,反射高。如有成瘾,儿童认知水平将低落,人际网络冷淡,直觉反应过度,像是偏见、焦躁、敌对,以致逾越法律的行为。在大脑中,主要因成瘾行为刺激大脑神经发展,大脑释放神经递质,诱发过当的行为。这对于儿童的身心发展造成严重的影响。

网络成瘾的学生与同伴关系疏远,与正常网络使用者相比,有较差的人际关系和同伴疏离感,进一步说明同伴关系可负向预测网络成瘾,网络成瘾程度越深,同伴关系越差。对于青少年而言,相比父母与教师,朋友关系在青少年的生活中日益重要,感情的重心也由父母渐渐转向关系密切的朋友,而网络成瘾的学生更易与相同爱好的同学交往。因此,如能在家庭生活中,强化其网络意识,借由后设认知与亲情关怀,强化家庭"人际网络",减少"电脑网络"带来的负面影响,使儿童受益而避免受到伤害。

网络霸凌(Cyberbullying)是一种发生在手机、计算机和平板电脑等数字设备上的欺凌行为。网络霸凌透过手机简讯、通信软件、线上社交媒体、论坛或游戏在线进行。

他人在网络上可以查看、参与以及分享其内容。网络霸凌包括发送、发布过有关他人的负面、有害、虚假或卑鄙的内容,也可能包括分享他人的个人资料与信息,导致当事人感到尴尬与屈辱。网络霸凌行为超过了法律的规范,是犯罪行为。网络霸凌最常出现的地方是社交媒体、短视频分享、短信与即时信息、聊天室留言板、在线游戏社群等。

随着社交媒体与论坛的盛行,不管认不认识都可以看到其他人共享的评论、照片、帖子内容。个人在网络共享的内容,包括任何负面与伤害性的内容,都会在网络上留下记录。对于儿童未来的就学与就业,都可能因被网络霸凌而产生损害。当然也包括参与霸凌者。霸凌的危害非常明显:

儿童会不知所措。受到网络霸凌者的打击令人沮丧,尤其是如果有很多孩子参加霸凌行为。有时感觉就像整个世界都知道发生了什么。有时,面对网络欺凌的压力会使孩子感到情况超出他们的承受能力。

儿童会觉得很无力。网络霸凌的受害者常常很难感到安全,他们感到脆弱和无能为力。通常,这是因为欺凌行为可以在一天中的任何时间通过计算机或手机侵入他们的家。他们不再有可以逃脱的地方。对于受害者,会感觉到处都是霸凌。此外,由于霸凌者可以保持匿名,这会加剧受害者的恐惧感。被目标锁定的孩子不知道是谁在造成痛苦——尽管某些网络霸凌者会选择他们认识的人。

儿童会觉得羞辱。因为网络霸凌发生在网络空间中,所以在线霸凌是永久的。孩子们知道一旦有东西在外面,它将永远在外面。他们感到暴露。当发生网络霸凌时,讨厌的帖子、消息或文本可以与许多人共享。知道霸凌行为的人数量之多,可能导致强烈的屈辱感。

儿童会觉得自己无用。网络霸凌经常攻击最脆弱的受害者。霸凌的目标可能会对他们是谁感到强烈不满。结果,网络欺凌的目标常常开始怀疑生命价值和生活的意义。他们可能通过某种方式伤害自己来回应这些感觉。比方说,如果一个小女生被称为胖子,她可能会认为,如果她改变了自己的外貌,就可以停止被霸凌。在其他时候,受害者会尝试改变其外表或态度,以免造成其他网络欺凌行为,甚至同流霸凌其他儿童。

儿童会寻求报复的机会。网络霸凌的受害者会对所发生的事情感到生气。他们策划报仇并进行报复。这种方法很危险,因为它使他们陷入了霸凌受害者的循环中。宽恕欺负总是比复仇更好。

儿童会对生活失去兴趣。当网络霸凌持续进行时,受害人与周围世界的关系常常与他人不同。对于许多人来说,生活会感到绝望和毫无意义。他们对曾经喜欢的事物失去兴趣,并减少与家人和朋友互动的时间。在某些情况下,可能会陷入沮丧和产生自杀念头。他们也可能对学校不感兴趣。网络霸凌的受害者在学校的旷课率通常比其他儿童高。面对欺负他们的其他儿童,或者因为他们被共享的信息感到尴尬和羞辱,他们选择用逃课的方式以避免面对。他们的成绩也受到影响,因为他们由于焦虑而难以集中精力或学习。被霸凌儿童容易厌学并辍学,对未来升学失去兴趣。

儿童会觉得孤立。网络霸凌有时会导致儿童在学校被排斥,孩子可能会感到孤独。

这种经历尤其痛苦，因为朋友至关重要。当儿童没有朋友时，这可能导致更多的欺凌行为。当发生网络霸凌时，大多数人建议关闭计算机或关闭手机。但是，对于儿童来说，这通常意味着切断与世界的交流。他们的电话和计算机是他们与他人交流的最重要方式之一。如果取消了这种交流选项，他们会感到与世隔绝。

儿童会觉得郁闷。网络霸凌的受害者经常屈服于焦虑、抑郁和其他与压力有关的状况，这主要是因为网络霸凌侵蚀了他们的自信心和自尊。此外，应付网络霸凌的额外压力会让他们的幸福感和满足感流失。

儿童会觉得身体不适。当儿童被网络霸凌时，他们经常会感到头痛、胃痛或其他身体不适。霸凌的压力还会导致与压力有关的身体状况，例如胃溃疡和皮肤状况。受到网络霸凌的孩子可能会改变饮食习惯，例如绝食或暴饮暴食。他们的睡眠方式可能会受到影响。他们可能会失眠，比平常睡得更多或经历噩梦。

儿童会有自杀倾向。网络霸凌会增加自杀的可能。经常通过短信、即时消息、社交媒体和其他渠道受到同侪霸凌的儿童通常开始感到绝望。他们甚至可能开始感到摆脱痛苦的唯一方法就是自杀。他们可能幻想为了结束自己现实生活的痛苦而结束生命。

与现实生活中一样，网络上的交往与互动存在不同种类的危险，而这些需要家庭功能支撑儿童，引导及度过一次又一次的挑战。现代父母往往高估了儿童身心发展的成熟度，低估了网络上活动的风险程度，且因工作忙碌而疏于对儿童的关心与儿童上网的教养，再加上儿童对于网络陌生人的戒心不够，忽视了潜在的危险，越熟悉网络使用的儿童反而越容易遭遇危险。因此，家长对于儿童网络使用，不管熟练程度，皆需保持耐心与爱心，加强与儿童有意义的亲子互动。

第二节　互联网的正确利用

一、网络生活与大脑

不管我们喜欢与否，网络设备无所不在，它可以让儿童学习，但也会使儿童沉迷。根据美国哈佛大学医学院研究，网络设备会干扰儿童睡眠以及创造力在内的所有生理与心理功能。根据波士顿儿童医院媒体与儿童健康中心主任，哈佛大学社会与行为科学的教授 Rich 表示，儿童上网时间长短不太重要，但是儿童使用网络的方式，以及这些行为对于大脑的影响与其中产生的反应才更应被关注。Rich 指出，在儿童成长发展的大脑不断建立神经网络连接的同时，会修剪掉不常用的神经连接，而在这过程中，数字网络多媒体的使用会产生积极的作用。对于大脑识别真实世界的心智功能来说，从网络与屏幕上给予儿童的刺激，对发育中的大脑是"贫乏刺激"（impoverished stimulation),这些频发刺激阻碍了大脑在线上线下各种多元的经验,以让儿童的大脑对所处世界产生探究的好奇心。

Rich 说,无聊是儿童创造力与想象力发生的空间。整晚睡个好觉是儿童大脑发育的关键。研究者发现,在儿童睡前使用屏幕设备,其所产生的蓝光会抑制褪黑激素的分泌,破坏睡眠。很多熬夜上线的儿童,因为睡眠缺乏,以致无法达到"快速眼动期"(Rapid Eye Movement,REM)深层的睡眠。这对于儿童大脑处理当天所习得的信息处理与分类,并深度储存于记忆中的过程至为关键。就算儿童在隔天上课依然勉强保持清醒,但对于前一日课上的知识内容是不清楚也不容易理解的。

使用过多的游戏、社交媒体,和其他线上活动影响了儿童的身心健康,以及家庭和学校的日常生活,因为这些数字化的行为追求,可以让大脑的"奖励系统"(reward system)被激活。几乎所有的游戏与社交媒体,都是在可激活儿童大脑的奖励系统的基础上设计的。很像是赌场中的吃角子老虎的机器,让赌客透过一点点挫败,达到扩大欲望的效果。但不同的是,游戏与线上社交媒体需要一些技巧的提升。儿童的大脑尚未建立完善的自我控制系统,没办法自行停止这种被激活的奖励系统所带来的强迫行为。

不过,当儿童紧盯着屏幕,我们不需要在道德上给予过多责难。父母更需要关心儿童使用智能手机时的认知能力与社交情感发展。线上数字媒体与智能装置,可能是正面的,也可以是负面的。父母与社会要思考的是,如何增强正面功能,进而减少负面影响。

二、网络使用与身体健康

在科技发达的现代,数字化电子产品盛行,与我们日常生活息息相关。但也因为如此,使得家庭生活中的大小事务,皆与行动与数字化产品有关。如果儿童能在日常生活与学习中适当使用,是可以获得相当助益的。但如果过度或是不当使用,则会对身心各方面造成不良影响,对家庭生活影响甚巨。另外在心理健康方面,过度使用会产生身体健康问题,像是注意力、自我控制能力低落,以及虚拟实境与扩增实境对于现实的混淆等,甚至产生成瘾的现象。在身体方面,也会因不当姿势造成生理健康问题,影响儿童身心健康。

要注意儿童使用桌机上网正确的坐姿。

在书桌前使用电脑,姿势一定要正确,养成正确的姿势与习惯,才能健康地享受网络科技带来的好处。正确的电脑使用姿势包括:

(1)眼睛与荧幕顶端平行;

(2)头部保持正中;

(3)肩膀放松;

(4)背部靠在椅背;

(5)腰部靠在椅背,或使用靠枕;

(6)臀部要尽量坐在座椅里面;

（7）膝盖与座椅前沿离 5 cm；

（8）双脚需平放于地面。

儿童使用手机与行动装置上网应注意健康。使用手机时，光线一定要充足，避免在昏暗的地方使用，使得眼睛眼压增加压迫视神经，造成青光眼等不可逆的视觉缺陷。此外，使用手机时，姿势也须注意，不可以弯腰驼背，或是离眼睛太近。若长时间低头使用，会造成脊柱与肌肉的疲累与受损。所以如果能将手机或是平板电脑，置于桌上使用，视线平行，手也有桌面支撑，对人肢体躯干的负担会减少。正确的姿势是使用兹通讯数字产品上网的初步，身体健康，上网健康。

家长除了要知道数字化通信器材正确的使用方式外，更重要的是以身作则，让儿童有效法的依据。数字通信产品，包括桌上型电脑、手机与平板电脑，皆不可以当成"保姆"。家长为家庭购置数字通信产品时，先要树立榜样与规范，在一开始的时候就要给儿童一定的资讯素养观念，避免因网络的花花世界，造成网络滥用与成瘾。家长应该与儿童一同关注适当的网络安全资讯素养，以及媒体素养，为网络时代家庭建立健全的数字健康环境。

家长在家庭生活中的网络使用，为儿童数字健康的第一道防线，为儿童的数字健康思考，以期在数字网络的家庭生活中，往健康的使用与满足前进，让儿童能够在持续变动的数字化网络时代，身心健康。近年儿童网络使用，有所谓的"虚拟家庭"出现。一种虚拟家庭是指 2 个以上没有血缘关系的人住在一起，互相照顾，犹如家人的生活。因为有照顾与被照顾的关系，此为基于实际的人际互动。另一种是网络社群，由发起人邀请其他网友为家庭成员，创造想象的家庭关系。

第三节　互联网与家庭生活

一、家庭的网络生活

网络使用过量为现今青少年网络使用的问题。但是这个问题是儿童自身造成的吗？家长有没有需要注意的呢？

父母教育高者，家中电脑与可上网的数字与行动装置也越多，加上家中网络互联网连接便利与快速，使得上网愈便利。儿童上网时间的增加，部分也是因为父母亲上网时间增加，减少了亲子互动。因此，网络成瘾在家庭中，不是儿童的专利，更可能是父母的影响。尤其一些父母为了不让儿童"打扰"，将儿童交由"网络保姆或是电脑保姆"照顾，使得儿童合法的无限制使用网络，造成网络成瘾，父母难辞其咎。另外父母本身有忧郁心理问题时，孩子沉迷网络有相关性。

也因此，家庭人际网络的健全，决定了儿童互联网络上的健全使用态度。对家庭成员与家庭生活不满、家庭结构不全、无凝聚力、适应不良以及低功能家庭，是研究中儿童网络成瘾的家庭因素。如果亲子关系紧张，缺少亲子互动，儿童网络成瘾则越相关。如果家庭生活温暖，亲子互动良好，儿童网络使用量减少，成瘾的机会就较低。在我国、芬兰与韩国皆有类似的研究结果。

父母教养儿童使用网络有不同的风格，包括放纵的、自由放任、权威的与独裁的四种。父母年轻且教育程度较高者，对于儿童的网络使用教导风格，也比较开明与温暖，能够公开与儿童沟通讨论网络的使用经验，能引导正向的上网互动行为，有较安全的网络使用与了解。网络知识较为贫乏的父母，其管教较为严格，对儿童网络使用控制也比较多。

父母对儿童网络使用的教养风格，影响了儿童是否容易网络成瘾。父母对于儿童网络使用的管教策略，也需要思考。根据研究，有积极主动、共看共享、条件限制以及监督等四类。

第一类是积极主动。主动设立网络使用教养规则，提供学习或教育娱乐使用网站，寓教于乐。第二类是条件限制。对于上网使用的行为，给予明确规范，也对上网时间给予限制。第三类是监督。使用亲子控制（Parental Control）的软件检查、控制与监督筛选儿童在网络上可造访与联络交友的行为。第四类是共看共享。为共同阅听的概念，也就是网络共学。以网络内容与软件为工具，增进亲子互动与关系。

纵观此四种儿童网络使用教养的策略，多为正向与开明。对于处罚则因家庭实际情形而异。其中，制定使用规则是父母常用的网络使用教养策略，其次为限制。监督的策略因有其技术含量，且有一定的门槛，使用的父母较少。不过现今的网络服务，不管是从网络电视，或是从移动联网电视业者端，皆可设定亲子控制，包括造访网站与使用时间相关的控制也变得更为便利，也就是从网络服务端控制，而非从设备端控制（像是桌机、手机、平板、路由分享器等）。

至于说策略的成效，观念是，常被用到的策略不见得是有效的。儿童年纪越大，父母越难管。可能在儿童刚开始使用时约法三章，但常是新官上任三把火，过一阵子就流于形式，甚至因当初的内容过于粗糙简略，亦或者滞碍难行，造成父母无法执行，导致没有成效或成效不彰。

总的来说，儿童上网行为的教养，是在亲子家庭环境中互动发生。亲子关系与家庭气氛为儿童上网行为教养的基石。另外因为父母本身对儿童有示范作用，如果父母网络使用过度，儿童也可能有过度使用的可能。因此，对于儿童网络使用的行为，教养策略应该要用正向鼓励，而不是一味处罚与限制。然而，目前的儿童网络使用成瘾的相关研究，尚属于初步，有待进一步的实证。以下是一些教养原则，供现代父母参考。

第一个原则是，网络使用教养策略以强化家庭关系为先。如果能从儿童小时候，父母就用相当的时间陪伴儿童，增进亲子沟通的功能。当儿童感受来自父母与家庭的温暖，也比较能接受父母对于网络使用行为的教养。如果儿童能与父母沟通网络使用的经验与问题,相关负面影响会降低,所产生危险的疑虑也可以避免。

第二个原则是,父母与儿童心理强化与控制能力提升。父母与儿童都需要强化自身的心理特质。如果能透过健全的家庭功能强化父母的家庭幸福感,增进儿童心理发展中面对压力与问题处理的心理特质,透过幸福家庭环境中的支持,在父母言行一致的情形中,使儿童能够自然地接受规范,以及自我规范。如此,儿童才可在网络使用中受益,减少受害的可能性。儿童的自制能力可以透过以下方式强化:

(1)时间规划:网络使用时间规划,家长宜将儿童使用时间与日常作息和学习时间整体考量。另外如果有娱乐性质者,也须视父母时间的可行性评估,与儿童一起分享共学网络资源。

(2)自我决定:在父母与儿童讨论与沟通过程中,如果能给予儿童自主决定的空间,包括使用时间与上网方式,并订定切实可行的评估条件,由儿童自我要求来完成自我控制的目的。如此,这些规定因为儿童自我订定,所以对儿童更有约束力,儿童遵循起来,也更有说服力。如此的制约,也较为长久且有意义。

在这边,父母可以参考行为主义斯金纳"强化理论"强化(报酬)或惩罚的操作制约策略。

在讨论操作制约时,我们以比较适当的方式使用几个日常生活相关用词——正面和负面,强化(报酬)和惩罚。在操作条件中,正向和负向并不意味着对儿童的好坏。相反,积极是指父母正在增加一些东西,消极意味着父母正在减少一些东西。增强意味着父母正在增加一种行为,而惩罚意味着父母正在减少一种行为。强化可以是正面的或负面的,惩罚也可以是正面的或负面的。所有的增强作为(积极的或消极的)都会增加行为反应的可能性。所有惩罚者(积极或消极)都会降低行为反应的可能性。现在,我们将这四个维度结合起来:正面强化,负面强化,正面惩罚和负面惩罚,如表9-1所示。

表 9-1　斯金纳"强化理论"强化(报酬)或惩罚的操作制约策略

	强化(报酬)	惩　罚
正面	添加一些东西来增加行为的可能性	添加一些东西以减少行为的可能性
负面	删除某些东西以增加行为的可能性	删除某些东西以减少行为的可能性

网络对儿童的物质与象征意义的原则,即网络的物质意义与象征意义为儿童上网行为的思考维度。两种角色在儿童上网使用行为中互为表里,存在着相互螺旋且共融的现象。在父母对于儿童上网的教养中,除应注意所提供的上网设备完善问题外,还应注意与儿童的意见沟通,透过讨论与共同使用,而非威权下令的方式。同时因为与儿童一同学习与使用网络,除了多了解儿童使用情况外,更是一种心灵交流的亲子关系。

儿童有问题时家长需关心与辅导。如果儿童遇到问题,需要支持,时间最为关键。如果父母能够及时发现,并且即时介入协助,儿童较能够得到支持而减少心理与身体的伤害。如能运用关爱的态度,给予儿童支持,儿童对于上网使用内容或规范更能接受,亲子互动也在未来有更正向的影响,教养效果也更为明显。

家长需使用正向支持调整适用的策略。根据父母网络教养策略的研究，正向的鼓励与支持，较负面的控制来得更有成效。另外教养与儿童所处的社会文化、家庭社会经济地位、父母教育程度以及社区环境与儿童同侪有关，父母应先冷静思考，并且主动沟通，共同订定规则。了解需求，才能制定切实可行，将网络正向影响极大化，负面影响极小化的态度持续关怀，才能让儿童在网络时代身心发展的家庭环境更臻完备。

二、网络世界中家长控制的科技

家长控制科技，是允许家长监视和限制儿童在线行为的功能或软件。有各种各样的程序可以执行，像是阻止和过滤网站和内容，记录儿童的网络活动，限制其在线时间以及查看其浏览历史记录和通信等功能。尽管家长控制科技的功能各不相同，但其中一些功能会记录击键，截取其操作的屏幕快照，在各种网站或应用上记录聊天记录。

当我们在讨论"控制"时，常会令人误解。本质上，父母需要注意三种类型：

第一种是网络级别控件在集线器或路由器上设置，并适用于连接到集线器或路由器的所有设备，且覆盖整个家庭。另外一种是设备级别控件。在设备本身（如智能手机）设置的，并且无论设备如何以及在何处连接到互联网都将应用设备级别控件。最后一种是在使用中的平台或应用程序上设置应用程序控件。例如，适用于 Google 或 YouTube 的设置。检查是否在您孩子可以访问的每个设备上设置了它们。"家长控制"科技有许多类型的控制。比方说，过滤并阻止您不希望孩子看到的内容，如暴力和色情内容；限制分享什么信息；设置孩子上网的时间限制；控制孩子可以上网的时间；设置不同的配置文件，以便每个家庭成员都具有适合他们的访问级别。

以国内中国移动来说，移动网络机顶盒连接的路由器，有限制儿童看电视的时间的功能。网络机顶盒配合路由器的家长控制（网络控制）功能，只需要通过一个简单的操作就可以实现儿童限时看电视，但家长无时限看电视。这个技巧对一些自制能力弱的儿童限制看电视很有帮助。在路由器中的设备管理选项，对儿童电视观看的时限设定，共可设定四组时间段。路由器在设定时间外，自动与电视机顶盒断网，电视讯号随之终止。当然要注意的是，要与提供网络与电视服务的业者询问，路由器是否为较新的版本。较旧的路由器有可能没有"家长控制"的功能。

三、儿童家庭的网络媒体素养

儿童通过与周围环境的互动而形成对物质工具使用的态度，包括上网的信息技术工具。因此，小学阶段是预防网络工作的关键时期，因为有可能深远地影响儿童。现今各种网络信息传递快速，加上社交媒体与视频平台的盛行，智能型手机与平板电脑的普及，让人们更容易制造及分享资讯，加速了资讯的流通。网络充满各种形态的信息与服务,例如,搜寻引擎、休闲网站、健康医疗网站、学术网站、网络论坛与社群等,这些网络的特性为近用、匿名、互动、一不、多媒体、无国界、低管制等。儿童每天接触到的媒体不外乎是网络或电视,其中又以手机或平板上网的比例最高,儿童每天接触大量资讯的机会变多。在面对如此庞大、快速传播的信息时,如何正确分享信息、如何辨别网络信息的正确性,是网络信息时代每个人都应该具备的能力。儿童与家庭相关的教育也愈来愈迫切与重要。

"网络媒体素养"从字面上来说,指的是一个人具有辨识和了解网络资讯对于个人可能造成的各种影响的知识与能力;只有具备这样的知识和能力,才能避免受到网络信息内容的不适当影响。网络媒体素养包括儿童具备自主思辨能力,解读网络媒体信息,熟练地运用网络取得需要的资讯,理解网络媒体的特性,运用正确适当合法的方法将自己的想法透过网络传达给别人,以及具备取舍并活用网络资讯解决问题,进而有生产的能力。

只要有可能,父母可以与孩子们一起观看、玩耍、听音乐以及谈论内容。当父母不能在那里时,向他们询问他们使用的网络媒体。帮助孩子提问和分析网络信息。分享父母自己的价值观,让儿童知道父母对解决暴力问题,对他人的刻板印象,使用卡通人物销售产品或做广告的种种感受。帮助孩子们将他们在媒体上学到的东西与现实活动和其他活动(例如体育运动和艺术创作)联系起来,以扩大他们对世界的进一步体验了解。

在现今世界,分享已成为常态。儿童在网上说或做的所有事情都会影响其他人如何看待自己的个性。对于孩子们来说,至关重要的是,不要发布和分享他们不想公开的内容,要学会保护自己的在线隐私。其他提示:上网之前先征得许可;切勿共享密码;保护个人详细信息——姓名、地址、电话号码、父母赚多少钱等;发布前先想一想——这真的是您想分享的东西吗? 只与认识的人交流,不要与陌生人聊天或将照片发送给陌生人。

现在,儿童比以往任何时候都更喜欢在社交网站上聊天、共享和连接。最新研究表明,青少年是社交媒体的狂热日常用户。尽管他们可以使用社交工具来充分利用网络所提供的功能,但网络霸凌已时有所闻。

如果您在电视节目中看到演员在喝酒,或在网络上看到名人抽烟的图片,或某人因酒后驾车而被捕,请与儿童一起讨论,了解年幼的儿童了解多少。小学一年级的学生从同年级儿童那里得到了很多令人困惑混淆的信息,因此需要弄清事实。比方说,如果他们喜欢的明星遇到抽烟或酗酒问题,请询问他们有无认识的人酗酒,或者有情绪的问题。父母花时间分享对这些问题的看法和对儿童的期望。

父母都希望儿女在学校学业进步。在家中如果能加强课堂学习和价值观,并配备适当的设备来支持其学业。帮助父母指导他们的孩子在网络数字生活中做出明智的、道德的决定。网络数字世界使用不同的规则运作。从一开始就建立使用权规则。确保孩子适当引用他们在网络上分享的信息,清楚地表明他们在哪里发现了这些统计信息、意见想法,以及图画与照片。明确说明什么是可接受的行为,什么是不可接受的行为。

千万不要假设儿童们知道。确保父母在儿童违规时，有真正的处罚后果。

现代儿童为"数字原住民"世代，重要的是要帮助他们学习健康的数字使用和公民意识概念。父母在教授这些技能方面发挥着重要作用。以下是美国儿科学会的一些技巧，可以帮助父母管理他们与孩子一起探索的网络数字世界。

1. 对待网络数字媒体像儿童在其他环境一样

在实际和虚拟环境中，父母对待儿童，需使用相同的育儿准则。让儿童预期父母有设定网络使用的限制，并以此为上网行为的依据。父母需认识儿童的朋友，无论是在线上还是在日常生活中。了解孩子使用的社交平台、软件和应用程序，关心他们在网络上的浏览内容以及他们在网上做什么。

2. 设置游戏时间限制

像所有其他活动一样，儿童网络使用应有合理的限制。非结构化的离线游戏可以激发创造力。将游戏时间作为日常生活的重点，尤其是对于年幼的儿童。尽量鼓励儿童与父母一起玩益智的桌上游戏，而非网络线上游戏，益智且增进亲子感情与家庭生活。

3. 一起玩，一起学

家庭参与儿童网络媒体活动也很重要，可以鼓励社会互动、联系和学习。父母和儿童一起玩视频游戏，这是展示良好运动精神和游戏礼仪的好方法。父母可以在玩游戏时介绍和分享自己的生活经验和观点，并且予以指导。

4. 做个好榜样

父母与儿童一起参与在线活动时，父母可示范善良和礼貌的举止。对于儿童就是优秀的模仿对象，因此父母自己的网络媒体使用也应该谨慎与克制。实际上，如果父母与儿童互动、拥抱和玩耍，而不是全部都仅仅盯着屏幕，您将更容易与孩子接触并与孩子建立良好的亲子联系。

5. 了解面对面交流的价值

年幼的儿童通过双向交流学习，"交谈时间"对于语言发展非常重要。如果父母远行，或与远方的祖父母进行面对面的对话，或者通过视频聊天进行对话。研究表明，通过"来回对话"可以提高语言技能，远比"被动"收听或与屏幕的单向交互要有效得多。

6. 创建科技禁区

保持家庭用餐时间以及其他家庭和社交聚会不受网络科技的干扰。在儿童卧室外为设备充电,以帮助孩子避免在睡觉时间使用,避免它们的诱惑。这些科技禁区的设定,会让儿童有更多与父母相聚的家庭时间,更健康的饮食习惯和更好的睡眠,这些对儿童的健康都非常重要。

7. 不要将技术用作情感安慰剂

网络媒体,像是串流音乐,可以有效地使孩子保持镇静和安静,但这不应该是他们学会镇定的唯一方法。需要教给孩子们如何识别和处理强烈的情绪,开展活动来管理无聊或通过呼吸平静下来,谈论解决问题的方法以及寻找其他舒缓情绪的策略,像是运动或是静坐等。

8. 适用于孩子的应用程序:做功课

网络上有数不清的应用程序被标记为具有教育意义的应用程序,但几乎没有研究表明它们对儿童课业学习的实际影响。父母对于网络"互动"产品的态度,不应该只是认为花钱就可以帮助儿童,父母更应该对于标榜教育性质的游戏和程序广泛征询使用意见,包括线上使用者的评论,或是征询学校老师,以指导您为孩子做出最佳选择。

9. 儿童上网是可以被允许的

在线社交关系是儿童发展的一部分。社交媒体可以在青少年探索和发现有关自己以及他们在成年人世界中的地位时,提供支持。父母只需确保儿童在现实世界和在线世界中表现合乎规范即可。此外,父母与儿童都要认知,网络平台是没有真正的"隐私"的。有句话说,只要是有钥匙的锁,就一定会被打开。同样的,看似安全的网络社交平台,也不是绝对安全与隐私保密的。青少年在线共享的图像、思想和行为将立即无限期地成为其数字足迹的一部分,也有可能为有心人士利用,作为犯罪使用。儿童与父母保持沟通畅通,如果儿童有疑问或疑虑,需要协助时,让儿童知道,父母永远是他们的依靠,会在他们身旁帮助他们。

10. 儿童就是儿童

儿童使用网络媒体会犯错误。尝试以同理心来处理错误,并将错误转变为可学习的经验。父母应仔细观察儿童的网络行为,并在需要时寻求专业的帮助,包括儿科与精神科医生。

网络媒体和数字设备是当今社会不可或缺的一部分。如果适当地使用网络,其好处可能很大。但是儿童与家人、朋友和老师面对面的交流,在促进儿童的学习和健康发展中更为关键。保持面对面真实世界的沟通,不要让儿童迷失在网络媒体和技术建构的虚拟世界之中。

延伸阅读

1. ［美］霍华德·加德纳,凯蒂·戴维斯.App 一代：网络化科学的新时代［M］.北京：电子工业出版社,2015.

2. ［美］劳伦斯·科恩.游戏力［M］.北京：军事谊文出版社,2011.

3. 高益民,陈赛,等.智慧教养：给孩子幸福一生的能力［M］.北京：中信出版集团,2020.

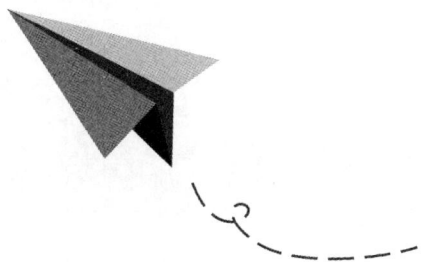

第十章

走向合作的家庭教育

培养合作精神是防止精神性疾病的唯一方法。

——阿尔佛雷德·阿德勒

创造能力、沟通能力、协作能力、思辨及问题解决的能力被认为是 21 世纪人才的"关键能力"。研究表明,要培养这些能力,学生必须有机会在复杂的、有意义的项目背景下发展其持续参与能力、合作能力、研究能力、资源管理能力、出色的表演和创作能力等,给孩子培养这些能力提供机会和平台变得至关重要。那么,现有的以精英教育为导向的学校教育能否给学业成绩一般或者落后的孩子提供这样的机会呢? 如果学校不能,家庭教育能否提供相应的帮助呢? 重新审视未来教育的发展方向,随着人工智能的崛起,学习越来越具有泛在性、即时性、具身性、终身性等特点,走向合作的家庭教育不失为一种有效的策略。

第一节 教育的革命

正在等红绿灯,后座 7 岁的儿子忽然问我:"妈妈你知道我们的眼睛是怎么来的吗?"

我说不知道。

他接着问,"那你知道邓氏鱼吗?"

我只能继续回答不知道,因为我确实不知道。

"那你知道寒武纪和泥盆纪吗?"

"抱歉,妈妈真的不知道。"

"寒武纪大约在 4 亿年前,寒武纪末期有了邓氏鱼,我们的眼睛就是从邓氏鱼的眼睛进化而来的"。

我不知道他说的对不对,从来没有研究过生物进化史,甚至连寒武纪、泥盆纪、邓氏鱼都没听说过。但是,他越来越多的问题以及我不知道的知识让我意识到这代孩子的学习方式已经发生了巨大的变化,在某种程度上,谁掌握了信息源,谁就掌握了知识。

人类的历史从某种程度上来讲就是一部教育的变革史。

英国教育家安东尼·塞尔登、奥拉迪梅吉·阿比多耶将教育发展史划分为四个阶段:以在家庭、团体和部落中向他人学习为特征的有组织学习和必要的教育构成了第一次教育革命;以制度化为特征的有组织的学校和大学的到来构成了第二次革命;以印刷和世俗化为主要内容的大众化教育构成了第三次教育革命;以人工智能、增强现实和虚拟现实为主要内容的个性化教育构成了第四次教育革命。

国内学者朱永新教授也将教育划分为四个阶段:一是前学校阶段,原始部落耳提面命的教育就属于这个阶段；二是学校阶段，公元前 3500 年古巴比伦两河流域苏美尔人的"泥版书屋"、公元前 2500 年古埃及的宫廷学校，我国父系氏族时期的"成均"和"庠"，都是学校阶段的代表；三是现代学校阶段，随着工业革命产生的现代学校，出现了班级授课制，大家有统一的教材、教学大纲、上课时间、教学内容和课程设置；四是后学校教育阶段，朱永新教授称之为"学习中心"，他认为今天的学校会变成明天的学习中心。

家庭教育作为教育的基础，如果我们能清晰地认识教育的历史和未来就能够明确家庭教育的发展方向以及作为父母的我们到底能够为教育做些什么。

一、教育的前三次革命及其影响

根据学者们尤其是英国学者安东尼·塞尔登等人的研究，我们简单介绍一下教育的历次革命及其带来的影响。

第一次教育革命的特点是有组织的学习，是为了生存所进行的必要教育。

学者们认为正是这种学习构成了人类的起源。这次革命经历了几十万年的时间。从原始人开始系统地传授如何狩猎、如何建立季节性的营地、如何使用火，如何迁移一直到智人胜出，在这漫长的岁月中教育在第一次革命结束和开始时几乎一样，没有发生大的变化，主要是围绕生存和培养下一代运转，它几乎没有给闲暇、艺术和遐想留下任何时间，快乐更多源于身体的体验。

第二次教育革命的特点是学校和大学的到来，产生了制度化的教育。

这次革命是伴随着人类开始定居出现的，公元前 1 万年，伴随着农业技术的改良，村庄和乡镇开始出现，接着城市化发生，人类文明开始。文字是文明产生的标志，它与政治、商业和法律体系一起协助管理复杂的社会行政任务，新兴文明的复杂性需要一种更系统的教育形式，学校开始出现，接着为培养宗教和政务管理的大学开始出现。太学是中国古代的最高学府。太学之名始于西周。夏、商、周，太学的称谓各有不同，五帝时期的太学名为成均，在夏为东序，在商为右学，周代的太学名为上庠，汉代至武帝元朔五年，即公元前 124 年创建太学，地主阶级才有了培养统治人才的正式官立大学。汉代太学的建立，标志着我国封建官立大学制度的确立。

由于受书籍数量的限制（印刷术出现前主要靠手抄书籍），第二次教育革命受益群体主要是在享有特权的统治阶级和宗教人士中。

第三次教育革命的特点是印刷与班级授课制的出现，教育开始大众化。

雕版印刷术从公元 7 世纪开始在中国被发明，之后出现了活字印刷，印刷术被传至世界各地。因为印刷术的出现，覆盖不同学科领域、适合不同年龄段的教材可以被大规模地印刷出来。尤其是，在工业革命快速发展的背景下，对接受过教育的产业工人的迫切需要也刺激了教育的改革。1632 年捷克教育家夸美纽斯在《大教学论》中首次从理论上对班级授课制做了系统的论述，班级授课制由此诞生。

班级授课制是把一定数量学生按年龄特征和学习特征编成班组，使每一班组有固定的学生和课程,由教师根据固定的授课时间和授课顺序(课程表),根据教学目的和任务,对全班学生进行连续上课的教学制度。它的优点非常明显,比如班级授课制可以大规模地、大面积地向全体学生进行教学,一位教师同时教许多学生,从而扩大了一个教师的教学能量,有助于提高教学效率,有助于全体学生共同前进;班级授课制以"课"为教学活动单元,从而保证学习活动循序渐进,同时可以使学生获得系统的科学知识;班级授课制具有固定的班级人数和统一的时间单位,有利于学校合理安排各科教学的内容和进度并加强教学管理,从而赢得教学的高速度。但是班级授课制的缺点也非常明显,比如,教学活动多由教师做主,学生学习的主动性和独立性受到一定程度的限制;班级授课制主要是按照年龄特征进行分班的,其实同一年龄的学生的学习能力、学习兴趣也各不相同;班级授课制主要以教材为学习内容,接受的都是现成的知识,难以发挥学生的探索性和创造性;班级授课制的时间、内容和进程都固定化、形式化,不能够容纳和适应更多的教学内容和方法,抹杀了孩子的兴趣和个性,孩子如同从流水线上一个模型制造出来的工业产品;等等。现代学校教育也因此被称为"工厂体系教育""流水线教育"。

毫无疑问,前三次教育革命给人类带来不可估量的好处,使我们的生活更加舒适、文明、安全、愉快,但这三次革命却衍生了五大教育难题,我们的教育、我们和我们的孩子一直被这五大难题所困扰:

第一,未能克服根深蒂固的社会阶层固化问题;

第二,教育制度僵化;

第三,教师因行政而不堪重负;

第四,大班教学抑制学生学习的个性化和学习的广度;

第五,教育的同质化和缺乏个性。

很久以来就有"龙生龙,凤生凤,老鼠的儿子会打洞"的说法,进入新世纪"寒门再难出贵子"的说法一度甚嚣尘上,阶层固化已然成为现代社会的标签。事实上,很多研究表明,决定孩子职业和社会地位的不是父辈的职业、地位,而是孩子所能够接受的教育条件。华盛顿布鲁金斯研究会2013年发布了一个报告,指出社会经济状况对12个月以内婴儿的认知能力影响非常小,几乎可以忽略不计,但是到4岁时,来自高收入人群孩子的认知能力明显高于普通收入的家庭,尤其是在接受了正规的学校教育之后,不同社会背景中的孩子之间的表现差异性就会变得更加明显。这是因为富裕家庭的孩子摄入的营养更丰富、更全面,他们有更稳定的照顾,可以在家里参与更多激发智力的对话,他们建立了更有用的社会关系。

这些弊端,第四次教育革命能改变吗?这取决于它是否能够公平地为每一个孩子提供平等的教育条件;取决于它能否激活教育制度,让不同的孩子拥有个性化学习机会和平台;取决于它能否让教师从繁重的行政枷锁中解放出来,从而专心地研究教学。

二、教育的第四次革命及其引发的学习方式的巨大变革

第三次工业革命，引发了教育领域的第四次革命：互联网＋教育，是以人工智能、增强现实和虚拟现实为主要内容的个性化教育。

随着信息技术的迅猛发展，以互联网、3D打印、分布式新能源为代表的第三次工业革命时代已经到来，其特点是网络化、智能化、个性化和全球化。互联网的爆炸式发展带来了超出人们认知范围的互联互通，技术的进步为信息的访问、扩散和处理带来极大的便利性。人们迫切希望在各个领域找到新的合作方式。近年来，一批国内外互联网行业已经将目光投向教育领域，探索如何使新技术与教育相结合，试图推动教育革命发生。机器学习、虚拟现实、增强现实、混合现实等技术对教育的冲击和重塑已经正在改变我们的学习方式。

传统的学习是把学生集中在固定的地方、在固定的时间、基于相同的年龄、学习统一的教材，他们在学校的教育之旅就像是在生产线上进行的，教育家肯·罗宾逊感慨："根据年龄，学生们分批接受教育，好像他们之间最重要的共同点就是他们的生产日期。"而在"互联网＋"时代，这个传统的设定则有可能被打破。互联网所具有的实时多媒体通信功能，完全有可能打破学习组织的地域限制，提供针对性、个性化服务，使得学习者采用个性化学习方式、个性化学习路径成为可能。由此，专家们推断，未来教育可能有以下几种变革：

（1）从固定学习到泛在学习。传统学习是固定时间固定地点，但是互联网的崛起，各种线上课程尤其是慕课（MOOC，大规模在线开放课程的简称）的出现，让随时随地学习变为可能。慕课方兴未艾之际，又出现了私播课（SPOC），私播课对入学人数、入读条件都有限制，以私人化、小规模在线课程为特征，进而又出现了一对一的私人课程，比如很多孩子参加的"1对1"线上英语外教课程，只要手持移动设备，学习可以随时随地进行，这也就是说学习可能泛在化。泛在学习具有以下几个特点：

一是泛在性。学习将无处不在、无所不在，可以发生在教室里、家里、社区里、车上，可以满足学生时时学习的要求。

二是连续性。学习融入生活中，无处不在，令人无法察觉学习的存在；正式学习、非正式学习相联合；个人学习、社群学习相联合；课堂学习、网络学习优势互补。泛在学习是正式学习和非正式学习的统一体。

三是社会性。在学习的过程中，通过构建社会认知网络，促进学生学习。同时，构建社会认知网络也成为学生学习的目标。

四是情境性。情境性学习强调知识是学生与情境互动的产物，不是教师传授的结果。

（2）从储备性学习到即时性学习。在传统的以教材为主的学习中，学习的是已经被证明了的确定性知识，学习的目的是为了未来的需要储备知识，是为了解决未来

所遇到的问题。在互联网时代,学习是和生活密切相连的,不管在什么时间什么地方遇到什么问题都可以借助互联网进行学习,它使学习更具有当下性、即时性和生活性。

（3）寻找答案的学习到寻找问题的学习。以往学习是为了解决问题,而这些问题很多是老师提出的,不是学生自己质疑和思考所得。互联网时代拓宽了知识的深度和广度,超出课堂所能够提供的知识,学生自己的问题和会提问变得更加重要。

（4）从烧脑学习到具身学习。坐在教室里认真听讲,专心思考,专注做题是我们对传统学习理想状态的描述。而互联网时代的教育因为提供更多真实或者虚拟的情境,有更多参与和体验的机会,身体各个部位的参与变得更加重要。

（5）从接受性学习到批判性学习。传统教育的特点是教师是主导,老师讲学生听,学生是知识的被动接受者。互联网时代是个依靠影像镜头就可以制造"事实"并被迅速传播的时代,辨别真伪需要学习者具备批判性思维、进行批判性学习。

（6）从独立学习到合作性学习。合作学习作为一种重要的学习方式,一直是21世纪以来教学改革强调的重点,但是受班级授课制、应试学习的影响,学习方式并没有走出接受性学习、死记硬背、大量刷题、机械训练的困境,单打独斗依然是学习最主要的路径,学校里开展的小组合作学习、互助合作学习或者全员合作学习往往形式大于内容,难以实现合作学习应有的价值。"互联网＋"时代学习无处不在,STEM教育、创客教育等跨学科整合教育蓬勃兴起,为合作学习创造了更多的机会和平台。

小·贴士

创客教育: "创客"一词来源于英文单词"Maker",本义是指出于兴趣与爱好,努力把各种创意转变为现实的人。创客教育是创客文化与教育的结合,基于学生兴趣,以项目学习的方式,使用数字化工具,倡导造物,鼓励分享,培养跨学科解决问题能力、团队协作能力和创新能力的一种素质教育。

在我们梳理了历次技术革命在教育经历引发的变革之后,很容易推断互联网的出现必然在教育领域引发新一轮的革命,今天我们觉得天经地义的学校教育、学习方式未来必然发生巨大的变化。如同朱永新教授所言:"未来,物理形态的学校,钢筋水泥、砖瓦花木,依然如故,保安可能还会有,围墙也可能依然在,但是,传统的学校不再是唯一的场所。说到学习,大家马上想到的不是'学校',而是'学习中心'。"学习中心什么样?面对新的学习形式,家长和家庭教育该怎么迎接新一轮的挑战呢?

第二节　合作在家庭教育中的一个
案例：今天我做小老师

在朱永新教授的描述里，未来学习中心没有固定的教室，每个房间都需要预约，没有"校长室"和"行政楼"；未来的学习中心可以在社区、可以在大学校园，也可以在培训机构；未来的学习中心没有统一的教材，全天候开放，没有周末和寒暑假，没有上学放学时间，没有学制，没有年龄限制，孩子和爷爷奶奶、父母学习同样的内容；未来的学习中心，教师是学习的指导者和陪伴者。父母在未来学习中心变得更加重要，父母是未来学习中心的发现者、创造者、管理者、参与者、施教者、学习者……这也许是一个大胆想象，但也可能实现。我们来看一个案例：

寒假，儿子学校布置了一项作业：体验做一次小老师，必须有三位学生参加听课。

他还有一项作业，读《时代广场的蟋蟀》并画出思维导图。为了减少他的工作量，我建议他就讲《时代广场的蟋蟀》。书已经看过了，思维导图也画好了，直接就可以讲了。

没想到，他不同意。他说我喜欢历史，我要讲历史。

我努力说服他，讲历史还得备课，太麻烦了，正好的思维导图，就讲它，省下的时间可以玩耍。

他坚决不同意，执意要讲历史，并且很快坐到了电脑前要备课。

三年级的孩子，还没学怎么制作 PPT 呢，甚至连打字都不会。他让我教他怎么做 PPT，我给了他几个模板，让他自己挑。挑完了模板，我给他说了做 PPT 的要领。

他说他要讲齐桓公，我问他为什么呢？他说齐桓公是春秋五霸之首，所以他要讲齐桓公。

最近他在跟着一个 App 听中国古代史，我猜他执意要讲这个是因为 App 的课程引起了他的兴趣。

他开始备课，我在旁边做自己的事情，中间他会偶尔和我讨论他想讲哪些东西，也会问我怎么把图片放在 PPT 上之类的技术问题。我惊奇地发现，当他不想打字或者遇到不会打的字时，他会使用语音在百度或者 360 上进行搜索。经过一个多小时的琢磨以及讨论，他决定讲四个问题：

一、齐国从哪里来？

二、齐桓公是谁？

三、齐桓公为什么能够成为春秋五霸之首?

四、齐桓公的故事给我们哪些启示?

用一个多小时的时间思考一个问题,这是从未有过的事情。

接着他又开始围绕这四个问题搜集材料,上午没有备完,午饭后又接着备了两个多小时。中间遇到不清晰的问题,不是问百度,就是查自己手里的一套《中国古代史》,比如老马识途、公子小白装死、春秋时齐国的领土和地理位置,一点点地查。完全没有之前一做作业就不高兴的样子。

中间还问了我一个问题:"为什么越国在春秋时候是五霸之一,但是到了战国七雄时就没有它了呢?"我从来没有想过这个问题,也没有这方面的知识,他自己查了资料,接着又结合网上的春秋时期的地图给我讲得清清楚楚。

这让我惊奇不已,毕竟他一个平时写作业拖拖拉拉、磨磨唧唧的娃,居然能安安静静地花了上下午四个多小时的时间备课。

第二天,五家大人孩子聚在一家安静的咖啡馆一起听孩子们上课,这又给所有大人带来了意外惊喜。

儿子第一个,一反常态,没有了以往的腼腆害羞,自信大方地做了自我介绍,开始上课。整个过程有问有答非常活跃。在讲到齐国分为姜齐和田齐的时候,一个阿姨非常好奇问他:"为什么会有姜齐和田齐呢? 我们不知道这个历史啊。"

说实话我们都不清楚这段史实,他很清楚地给我们讲了,孩子大人们跟着直鼓掌。讲老马识途的故事时,一个孩子说我知道这个故事,他喊这个孩子起来讲这个故事。大家纷纷请他详细讲讲齐国的地理疆域,问他小白为什么没被管仲射死,简直就是对话式教学在课堂的充分应用,直到被一个阿姨问住了:"管仲和鲍叔牙是好朋友,为什么他们会一个辅佐小白一个辅佐公子纠呢?他们之间还有哪些故事?"儿子回答得不好,大人们建议他下次就给大家讲管仲和鲍叔牙的故事。

孩子们轮流上场,大家都做了PPT。猫咪讲的是她上周刚进行完的"小学生零花钱调查"实践体验,大人们非常自然地追问她调查中遇到的一些问题,孩子侃侃而谈,偶然回答不上来,总有小朋友或者大人站出来帮忙回答或者进行启发。

贝壳讲了她去年海南旅行时的所见所闻,有美食美景还有故事。讲到天涯海角和苏东坡时,一个妈妈追问:"苏东坡为什么会被贬到海南呢? 他在海南有哪些经历?"贝壳没有回答上来,于是一个选题又在孩子和大人的对话中产生了:"苏东坡和海南的故事"。

......

整个过程氛围非常愉悦,每个孩子都找到了自己感兴趣的问题,并决定针对这些问题继续探究下去。大人们异常兴奋,觉得自己也长了不少知识,也是一个独特的和孩子一起成长的方式。

每个人都希望这种家庭合作教育的方式能够一直持续下去。

这是一个因为学校的作业引发的家庭合作教育的真实案例。这个作业体现了互联网背景下学习的几个特点:

第一,学习的个性化。上课的几个孩子,每个人讲的主题都是自己选的,都和自己的兴趣或经历有关,是孩子成长的个性化需求,属于个性化学习。个性化学习是指学生结合自身兴趣以及个人经历自主安排学习进度和选择学习方法。儿子通过 App 课程爱上历史,小学尚未开设历史课,不可能满足他对历史的兴趣,也很少有可能提供他给小伙伴们分享的机会和平台,这次家庭间的合作正好给他提供了一个机会,讲课结束后他很开心地表示要把"春秋五霸"和"战国七雄"讲完。作为家长的我也因此发现了在这个知识领域他已经超过了我们在座的所有家长,并再一次意识到互联网时代也是后喻文化爆发的时代。

第二,学习的探究性。这是一个探究性学习过程,孩子在备课的过程中,遇到不懂的知识、技术主动去询问、去查阅资料。不会用 PPT,向我请教,基本上掌握了制作 PPT 的技能。不会打字,自己摸索,将平时用手机语音查资料的功能迁移到电脑上顺利解决自己不会打字查资料的难题。备课中不断地发现问题,比如为什么越国在春秋时是霸主,到战国时就不是了呢?在下载了春秋时期的地图后知道了山东被称为齐鲁大地的原因,看到了蔡国,马上把它和"扁鹊见蔡桓公"的故事联系起来,又接着去查证扁鹊见的到底是蔡桓公还是齐桓公……这些问题都是他在备课的过程中遇到并自己动手去解决的。第二天在小老师讲课的过程中,家长和孩子们提出的问题进一步激发了他的学习兴趣和动力。

探究性学习被认为是构建"21 世纪能力"的重要路径。研究表明:如果学生能够将教室中所学到的知识运用到真实问题中,那么他们将学习得更加深入;对于培养学生的交流能力、合作能力、创造能力和深度思考能力来说,探究性方法是一种重要的学习方式。大约 20 年前,美国技能培养秘书委员会的报告就曾建议:要为今天的学生准备适应明天的工作场景的学习环境,他们需要的是允许他们去探索现实生活的情况以及与之相关的问题的学习环境。学习环境是探究性学习发生的重要因素,家长与学校的合作、家长与家长之间的合作就变得更加重要。

第三,学习的体验性。体验学习是一个学习的过程而非结果,它以真实的经历和体验为基础,是在辩证对立中破解冲突、适应世界的完整过程。体验学习需要在个体与环境之间持续作用中进行;体验学习是一个知识产生过程,这种知识不仅是认知性知识,还有更多对于健康成长而言更加重要的非认知性知识,比如情绪情感、自信、合作等。案例中的猫咪是一个高敏感、情绪很不稳定的 8 岁女孩,她分享的实践调研活动就是她爸爸带着几个孩子做的零花钱调查。在第一天采访的过程中,猫咪不停地被采访对象拒绝，没有成功过一次，心情糟糕极了，中间哭了几次，想放弃。晚上睡觉时，在父母的帮助下，反思了一天的活动过程，找到了解决问题的办法，第二天顺利地采访到好几个孩子。在分享这段经历的时候，猫咪说"不要害怕被拒绝，只要认真地思考就能找到解决问题的办法"获得了所有孩子和家长的热烈鼓掌，小姑娘眼里放光，这段经历已经让幼小的女孩提前体验到挫折和应对挫折的方法。

第四，学习的合作性。许多涉及探究性学习的活动都要求学生以两人以上小组或团体的形式共同去解决一个问题，或完成一个项目，或设计和构建一个人工制品。本案例也不例外，只不过它不是发生在学校的课堂上，而是发生在家庭里，父母与自己孩子的合作、父母与别的孩子的合作、父母与父母之间的合作、孩子与孩子的合作充斥了整个过程。案例中的"三个学生"是他本次学习活动的合作伙伴，邀请三个学生听自己讲课，实际上是在邀请学生背后的大人，在邀请别人的过程中锻炼孩子的社交能力；备课的过程需要和父母交流讨论，无论对于孩子还是父母都是一个教学相长的过程；课堂分享的过程是孩子和父母积极参与互动的过程，既启发了孩子新的思考，也培养了孩子对同伴和父母的积极情感并获得大量有效的学习信息。

有效的合作学习实施起来非常复杂，课堂中教师的示范和组织起着非常重要的作用。但是受时间、场地和人数的限制，合作学习很难收到理想的效果。合作学习应该走出课堂，走进家庭和社会，比如借助计算机的学习工具和家庭的参与可以为富有成效的合作学习提供多样化的路径。家庭合作参与的重要性在于创建、示范和鼓励那些在学校合作学习中没有充分实施探究性学习的群体，让他们有机会进行个性化、体验性和探究性学习。

第三节　家庭合作让教育更美好

杭州有一群家长在孩子们上幼儿园的时候起，几个家庭就经常聚在一起抱团养娃，最初的目的是搭伴陪娃，一起玩耍，一起成长。家长们给这个组织起了一个名字叫"陪娃成长联盟"，简称"娃盟"。在孩子们入小学后，娃盟的活动变成了主题活动——研学旅行、生存训练、娃盟辩论会等，比如"娃盟古都游"，先后带领孩子们去了北京、西安、南京，还有杭州本地的一些人文景点。每次旅行，都由孩子们自己制定计划、自己制定旅行路线、变身导游负责景点讲解，学中玩，玩中学，学玩结合。

在陪伴孩子们成长的过程中，家长们也建立了各自的组织，爸爸们成了"夫联"、妈妈们成了"妇解"，交流养娃心得、工作烦恼和经验，甚至哪个家庭出现了矛盾，"夫联"和"妇解"还出面调解。大人其乐融融，娃们健康成长。

"娃盟"有一个传统，就是家长和孩子们每年的最后一天都在一起跨年。在2020年底"娃盟"的第15年，家长和孩子们聚在一起分享这15年来印象最深刻的事情是什么。有孩子说，父母在"娃盟"里的陪伴才是最好的陪伴；有妈妈说，"娃盟"弥补了孩子没有兄弟姐妹的遗憾；有爸爸说，"娃盟"活动中，不仅是孩子，父母也在成长。如今娃们已经长大成人各自进入了理想的大学，未来"娃盟二代"诞生的时候娃们也会组建属于自己的娃盟，"夫联"和"妇解"也可以化身为养老联盟。

近年来，我国城市教育竞争越来越激烈，为了"不让孩子输在起跑线上"，家庭对孩子的教育投资越来越大，从孩子呱呱落地开始就投入漫长的教育竞争甚至是教育军备竞争中去，这重塑了家庭教育中的角色分工，引发了多数家庭的焦虑与教育冲突，以至于用"缺席的父亲＋焦虑的母亲＋失控的孩子"形容当前的家庭模式足以引起家长的共鸣，教育正在承受不能承受之重。家长对子女教育的过度重视是基于传统的学习经验以及传统的学习方式带来的收益，可是"互联网＋"时代，不仅学习的内容变了，学习的方式方法、学习的价值和意义也发生了巨大的变化，第四次教育革命让"学习中心"不再是乌托邦，而学习中心会让家庭教育变得更加重要，教育将从过去的"追求成绩和统一""强调苦学和服从"转型升级为"追求质量和个性""强调幸福和尊重"，家庭教育走向合作是"追求质量和个性""强调幸福和尊重"的一个有效途径。

一、走向合作的家庭教育可以激发真正的学习

真正的学习是和虚假的、肤浅的学习相对的。所谓虚假的肤浅的学习就是"假装学习"，学生实际上并没有进入学习状态，而是采用各种伪装的方式来蒙蔽老师，比如"小和尚念经，有口无心"式学习。虚假学习的学生往往表现出非常遵守纪律，比如坐姿非常端正、对老师察言观色、与老师高度配合、紧跟老师的步调，不对老师的教学进度造成任何干扰等，孩子的注意力都聚焦在老师身上，以满足老师的需要为目的。"虚假学习从小学三年级开始存在，一直持续到初中二年级左右，虚假学习的学生逐渐沦为学困生。"

真正的学习是深度学习，也就是学习者基于自发的、自主性的内在学习动机，并依靠对问题本身探究的内在兴趣维持的一种长期的、全身心投入的持久学习力。真正的学习有这样几个特点：首先，孩子愿意学，学起来兴味盎然，不知疲倦；其次，学习不仅有读抄背等低级思维能力，还有分析、评价、创造等高级思维能力；再次，孩子对自己的学习充满信心，能够与他人进行有效的沟通合作，共同克服困难，解决问题。

真学习的发生是一个漫长且发展的过程，老师的教学是一个重要的因素，家长的配合也必不可少。

首先，真学习需要兴趣，父母发现并培养孩子的兴趣，鼓励孩子按照兴趣进行探究性学习比老师做起来要容易得多。每个老师都要照顾几十个孩子，不可能发现孩子真

正喜欢什么。第八章我们在探讨如何培养孩子的科学兴趣时，可以看到孩子对昆虫、对科学的兴趣完全来自阅读经历、生活探究，这些都是在父母的支持和鼓励下进行的，学校的老师很难有机会发现孩子这方面的爱好，也没法提供必要的时间和空间帮孩子发展这项兴趣。孩子兴趣的形成和发展是建立在家长和学校合作的基础上的。

需要强调的是，孩子学习兴趣的形成和动机密切相关。研究表明，学习动机是借助于人际交往过程产生的，其本质体现了一种人际相互作用建立起的积极的彼此依赖关系。激发动机的最有效手段就是在课堂内外帮助孩子建立起一种"利益共同体"的关系。这种共同体可以通过共同的学习目标、学习任务分工、学习资源共享、角色分配与扮演、团体奖励和认可来建立。共同体不仅仅可以发生在学校，也可以发生在家庭之间。

其次，真学习和孩子的个性化学习是密切相关的。作为家长必须相信，个性化学习是真实存在的。每个孩子都不一样，学习的能力和兴趣点也各不相同，满足学生个别的、特殊的学习需求、兴趣、愿望不能只依靠学校。目前个性化学习主要有两种：一种是由学生使用智能设备、学习类 App、社交媒体自我实施学习行为、自我组织学习的学习活动；一种是由学校或教育机构实施的自适应学习，一般需要智能学习系统来保证学生的自适应，自动感知学生的状态和情境，向学生智能推荐学习资源、智能监督学生的学习进度、向学生智能提供反馈。对于小学阶段尤其低龄儿童而言，由于缺少必要的自我管理能力、自我组织能力，第一种个性化学习没有家长的跟进和监督很容易陷入网瘾或网络游戏的困境，引发虚假学习，并进而破坏学习的兴趣和能力。第二种个性化学习需要借助学校或学习机构与智能资源合作，面对众多的学生如何保证每个孩子都能按照自己的兴趣和爱好选择合适的智能资源是一个不能避免的难题。家庭合作则能够有效避免以上困境，在基于对孩子充分了解的基础上，帮助他们创造个性化的学习环境，让孩子们按照自己的策略和步骤学习，并用他们独特的方式来展示、分享获得的知识。

再次，真学习需要孩子们获得自尊和归属感。需要满足理论认为，学校是满足学生需要的重要场所。学生到学校来学习和生活，主要的需要就是自尊和归属感。不爱学习的学生，绝大多数不是"脑子笨"（硬件问题），而是他"不愿学习"（软件问题）。只有创造条件，满足学生对归属感和自尊感的需要，他们才会感到学习是有意义的，才会愿意学习，才有可能取得学业成功。尊重和归属感与孩子的学习机会密切相关。这个学习机会不是说学生在同一个教室里听同一个老师讲课、做一样的试题就能够实现的，孩子和老师对话的机会、对话的质量、被关注的机会都会在不同程度上影响孩子对学习的认知和情感。许多学生正是因为在课堂上得不到认可、接纳和表现出对别人的影响力，才转向课外活动、校外小团体等寻求满足自己需要的机会。老师们不是不知道培养孩子的自尊心、荣誉感、归属感有多重要，但这就是班级授课制的弊端，老师们即便全力以赴也没法从根本上克服。因此，家长要接住孩子向校园外寻求发展兴趣、寻求尊重的需要，组建家庭教育联盟是一个不错的路径，在学校群体中没有获得的情感需要，可以在另一个群体中获得。在"今天我当小老师"的案例中,孩子们表现出超乎寻常的兴奋和激动,是因为在整个过程中在场的大人们参与性非常高,给予他们高度的认可和尊重,这是学校的课堂所不能给予的。

二、走向合作的家庭教育有利于父母终身成长

教育孩子是一件复杂的事情。孩子的健康成长,需要看得见的阳光雨露,也需要看不见的土壤中的各种养分;孩子成绩的好坏不仅和他们在课堂上所获得的认知技能密切相关,也和他们在课堂内外所获得的情感体验、自信、交往、归属感等非认知技能密切相关。在孩子成长的过程中,我们无从判断到底是哪一个人、哪一件事、哪一句话、哪一次旅行、哪一种体验影响、建构或者刷新了他的人生观,我们没法用简单的方法去应对,这都需要我们成长为智慧型父母。但事实上,我们更多人深陷家庭教育的困境,疲惫不堪。

比如,面对不断升级的教育竞争和大量增加的教育消费,家庭的角色分工发生了重大的变迁,传统社会以父辈为主的教育开始转向了教育母职化,母亲对孩子教育的介入在全线延长甚至全面接管,目前在家庭育儿和教育中越来越处于中心地位,父亲更多起协助作用甚至是可有可无的角色。一边是疲惫不堪的母亲,一边是无所事事的父亲,家庭矛盾不断升级,因子女教育问题离婚的家庭越来越多。子女的教育质量并没有因为巨大的经济或精力的投入而变得更好,甚至大大降低了家庭生活的幸福指数。因子女教育问题引发的焦虑不安正困扰大多数家庭,如何走出这些困境,让家庭教育回归自然和原点,用正确的方式陪伴孩子健康成长,是每一个父母都应该学习的功课。

樊登在《陪孩子终身成长》这本书中呼吁:"你必须成长,才能帮助孩子成长",养育孩子,家长最可以使劲也是使劲最有效的地方就是自己。我们怎么对自己使劲呢? 一个是跟着书本学习,通过阅读来学习已有的知识经验,正确认识孩子、正确认识学习、正确认识成长、正确认识未来;另一个就是交流合作。每一个家长都是第一次做父母,即便是二胎父母也会因为孩子的独特性面临不曾有过的挑战,面对这些挑战,我们需要帮助。这些帮助可以来自有经验的老年人、可以来自老师、可以来自社会,也可以来自和我们面临同样困惑的其他父母。每一个父母都有自己的优势和不足,大家在一起其实就是优势互补、资源共享。俗话说一个人可以走得很快,一群人可以走得很远,养育孩子是同样的道理,和其他父母的交流互助既是一个缓解焦虑、自我成长的过程,也是一个陪伴孩子成长的过程,如同我们前面提到的"娃盟"一样。

合作可以孕育终身成长的心态,培养终身成长的能力,只有父母具备了终身成长的心态和能力,才能陪孩子长成有生命力的独特的个体。

三、走向合作的家庭教育有利于学校更好地育人

家庭教育走向合作并不仅仅是家庭和家庭之间的合作，也包括家庭和学校之间的合作、家庭和社会之间的合作，家庭、学校和社会构成了教育这批马车上的三匹马，三匹马并驾齐驱，心意相通、方向一致，马车才能跑得又快又稳。家庭教育应该是中间的那匹马，在往前奔跑的过程中，要努力把握方向，知道自己从哪里出发（自己孩子的特点）、要去哪里（对孩子未来的期待）、能去哪里（基于对孩子兴趣、能力等方面的理性评估），平衡自身与学校教育和社会教育之间的关系。

在现代学校没有产生之前，教育以家庭为主，那时候的教育强调伦理礼仪，以如何"做人"为宗旨，中国传统文化强调修身、养性、格物、致知、齐家、治国、平天下。这个顺序很重要，修身养性被放在首位，只有先修身养性，才能格物致知齐家治国平天下；现代学校产生以后，修养身心的首要地位让位于满足工业现代化需要的知识和技能，教育的重点也随之转移到学校。

随着应试教育的蓬勃发展，激烈的资源竞争、沉重的行政负担，让老师们正在承受不能承受之重，学校的教育正面临着诸如"偌大的学校放不下一张安静的讲台"的挑战。事实上，我们可以看到，这个问题已经成为世界性难题，甚至出现了越改革、教师任务越重的怪圈。2016 年，英国《卫报》进行了一项关于教师生活的调查，4 450 名受访者接受了该项调查，其中 82% 的人表示他们没法控制工作量；73% 的人表示工作影响了他们的健康，76% 的人表示工作影响了他们的心理健康……多达三分之一的教师报告说，他们每周的工作时间超过 60 小时。在咱们国家问题更加严重，统计显示，中国中小学教师每周课时平均为 16 节，因此每周教学时间为 12 小时，每周工作时间为 54.5 小时，从事课堂教学的工作时间仅占总工作时间的 22%。国外教师从事课堂教学的时间约占总工作时间的 1/3 以上。新西兰中学教师教学时间甚至占工作时间的 46.8%。

教书育人是教师在学校最重要的两个任务。应该讲，教师最主要的精力应投入教学和育人中，事实上教师很难做到，教师用在课堂上的时间越来越少。育人工作则更为复杂，为了用有限的时间和有限的精力解决孩子们在学校暴露出来的成长中的问题，多数教师只能使用说教和灌输的方法，因材施教和针对性的育人几乎是普遍性的难题。但是把教师从繁重的行政任务中解放出来，让教师能够从事本职教科研工作，一方面需要依靠教育主管部门和学校的改革，一方面需要家校合作。

现代学校产生后，教育的重点转移到学校，学校成为教育的前沿重地，以至于很多家长理所当然地认为教育就是学校的事情。1996 年美国人科尔曼博士发表了一份教育报告调查，报告指出造成学生学习成绩差异的主要不是学校的条件，而是学生的家庭背景。科尔曼报告发表以后，人们开始从两个方面调整自己对教育的看法：一是重视学习教育质量评估；二是重视学校背后的家庭教育，家校合作进入教育的视野。如何提高教育质量，家庭和学校要密切合作已在教育领域达成共识，但是目前家校合作还处在比

较浅显的阶段，在合作领域上主要有纠错性合作，孩子在学校出了问题需要家长过来一起解决；作业性合作，学校布置的作业需要家长监督、批改。在方式上也比较单一，家长会是普遍的方式，现在又有了家长群，家校的沟通从面对面实现了电话、微信等线上沟通的转变。目前的家校共育很难达到理想的效果。理想的家校共育需要建立在深度合作之上，它需要关注三个方面的积极因素：

首先，"互联网＋"时代，学习的泛在性、即时性为人人学习、时时学习、处处学习提供可能。即使是没有接受过高等教育的家长，只要愿意学习都可以获得学习资源，所以学校应该多提供家庭教育的学习资源，让家长们树立正确的家庭教育理念，厘清家庭教育和学校教育的边界，在教书和育人方面密切配合。

其次，越来越多的父母接受高等教育，更懂、更重视家庭教育。2019 年，中国高等教育毛入学率 51.6％，工作也更加自由化、灵活化，部分男性或女性回归家庭教育孩子，他们可以在更多领域与学校和社会进行深度合作，比如在项目式学习、体验探究性学习等方面，包括非认知性技能和社会发展性技能方面做出更多的探索。

再次，国家政策层面越来越重视家庭教育，家庭教育将获得更多的资源和支持。十三届全国人大常委会第二十五次会议对《中华人民共和国家庭教育法（草案）》进行初审，家庭教育即将立法，它必然推动家庭教育与各个方面的合作，变得更加科学化、专业化、多元化。

朱永新教授指出，未来的家庭可能会出现一种新型的学习中心，一些有教育理想和情怀的父母，可能会为自己的孩子或者志同道合的孩子举办学习中心，由自己或者聘请相关的专业人士进行教育教学，把曾经让渡出去的教育权，收回到自己手中。家庭教育实现"王者归来"之势，合作将变得更加重要。

教育的目的是帮助每个学生发展真正的谦逊和对生活的好奇，并找到自己深层的自我身份，而不是学习给出"正确"答案，这才是教育无比珍贵的价值所在，也应该是当今家庭教育的着力点。

延伸阅读

1. 朱永新.未来学校：重新定义未来教育[M].北京：中信教育出版集团，2020.

2. 安东尼·塞尔登，奥拉迪梅吉·阿比多耶.第四次教育革命：人工智能如何改变教育[M].北京：机械工业出版社，2020.

3. 余胜泉.互联网＋教育：未来学校[M].北京：中信教育出版集团，2020.

后　记

这本读本是集体智慧的结晶,参与这本读本的作者都有双重身份:是教师更是父母。所以每个人看问题也就有了双重视角:我的孩子是学生,我的学生是孩子。对孩子的爱和对学生的关心让我们不得不每天思考这样的问题:我们的孩子(学生)需要什么样的教育? 所以这本读本,不能把它看作如何做好家庭教育的理论知识,而是每位作者为人师为人父母的实践过程。

一路走来,我们经历了养育自己孩子遭遇的困境,每个孩子都是独特的,我们又是第一次做父母,生活中的每一次新经历似乎都在考验我们作为父母的智慧和耐心,但我们因此获得成长。身为教师,我们有更多的机会接触焦虑的父母,那份望子成龙、望女成凤的期待不仅让他们丢失了自己,也在用错误的方式摧残孩子。我们看到那些原本生动活泼的孩子在激烈的"军备竞争"中正逐渐变得面无表情,机械地躺在"教育流水线"上。我们最终明白,"一刀切"的学校教育和组装"考试机器"的辅导班很难培养出丰富多彩、生机勃勃的孩子。所以,我们特别想呼吁的是:

最好的教育在家里!

因为他是我们的孩子,我们是最爱他的那个人,也应该是最了解他,最知道他需要什么的那个人,但是我们为什么却越来越不知道该怎么和孩子好好相处了,以至于和孩子成了最近的陌生人?

认知决定行为,什么样的认知才能产生好的教育? 于是我们决定写一本读本,一本可以帮助我们自己、帮助承担父母角色的人重新认识自己、重新认识孩子,以期能够把握住这个时代的特点,给孩子们更好的家庭教育的读本。这本读本里我们呈现了很多观点,但是最基本的观点只有一个:

最好的老师是父母!

我们计划写这本读本的时候正是身处激烈"军备竞争"中的家长和孩子最焦虑的时期,教育培训强势崛起,风卷全球;因为家庭作业引发的亲子大战在现实和网络中每天都在轮番上演。"生不起,养不起""不写作业母慈子孝,一写作业鸡飞狗跳"不仅道出了万千父母们的无奈,也折射出中国教育领域中严重的问题。

令我们欣喜的是,就在这本读本付梓出版的时候,中共中央办公厅 国务院办公厅印发了《关于进一步减轻义务教育阶段学生作业负担和校外培训负担的意见》,培训班和繁重的家庭作业将得到有效缓解,孩子们将拥有更多闲暇的时间去发展兴趣进行个性化学习,我们读本中提出的一些建议和方法,比如开展家庭读书会、多带孩子去大自然、开辟一个小空间用于孩子的科学探究、培养孩子的科学素养、利用网络进行探究性学习以及开展家庭和家庭间的合作养育等将会有更多实现的可能,孩子们将有更多的机会充分发挥新时代带来的优渥条件,过一个充实、丰富、健康、有意义的童年,家长们也会有更多的时间给孩子高质量的陪伴,并成为更好的自己。这也印证了时代是不断变化的,教育的主题也会发生变化。不管时代怎么变,在教育领域,父母是师者的身份是不会变的!

本读本最大的特点就是合作。作为徐州市家庭教育研究会的会长、江苏师范大学教育科学学院的院长,高伟教授一直在为推动教育理论在教育实践中的生根发芽、开花结果而殚精竭虑,尤其是家庭教育,它关系到国家民族的未来、关系到千千万万个家庭的美好生活。从2019年计划,到2020年高伟教授带领我们确立这本读本的编著框架,再到今天出版,充分彰显了高校和基础教育的合作。每一章我们都试图安排两位身份不同的老师进行合作,一位来自基础教育,有着丰富的实践性知识;一位来自高校,有着扎实的关于家庭教育的前沿性知识。既有实践的可读性也有理论的通透性是我们写作的基调。为了实现这个目标,老师们密切沟通,尽其所能,各章编写分工如下:第一章,江苏师范大学副教授韦永琼,徐州市教研室研究员左兆军;第二章,江苏师范大学附属实验学校刘鹏老师,江苏师范大学副教授王翠;第三章、第四章,璇紫亲子学校创办人璇紫老师,江苏师范大学教授孙配贞;第五章、第九章,江苏师范大学副教授王翠;第六章,徐州市泉山教研室教研员范敏,奎园小学李敏老师;第七章,江苏师范大学副教授王翠,邳州市南京路小学于富民老师;第八章,江苏师范大学副教授刘翠及其硕士生王玉婷;第九章,江苏师范大学副教授许正。江苏师范大学的李昂老师设计了本书小贴士漫画。此外,徐州市教研室教研员、特级教师刘春老师,江苏师范大学附属实验学校孟祥翠老师,苏州中学苏州湾附属学校陈海波老师在本书的写作过程中,提出了很多合理的意见和建议,在此一并感谢,谢谢各位老师的辛苦付出!

感谢南京大学出版社的编辑团队对本书的出版给予了真诚的关怀和帮助,尤其是钱梦菊老师,从编排到校对不辞辛劳反复与我沟通,其专业和敬业的精神令人感动!

《家庭教育再出发——重新认识我们和我们的孩子》其实是我们家庭系列教育的导论,接下来我们将会推出系列书籍以期解决家庭教育中的种种问题。如同高伟教授所言:我们期待这本读本能够解决一些让家长备受困扰的问题,哪怕有一点贡献,编者当倍感欣慰。

向所有为了家庭教育不断学习的家长致敬!

王 翠

2021 年 8 月 10 日